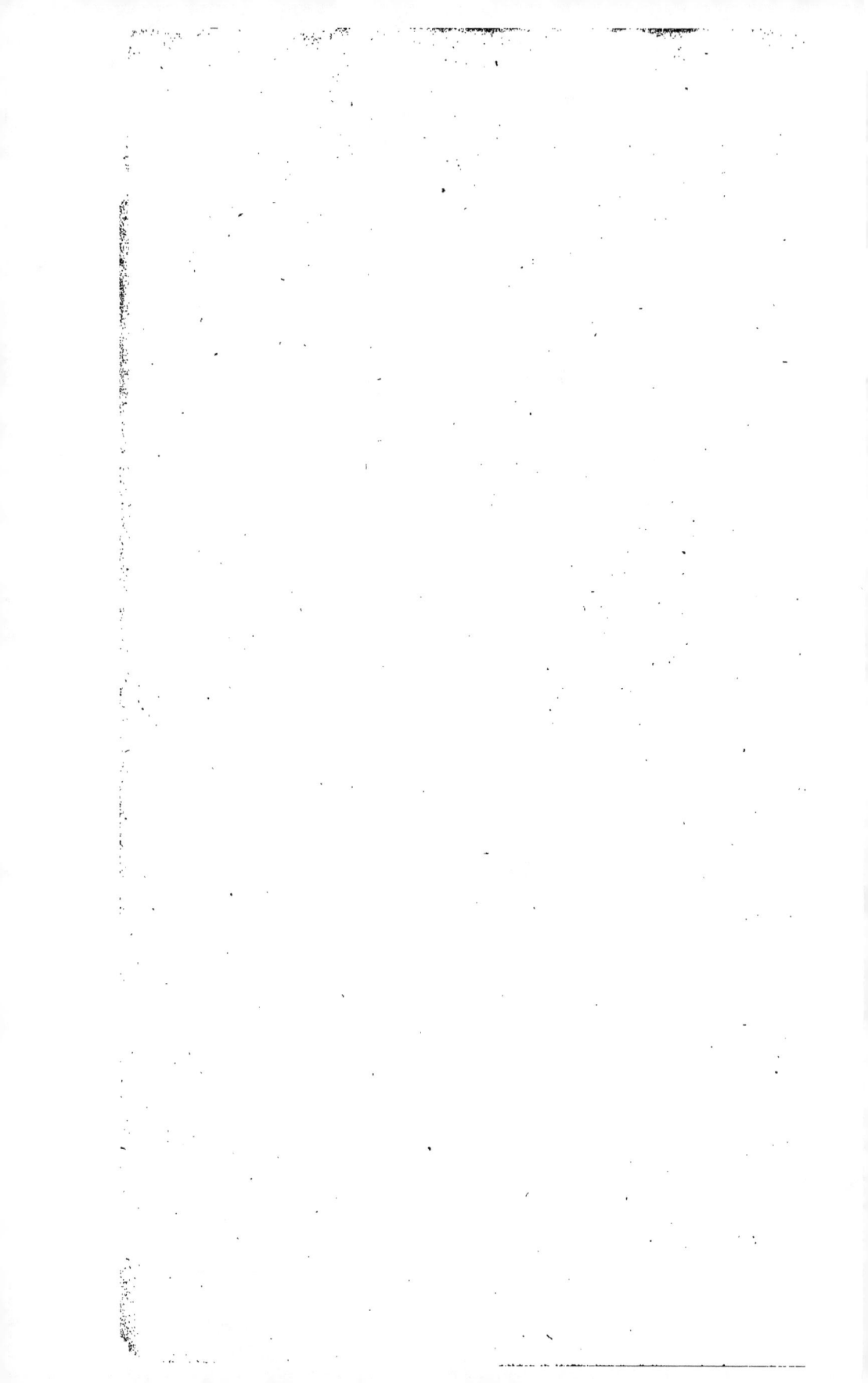

TRAITÉS

SUR

LES ENGAGEMENS

QUI SE FORMENT SANS CONVENTION,

ET SUR

LE CONTRAT DE MARIAGE.

TRAITÉS

SUR LES ENGAGEMENS

QUI SE FORMENT SANS CONVENTION,

ET SUR LE CONTRAT DE MARIAGE,

D'APRÈS LES PRINCIPES

DU CODE CIVIL,

Dans lesquels on compare ce Code aux Lois romaines, et où l'on démontre sa supériorité sur elles dans les points où il s'en est écarté.

Par J.-B. CARRIER,

PROFESSEUR DE LA FACULTÉ DE DROIT DE DIJON.

DIJON,

IMPRIMERIE DE BERNARD-DEFAY.

1818.

CODE CIVIL.

LIVRE TROISIÈME.

TITRE QUATRIÈME.

Des Engagemens qui se forment sans convention.

1. On a traité, dans le troisième titre, des engagemens qui se forment par l'effet d'une convention, c'est-à-dire de ceux qui reçoivent leur existence de la volonté mutuelle de deux ou plusieurs personnes ; il s'agit, dans le quatrième, des engagemens qui se forment sans une volonté réciproque, mais seulement par le fait de la personne qui s'engage sans la participation de celle envers laquelle elle est obligée, ou même sans la volonté ni de l'une ni de l'autre, par la seule autorité de la loi, ou par suite de cas fortuits.

Les engagemens qui se forment par la seule volonté de la personne qui s'engage, ont cela de commun avec ceux qui résultent des conventions, que les uns et les autres ayant pour cause la volonté des personnes, il peut s'en trouver qui ne soient pas justes et qui blessent les lois ou les bonnes mœurs ; mais les engagemens qui n'ont pour cause que la seule disposition de la loi ou des cas fortuits, sans aucune participation de notre volonté, ne peuvent rien contenir qui ne soit juste.

2. Il y a donc deux espèces d'engagemens qui se forment sans convention : les uns se forment par la seule volonté de la partie qui s'engage en

faisant quelque chose d'où résulte une obligation ; les autres prennent naissance sans la volonté d'aucune des parties.

Quant à la première espèce d'engagemens, le
fait qui leur donne l'existence peut être honnête
et licite, et alors ils s'appellent des quasi-contrats ;
ou bien ce fait est illicite, et alors on dit que
l'obligation provient d'un délit ou quasi-délit.

Toutes ces espèces d'engagemens ont lieu, sans
qu'il y ait eu aucune convention ni de la part
de celui qui s'oblige, ni de la part de celui envers qui il est obligé.

3. On peut mettre au nombre des engagemens
résultant de la seule autorité de la loi, ceux qui
se forment involontairement de part et d'autre ;
tels sont les engagemens entre propriétaires voisins. On a vu au chap. 2, tit. 4, liv. 2, c. c.,
que l'on n'a le droit de prendre vue sur son voisin que de la manière expliquée par la loi, ou
en gardant les distances prescrites ; on y a vu
qu'un propriétaire ne peut pas empêcher celui
qui touche immédiatement son mur, de le rendre mitoyen en payant la moitié de la valeur de
ce mur et la moitié du sol sur lequel il est bâti ;
on y a remarqué que l'on doit faire ses toits de
manière que les eaux pluviales s'écoulent sur son
terrain ou sur la voie publique ; on y a ensei-
gné que, relativement à certaines constructions
qui peuvent nuire au voisin, on n'a la faculté
de les faire qu'en gardant les distances et en
prenant les précautions fixées et déterminées par
l'usage des lieux, etc.

4. On peut encore ranger parmi les engagemens
formés par la seule autorité de la loi ceux des tuteurs et autres administrateurs ; ils sont en effet

forcés d'accepter la charge qui leur est déférée,
s'ils ne se trouvent pas dans les cas d'exception
déterminés par la loi. Ils sont obligés de rendre
compte de leur administration à leurs administrés, sans qu'il y ait eu aucune espèce de convention entre eux et ces derniers; réciproquement ceux-ci sont tenus de leur restituer les dépenses utiles et nécessaires qui ont été faites
pour eux, quoique ce ne soit pas par les administrés que la gestion de leurs biens ait été confiée aux tuteurs, curateurs et autres semblables
administrateurs, et que ce soit quelquefois contre
leur volonté : ces engagemens réciproques résultent de la seule disposition de la loi.

Chez les Romains on disait que les obligations
respectives des tuteurs et des mineurs, et des
autres administrateurs non choisis, et de leurs
administrés, provenaient d'un quasi-contrat,
§. 2, inst. *de obligat. quæ ex quasi-contractu
nascuntur;* l. 5, §. 1, ff. *de oblig. et act.* Mais
notre code a mieux fait de les placer parmi les
obligations imposées par la seule autorité de la
loi, puisqu'il y a nécessité pour les uns d'accepter la charge, et pour les autres celle de recevoir les administrateurs, et qu'ainsi l'engagement se forme souvent malgré les deux parties
et sans aucun fait volontaire ni de l'une ni de
l'autre.

5. Au reste, ces administrations ont beaucoup
de rapport avec celles qui sont confiées par des
mandats volontaires donnés par les propriétaires, c'est pourquoi il en naît, comme du mandat, deux actions personnelles, une directe qui
appartient aux administrés pour forcer les administrateurs à rendre compte de leur gestion

quand elle est finie, à réparer le préjudice qui
en est résulté pour les administrés, soit par le
dol, soit par la faute même légère des administrateurs; et une action contraire qui est donnée
aux administrateurs contre les administrés, pour
obtenir la restitution des dépenses nécessaires et
utiles que leur gestion a occasionées, se faire
relever des engagemens personnels qu'ils ont
contractés à cet effet, et pour que les administrés leur procurent l'affranchissement de leurs
immeubles qu'ils ont hypothéqués à des tiers
pour les affaires des administrés. *Et hoc autem
casu , mutuæ sunt actiones. Non tantùm enim
pupillus cum tutore habet tutelæ actionem ; sed
et contrà tutor cum pupillo habet contrariam
tutelæ, si vel impenderit aliquid in rem pupilli,
vel pro eo fuerit obligatus , aut rem suam creditoribus ejus obligaverit ;* §. 2 à la fin, inst. *de
obligat. quæ ex quasi-contract. nascunt.* ; l. 5,
§. 1 à la fin, ff. *de obligat. et actionib.* ; tit. 10,
liv. 1er, c. c., art. 1375, c. c.

6. Les engagemens résultant d'un fait personnel à celui qui se trouve obligé, proviennent,
comme on l'a déjà dit, ou des quasi-contrats
qui sont la matière du premier chapitre, ou des
délits ou des quasi-délits qui sont traités dans un
deuxième. On parlera dans un troisième chapitre
des engagemens qui se forment sans convention
par l'effet de quelques cas fortuits.

CHAPITRE PREMIER.

Des Quasi-contrats.

7. Les quasi-contrats sont les faits purement
volontaires de la part de l'homme, dont il résulte

un engagement quelconque envers un tiers, et quelquefois un engagement réciproque des deux parties.

8. On voit par cette définition qu'il y a des quasi-contrats synallagmatiques ou bilatéraux, et d'autres unilatéraux. Les premiers sont ceux qui produisent des obligations réciproques : telle est la gestion des affaires d'autrui sans mandat ; celui qui a géré est obligé de rendre compte, et celui dont les affaires ont été bien gérées est tenu d'indemniser le gérant. Les seconds sont ceux qui ne produisent des obligations que d'un côté : tel est le quasi-contrat résultant de l'adition d'une hérédité ; celui qui l'accepte est, par le fait seul de l'acceptation, obligé envers les légataires à payer leurs legs, sans que ceux-ci soient aucunement engagés envers lui.

9. D'après la définition du quasi-contrat, on voit qu'il diffère beaucoup du contrat ; dans celui-ci, c'est le consentement des parties contractantes qui produit les obligations, l. 1, §. 3, ff. *de pactis ;* dans le quasi-contrat, le lien est formé indépendamment de la volonté de celui qui se trouve obligé et de celui envers qui il l'est, c'est la loi seule ou l'équité naturelle qui donne naissance à l'engagement, en rendant obligatoire le fait d'où il résulte ; c'est pour cela que ces faits sont appelés quasi-contrats, parce que, sans être des contrats, ils produisent des obligations comme ces derniers. Ainsi celui qui reçoit une somme non due est, par le fait seul de la réception de cette somme, obligé de la rendre à celui qui l'a payée croyant la devoir, et cette obligation de restituer se forme lors même que celui qui l'a reçue aurait été dans

l'intention de la garder toujours ; l'obligation naît malgré lui.

10. D'après ce, on doit dire que toutes sortes de personnes, même les enfans et les insensés qui sont incapables de consentir, peuvent, par suite du quasi-contrat résultant d'un fait de quelqu'un, être obligés envers lui et l'obliger envers elles, parce que ce n'est pas le consentement qui forme ces obligations, elles naissent du fait seul que la loi a rendu obligatoire; il faut à la vérité que la personne dont le fait donne lieu au quasi-contrat ait l'usage de la raison ; mais il n'est pas nécessaire que les personnes par qui ou envers qui les obligations résultant de ce fait sont contractées, jouissent de facultés intellectuelles : ainsi, lorsque quelqu'un a géré les affaires d'un enfant, cette gestion, qui est un quasi-contrat, oblige celui-ci à rembourser au gérant ce qu'il a dépensé utilement, et il oblige respectivement ce dernier à rendre compte de la gestion. *Furiosus et pupillus ubi ex re actio venit obligantur, etiam sine curatore vel tutoris auctoritate : veluti si communem fundum habeo cum his, et aliquid in eum impendero, vel damnum in eo pupillus dederit, nam judicio communi dividundo obligabuntur; l. 46, ff. de oblig. et act.*

11. Les quasi-contrats ont quelque similitude avec les contrats, parce qu'ils produisent comme eux des obligations sans être des faits défendus ou contraires aux bonnes mœurs ; c'est à cause de cette ressemblance qu'ils sont appelés des contrats dans la loi 1, §. 6, ff. *de constit. pecuniâ*, dont voici les termes : *Debitum autem ex quâcumque causâ potest constitui, id est ex quo-*

cumque contractu sive certi sive incerti , etsi ex causâ emptionis quis debeat pretium , vel ex causâ dotis, vel ex causâ tutelæ , vel ex quocumque alio contractu ; mais ce n'est qu'improprement qu'ils sont appelés contrats dans cette loi et plusieurs autres.

12. Les quasi-contrats diffèrent des délits et quasi-délits, en ce que les premiers sont des faits honnêtes et permis, et que les seconds au contraire sont des faits illicites; princ. inst. *de oblig. quæ ex quasi-contract. nascuntur.*

13. Il y a plusieurs espèces de quasi-contrats. On peut donner ce nom à toutes les obligations qui résultent sans convention d'un fait honnête: les principaux sont la gestion des affaires d'autrui sans mandat, la réception de ce qui n'est pas dû, et l'adition d'hérédité. On parlera, dans une première section , de la gestion des affaires d'autrui sans mandat, soit qu'elles soient propres en totalité au géré, soit qu'elles soient communes entre celui-ci et le gérant; dans une seconde section, on traitera de la réception de ce qui n'est pas dû, et dans une troisième de l'adition d'hérédité.

SECTION PREMIÈRE.

De la Gestion des affaires d'autrui sans mandat.

14. La gestion des affaires peut être définie le quasi-contrat qui résulte de l'administration des affaires d'autrui sans mandat, et qui oblige le gérant à rendre compte, à payer le reliquat, et à réparer tous les préjudices qu'il a causés par sa faute, de la même manière que le serait un mandataire , même les dommages causés par cas fortuits, s'il a entrepris des choses

que le maître n'était pas accoutumé de faire, ou
sans nécessité une affaire exposée à des risques
presque certains, parce que dans ces cas il y a
eu faute ou imprudence qui a précédé le cas fortuit, l. 11, ff. *de negotiis gestis ;* et il oblige aussi
celui dont les affaires ont été gérées, à approuver
ce qui a été utilement fait, et à indemniser le gérant ; l. 10, §. 1 ; l. 2, l. 22, ff. *de negotiis gestis.*

La loi naturelle nous commandant de faire
pour les autres ce que nous voudrions qui fût
fait pour nous-mêmes, oblige ceux qui se trouvent
à même de prendre soin des affaires abandon-
nées d'un absent, de ne rien négliger à cet égard,
et la loi civile invite toute sorte de personnes à
remplir ce devoir, en leur donnant l'assurance que
ce qu'ils auront fait utilement sera maintenu, et
qu'ils seront remboursés des dépenses raison-
nables que la gestion aura causées ; §. 1, inst. *de
oblig. quæ ex quasi-contract. nascuntur.*

15. La loi civile invite à gérer les affaires de
ceux qui ne peuvent les surveiller, mais elle n'y
contraint que les personnes qui en sont tenues
par devoir, tels que les tuteurs, curateurs, etc.;
cependant, lorsqu'on entreprend de gérer volontairement l'affaire d'autrui, soit que le propriétaire connaisse ou ignore la gestion, la loi
déclare que l'on contracte l'engagement tacite
de continuer la gestion commencée, et de l'a-
chever jusqu'à ce que le maître soit en état d'y
pourvoir lui-même ; on était libre de ne pas
prendre la gestion, mais celui qui s'en est volontairement chargé doit achever celle qu'il a
commencée, jusqu'à ce que le propriétaire puisse
lui-même prendre soin de ses affaires, autrement ce dernier en souffrirait un véritable pré-

judice; peut-être un autre individu se serait offert pour gérer, si le premier ne s'était pas présenté, et il n'aurait pas abandonné la gestion; d'ailleurs, en se chargeant d'une gestion, on contracte l'obligation de bien s'en acquitter, or celui qui administre bien n'abandonne pas ce qu'il a commencé, il l'achève. *Ut accidit in eo qui absentis negotia gerere inchoavit, neque enim impunè peritura deseret, suscepisset enim fortassis alius, si is non cœpisset;* l. 17, §. 3, versic. *ut accidit,* ff. *commodati;* l. 21, §. 2; l. 6, §. 12, ff. *de negotiis gestis.*

16. Celui qui prend la gestion d'une affaire se charge également des dépendances de cette même affaire; il s'est substitué volontairement au propriétaire; il doit donc le remplacer dans tous les détails et toutes les dépendances qu'elle embrasse, et le suppléer dans toutes les démarches qu'elle exige. Il a pris l'engagement de bien gérer; or tout cela est exécuté par celui qui administre bien.

17. Celui qui s'est mêlé des affaires d'autrui est tenu d'en prendre le même soin que s'il était procureur constitué, parce qu'il en tient lieu, et rendant un service d'ami, il doit le faire de telle manière qu'il n'en résulte pas du préjudice pour le propriétaire; il se soumet à toutes les obligations qui résulteraient d'un mandat exprès que lui aurait donné ce dernier. Ces obligations sont indépendantes de la connaissance ou de l'ignorance de la gestion de la part du maître; dans les deux cas, le gérant est tenu de bien administrer, et de consommer ce qu'il a commencé, comme un vrai mandataire.

18. Celui qui a commencé la gestion de l'af-

faire d'autrui ne peut pas l'abandonner, sous prétexte que le propriétaire est mort; il doit, malgré cette circonstance, continuer sa gestion si l'affaire n'est pas consommée à l'époque du décès du maître, jusqu'à ce que l'héritier ait pu en prendre la direction et se mettre en devoir de la suivre : cela est fondé sur ce que les chan-gemens de maître n'altèrent en rien les premières obligations contractées et ne détruisent point la nature de l'engagement qui a toujours la même cause et la même origine, et qui doit par con-séquent conduire aux mêmes résultats. *Si vivo Titio negotia ejus administrare cœpi, intermit-tere eo mortuo non debeo, vetera explicare ac conservare necessarium est.... Nam quæcumque prioris negotii explicandi causá geruntur, nihi-lum refert, quo tempore consummarentur, sed quo tempore inchoarentur;* l. 21, §. 2, ff. *de ne-gotiis gestis.*

19. Celui qui entreprend la gestion des af-faires d'autrui doit y mettre tous les soins d'un bon père de famille; ainsi il sera tenu non-seu-lement de son dol ou de sa mauvaise foi, mais aussi de sa négligence; et lors même qu'il en ap-porterait dans ses propres affaires, il doit admi-nistrer avec exactitude celles des autres dont il s'est chargé, et il répond des fautes contraires au soin ordinaire des bons pères de famille, c'est-à-dire qu'il est tenu de la faute légère. *Quæ nec tutor nec curator constitutus ultrò quis adminis-travit, non tantùm dolum et latam culpam sed et levem præstare necesse habet;* l. 20, cod. *de negotiis gestis;* l. 11, ff. *eodem;* l. 24, cod. *de usuris.*

Néanmoins les circonstances qui l'ont conduit

à se charger de l'affaire peuvent autoriser le juge à modérer les dommages et intérêts qui résulteraient des fautes ou de la négligence du gérant, s'il n'y a point de mauvaise foi ; la loi le veut ainsi, si ces circonstances sont telles qu'il y aurait de la dureté en agissant autrement ; cela doit dépendre de la qualité des personnes, de leur liaison d'amitié ou de parenté ; de la nature de l'affaire, et de la nécessité qu'il y avait d'y pourvoir, comme pour prévenir une saisie, ou une vente des biens de l'absent ; des difficultés qui pouvaient se rencontrer dans l'affaire gérée ; de la conduite qu'a tenue celui qui s'en est chargé, et des autres circonstances semblables : il est de l'intérêt des absens eux-mêmes que l'on ne refroidisse pas le zèle de ceux qui voudraient se charger de leurs affaires, en employant contre eux trop de rigueur. *Interdùm in negotiorum gestione Labeo scribit dolum solummodò versari, nam si affectione coactus ne bona mea distrahantur meis te negotiis obtuleris, æquissimum esse, dolum duntaxat te præstare. Quæ sententia habet æquitatem;* l. 3, §. 9, ff. *de negotiis gestis.*

Après avoir développé les obligations du gérant, il nous reste à voir quelles sont celles du maître dont les affaires ont été gérées.

20. Celui dont un autre a bien administré les affaires est obligé envers ce dernier à ce qu'exigent les suites de sa gestion ; il est tenu de ratifier et de remplir les engagemens que le gérant a contractés au nom du maître de la chose, d'acquitter pour lui ce qu'il a promis, de l'indemniser des engagemens personnels auxquels il s'est soumis à l'occasion de l'administration ; il doit

en outre rembourser au gérant toutes les dépenses utiles ou nécessaires qu'il a faites, si elles
sont de telle nature que l'absent même aurait
pu et dû les faire; si pour fournir à ces dépenses
le gérant a été obligé d'emprunter à intérêt,
ou de faire des avances qui lui sont onéreuses,
celui dont les affaires ont été administrées sera
tenu de payer les intérêts des sommes avancées;
il n'est pas juste que le gérant soit victime de
son zèle, sa bienfaisance et les services qu'il a
rendus ne doivent pas lui être préjudiciables.
nemini officium debet esse damnosum; l. 2, l. 9,
l. 12, §. 2; l. 19, §. 4; l. 45 princ., ff. *de negot.*
gest.; l. 18, cod. eodem.

La loi ne donne point d'action au gérant pour
répéter les dépenses voluptuaires ou de pur agrément; il ne doit pas dépendre de lui d'engager
le maître à des dépenses indiscrètes et inutiles qu'il
lui serait quelquefois impossible d'acquitter, et
qui d'ailleurs n'augmentent en aucune manière la
valeur des fonds; il a cependant le droit d'emporter ce qui peut lui être utile, en remettant les
lieux dans leur premier état; il ne peut pas enlever ce qui ne lui serait d'aucun avantage, parce
qu'il agirait alors par pure malice et sans ombre
d'intérêt. *At malitiis non est indulgendum.*

21. Si les dépenses voluptuaires ont augmenté
la valeur de la chose, elles se rangent parmi les
dépenses utiles : par exemple, le gérant a fait
placer des statues dans un jardin situé dans une
grande ville, il y a fait faire des bassins, des jets
d'eau, des cascades; ces dépenses, qui seraient de
pur agrément dans un village, sont des dépenses
utiles dans une grande ville, elles ajoutent réellement au prix de la chose; le grand nombre

de propriétaires riches qui se trouvent réunis dans les villes du premier ordre et qui recherchent avec avidité les jardins de plaisance, fait que ces objets sont d'une grande valeur.

22. Pour que le gérant puisse répéter les dépenses qu'il a faites, il suffit qu'elles ayent été nécessaires, et peu importe si la chose où elles ont eu lieu périt ensuite par un cas fortuit; cet événement n'empêche pas que la dépense ne soit de telle nature que le maître lui-même aurait dû la faire; par là, le gérant a épargné l'argent que le propriétaire aurait été obligé d'y employer. *Ideò utiliter gessit quia pecuniæ ipsius pepercit :* par exemple, le gérant fait réparer une maison près de tomber en ruine, elle est détruite ensuite par un incendie; il est néanmoins fondé à répéter ce qu'il a dépensé, il suffit qu'il ait utilement géré pour qu'il puisse exercer son action en répétition. *Julianus scribit eum qui insulam fulsit vel servum ægrotum curavit, habere negotiorum gestorum actionem, si hoc utiliter faceret licet eventus non sit secutus;* l. 10, §. 1, et l. 22, ff. *de neg. gest.*

23. Il y a cette différence entre le mandat et la gestion des affaires sans procuration, que le mandataire est tenu avant d'avoir géré, puisqu'il s'est obligé par l'acceptation du mandat à agir pour le mandant, et qu'ainsi il est responsable du dommage résultant de l'inexécution du contrat; le gérant au contraire n'est tenu qu'après avoir commencé à gérer, puisque c'est du fait de la gestion que naît son obligation. Il existe une autre différence entre eux : le mandataire peut répéter les dépenses, qu'il ait géré utilement ou non, pourvu qu'il n'ait pas dépassé les

bornes de son mandat; au contraire, le gérant
n'a d'action à cet égard qu'autant qu'il a administré utilement; on n'a rien à imputer au premier qui a dû se conformer à son mandat, mais
le second ne devait entreprendre que des choses
utiles, puisqu'il n'avait contracté aucune obligation d'agir pour autrui; art. 1375, 1991, c. c.;
l. 6, §. 1, ff. *mandati ;* l. 9, ff. *de neg. gest.*

24. Du quasi-contrat de la gestion d'affaires
sans mandat naît une action personnelle directe
de gestion d'affaires, et une action contraire.

La première est donnée à celui dont les affaires
ont été gérées, contre le gérant, pour que ce
dernier lui rende compte de sa gestion, paye le
reliquat, et répare le dommage causé par son
dol et sa faute même légère.

La contraire est donnée au gérant qui a administré utilement, contre le propriétaire, pour
que ce dernier l'indemnise des dépenses utiles
et nécessaires qu'il a faites, et le garantisse des
obligations contractées pour la gestion.

25. Celui qui a géré une chose qui lui est
commune avec d'autres personnes sans convention (on dit sans convention, parce que si la
communauté avait été établie par une convention,
ce serait le contrat de société), soit qu'il s'agisse
d'une chose universelle commune sans convention, telle qu'une hérédité à laquelle plusieurs
individus ont été appelés, soit qu'il s'agisse d'une
chose particulière qui aurait été donnée ou lé-
guée à plusieurs personnes, est aussi tenu de
rendre compte des fruits perçus, de réparer les
dommages qu'il a causés par son dol ou sa faute
même légère, et d'un autre côté il a droit de

répéter les dépenses utiles et nécessaires qu'il a faites.

Ce gérant n'est pas tenu en vertu d'un contrat, puisqu'il s'agit d'une chose qui lui est commune avec d'autres personnes sans convention; mais il est obligé par suite du quasi-contrat résultant du fait personnel de son administration; §. 3 et 4, inst. *de oblig. quæ ex quasi-contractu nascuntur.*

26. Ceux à qui une chose appartient en commun, sont en outre tenus, comme on l'a dit en parlant du partage, au traité des successions, chap. 6, de consentir à la division de la chose quand un d'entre eux la demandera; chacun d'eux est responsable du dommage qu'il a causé à la chose commune par son fait personnel; et pendant que dure la communion, il ne peut point y être fait de changement que du consentement de tous les maîtres, un seul a droit d'empêcher toutes innovations, parce qu'il a la faculté de conserver son droit tel qu'il est; ce qu'il faut néanmoins entendre des changemens qui ne sont pas nécessaires pour la conservation de la chose, car il ne serait pas juste de la laisser périr par la bizarrerie d'un des propriétaires. *In re enim communi potiorem esse causam prohibentis certum est;* l. 18, ff. *comm. dividundo;* l. 4 in fine, cod. eodem; l. 19 in fine, ff. *famil. erciscund.;* l. 1 et 2 eodem; l. 21, §. dernier, ff. *de neg. gest.*

27. L'action en partage est mixte, parce qu'elle est indivisément réelle et personnelle; elle est réelle, parce qu'on revendique sa part de la chose commune; elle est personnelle, à cause de l'obligation imposée par la loi de consentir

au partage. Ces deux qualités de l'action sont inséparables; car on ne peut réclamer sa part de l'objet indivis qu'en faisant exécuter l'obligation ci-dessus.

De la Réception de ce qui n'est pas dû.

28. La seconde espèce de quasi-contrat résulte de la réception de la chose qui n'est pas due; il peut être défini un engagement résultant du fait personnel de celui qui reçoit une chose non due, et par suite duquel il est obligé de la restituer à celui qui la lui a payée, croyant par erreur la devoir.

Cette obligation a lieu, soit que celui qui a reçu ait été de bonne foi, soit qu'il ait été de mauvaise foi, c'est-à-dire soit qu'il ait cru ou non que la chose lui était due; elle ne provient pas d'un contrat, puisque celui qui a reçu ne s'est pas obligé à restituer, il n'y a eu aucune convention à cet égard, mais elle naît du fait seul de la réception de la chose non due, l'équité ne permettant pas qu'il la garde et s'enrichisse aux dépens de celui qui l'a payé par erreur, croyant en être débiteur. L'obligation ne descend pas d'une convention, les parties s'étant plutôt proposé, par le payement, de dissoudre un contrat que d'en former un nouveau : *potiùs est distractus quàm contractus; §. 6, inst. de oblig. quæ ex quasi-contr. nascuntur; l. 5, §. 3, ff. de oblig. et actionibus.*

29. Celui à qui on donne en payement ce qui ne lui est pas dû, lors même qu'il croit de bonne foi que la chose lui est due, et que celui qui paye est dans la même opinion, n'acquiert

aucun droit sur ce qui lui est payé de cette manière, mais il est obligé de le restituer à celui qui l'a délivré par erreur, parce que cet argent se trouve sans cause chez celui qui l'a reçu. *Hæc condictio indebiti ex bono et œquo introducta, quod alterius apud alterum sine causâ deprehenditur, revocare consuevit;* l. 66, ff. *de condic. indebiti.* Ainsi celui qui a reçu un legs porté dans un testament est tenu de le restituer si on découvre un testament postérieur qui ait révoqué ce legs.

Si la personne qui était de bonne foi au moment du payement est tenue de cette restitution, à plus forte raison on doit en dire de même de celui qui savait que la chose ne lui était pas due.

30. On entend ici par payement toute translation de la chose de quelqu'un faite à une autre personne à qui elle n'était pas due, soit qu'il s'agisse de la propriété, soit qu'il s'agisse de la possession d'une chose immobilière ou mobilière, corporelle ou incorporelle; art. 1376 et 1379, c. c.; l. 15, §. 1, ff. *de condic. indebiti;* et il faut, pour que la répétition soit fondée, qu'elle ne fût pas même due naturellement, parce que la même équité qui l'a fait introduire, ordonne le payement de la dette naturelle; art. 1235, c. c.; l. 13 et 14, ff. *de condict. indeb.*

31. Si une personne croyant devoir une somme dont une autre personne était débitrice, n'a payé que dans l'intention de se libérer, et non d'éteindre la dette du véritable obligé, elle aura droit de répéter du créancier ce qu'elle lui a payé, sauf l'action de ce dernier contre son débiteur dont l'obligation n'a point été éteinte par ce

payement, fruit de l'erreur. On doit en effet regarder comme non dû, non-seulement ce qui n'est dû en aucune manière au créancier, mais encore ce qui ne lui est pas dû par celui qui paye, pensant être débiteur, quoiqu'il ait, dans le fait, une créance semblable contre une autre personne, parce qu'il n'existe vraiment aucune dette de la part de celui qui a payé. *Indebitum est non tantùm quod omninò non debetur..... sed si id quod alius debebat, alius quasi ipse debeat, solvat;* l. 65, §. 9, et l. 19, §. 1, ff. *de cond. indebiti.*

Cependant celui qui a payé par erreur la dette d'un autre, croyant en être tenu, n'aura point de répétition contre le créancier, si celui-ci a supprimé le titre de sa créance par suite du payement erronné; s'il a, par exemple, déchiré son billet, de sorte qu'il se trouve dans l'impossibilité d'établir la dette; sa créance se trouvant exposée à périr dans un cas semblable, le payement subsiste, et celui qui l'a fait doit s'imputer les suites de son imprudence; on ne peut rien objecter au créancier, parce qu'on suppose qu'il a été de bonne foi, il a reçu ce qui lui était dû légitimement, et il croyait que celui qui a payé était son débiteur; il en serait différemment, si le créancier était instruit que celui qui le payait croyant devoir, n'était pas son débiteur, car alors il n'aurait pas dû recevoir, et sa mauvaise foi doit retomber sur lui-même et non sur celui qui a payé qu'il aurait dû avertir de son erreur.

Au reste, lorsque le créancier qui a reçu de bonne foi a anéanti son titre, celui qui a payé par erreur pour un autre, a une action en recours contre le véritable débiteur qui n'a point été libéré par ce payement erronné, et il agira contre lui ainsi qu'il jugera convenable.

32. On a vu au titre précédent, chap. 4, sect. 1, 2 et 3, que ce qui a été payé avant le terme ne peut être répété, parce que cela était vraiment dû, mais que la chose promise sous une condition suspensive n'est due qu'après l'accomplissement de la condition, et qu'ainsi on peut le répéter si on l'a payé auparavant, et si la condition n'est pas encore arrivée au moment où l'on agit en répétition; l. 10, l. 16, l. 18, ff. *de condict. indebiti.*

33. Pour pouvoir répéter, il paraît qu'il faut encore avoir payé par erreur de fait; on ne le peut pas, si on a payé par une simple erreur de droit, parce que l'ignorance du droit ne se présume pas, et qu'en tout cas on doit se l'imputer; celui qui paye par suite d'une semblable erreur est censé avoir voulu renoncer aux moyens de droit qu'il avait à opposer au créancier, cela est au moins indubitable de la part d'un homme versé dans la science des lois; ainsi, celui qui délivre un legs porté par le testament de son parent dont il est héritier légitime, pourra le répéter s'il découvre un testament postérieur par lequel le legs ait été révoqué, parce qu'il y a ici erreur de fait; au contraire, il ne pourrait pas répéter le legs payé d'après un testament nul en la forme qu'il croyait bon, parce qu'il n'y a ici qu'une simple erreur de droit. *Cùm quis jus ignorans, indebitam pecuniam solverit, cessat repetitio : per ignorantiam enim facti tantùm repetitionem indebiti soluti competere tibi notum est;* l. 10, cod. *de juris et facti ignor.;* l. 9, cod. *ad legem Falcid.*

34. Les obligations de celui qui a reçu la chose qui ne lui était pas due sont plus ou moins étendues, suivant qu'il a été de bonne ou de mauvaise foi : s'il est de mauvaise foi, il ne mérite aucun ménagement; si c'est une somme d'argent qu'il a reçue, il doit la restituer avec intérêts du jour de l'injuste réception; il est conforme à l'équité qu'il paye les intérêts, il ne·devait pas recevoir ce qu'il savait ne lui être pas dû, et il les payera lors même qu'il n'aurait fait aucun emploi utile de l'argent, parce que le possesseur de mauvaise foi est tenu de rendre non-seulement les fruits qu'il a perçus, mais encore ceux qu'il aurait dû percevoir; on présume que le maître aurait fait un emploi avantageux de ses deniers, s'il en avait conservé la jouissance; le possesseur de mauvaise foi doit s'imputer de les avoir gardés un seul instant.

Si la chose payée sans être due est au nombre de celles qui produisent naturellement des fruits, celui qui l'a reçue de mauvaise foi devra aussi la restituer avec les fruits dès le moment qu'il la possède; il sera tenu de rendre compte non-seulement des fruits perçus, mais encore de ceux qu'il devait percevoir, et qu'un homme plus diligent aurait perçus; non-seulement de ceux qu'il a retirés de la chose d'une manière honnête, mais même de ceux qu'il a obtenus d'une manière honteuse, parce que les gains de ce genre doivent être arrachés aux possesseurs de mauvaise foi; l. 5, cod. *de rei vindicatione.*

La loi 15 princ., ff. *de cond. indebiti,* était plus rigoureuse que notre code; elle soumettait à la restitution des fruits non-seulement le possesseur de mauvaise foi, mais même celui de bonne foi, et par rapport aux fruits qu'il avait perçus pendant que durait sa bonne foi. *Imò et fructus quos is cui solutum est, bonâ fide percepit, in condictionem veniunt;* mais notre code est plus conforme aux principes qui portent que le possesseur de bonne foi acquiert la propriété des fruits qu'il a perçus avant d'avoir connu les vices de son titre; art. 549, c. c.; §. 33, inst. *de rerum divis.*

35. Lorsque la chose indûment reçue est un immeuble ou un meuble corporel, c'est-à-dire lorsqu'il s'agit de choses susceptibles d'être touchées et de tomber sous les sens, comme un champ, un habit, et différentes des choses incorporelles qui ne peuvent pas se toucher, mais qui consistent dans le droit, et qui ne se conçoivent que par l'entendement, telles qu'une action ou un droit de servitude; celui qui a reçu cette chose corporelle est obligé de la restituer en nature si elle existe; il ne serait pas fondé à en offrir le prix, parce qu'il ne rendrait plus alors ce qu'il aurait reçu. S'il avait le droit de contraindre le propriétaire à recevoir le prix au lieu de la chose, celui-ci serait forcé de vendre sa chose dont il a peut-être besoin, il serait privé de sa propriété malgré lui, ce que la loi ne permet pas, si ce n'est lorsque l'avantage public l'exige, art. 545, c. c.

Si la chose indûment reçue n'existe plus, ou si elle est détériorée, celui qui l'avait reçue sera obligé d'en restituer la valeur, si elle a péri ou s'est détériorée par sa faute; on ne distingue point ici entre le possesseur de bonne ou de mauvaise foi, l'un et l'autre est obligé de restituer la chose si elle existe, ou la valeur, si elle a péri ou si elle est détériorée par leur faute; la faute obligeant celui qui l'a commise à réparer tout le dommage qui en est résulté, art. 1382 et 1383, c. c., il suffit qu'elle ait eu lieu pour que le possesseur, même de bonne foi, soit obligé de réparer le préjudice qu'elle a causé à quelqu'un.

36. La distinction entre celui qui a reçu la chose de bonne ou de mauvaise foi, n'a lieu que dans le cas où la chose a péri ou s'est détériorée par suite d'un cas fortuit; la loi décide que celui qui a reçu la chose de mauvaise foi est garant de la perte arrivée même de cette manière; la raison en est que la perte par cas fortuit tombe sur celui qui est en demeure de livrer la chose, art. 1138, c. c.; or celui qui a reçu une chose qu'il savait ne lui être pas due est en demeure dès le moment de la réception, son obligation de restituer est née dès cet instant, il y a même eu faute grave de sa part pour l'avoir reçue.

37. Si la chose payée sans être due a été vendue, il faut encore distinguer entre celui qui l'a reçue de bonne foi, et celui qui était de mauvaise foi en la recevant. Le premier ne doit restituer que le prix de la vente ; il se croyait maître de la chose, il en a disposé comme de la sienne propre, il l'a aliénée parce qu'il croyait avoir ce pouvoir, on ne peut rien lui imputer, il s'est cru maître, il a agi comme tel, sa bonne foi lui tenait lieu du droit de propriété, *bona fides tantumdem possidenti præstat quantùm veritas;* l. 136, ff. *de regulis juris;* sa bonne foi cesse bien dès qu'il apprend que la chose ne lui était pas due, il est bien obligé dès-lors à la restitution, art. 550, c. c.; mais il ne peut pas être tenu de la rendre, puisqu'il ne l'a plus en

son pouvoir, et qu'il l'a vendue à un autre dans un temps où il croyait avoir raison de s'en croire le maître; la restitution ne peut donc porter que sur le prix, on ne doit pas l'exposer à une action en garantie de la part de l'acquéreur, sa bonne foi lui sert d'excuse.

Si au contraire la chose indûment payée a été vendue par celui qui, en la recevant, savait très bien qu'elle ne lui était pas due, sa mauvaise foi le rend indigne de tout ménagement, la loi veut alors que le maître de la chose la puisse revendiquer contre celui qui l'a acquise, et elle laisse par là celui qui avait reçu la chose de mauvaise foi, exposé à l'action en garantie de l'acquéreur, il est juste qu'il en supporte tout le poids; il savait qu'il n'était pas propriétaire de la chose, il n'ignorait donc pas qu'il était sans qualité et sans pouvoir pour la vendre, art. 1599, c. c.

38. En général, du fait de la réception de la chose non due, il ne provient des obligations que de la part de celui qui l'ayant reçue, s'oblige par là même à la restituer; cependant il peut en naître des obligations accidentelles de la part de celui à qui appartient la chose, par suite de quelques faits postérieurs à celui de la réception : par exemple, s'il a été fait par celui qui possédait la chose des dépenses nécessaires pour sa conservation, ou des dépenses utiles qui l'ont améliorée ou en ont augmenté la valeur, elles doivent être à la charge du maître, elles pèsent sur sa propriété qui a été conservée ou améliorée par ce moyen, il doit les restituer même au possesseur de mauvaise foi, parce qu'il serait injuste que le propriétaire profitât de ces

dépenses au détriment d'autrui; la mauvaise foi du possesseur ne l'autorise pas lui-même à commettre une injustice. *Nam hoc naturâ æquum est, neminem cum alterius detrimento fieri locupletiorem;* l. 14, ff. *de cond. indebiti.*

39. Il naît du quasi-contrat de la réception de la chose non due, une action personnelle en répétition de ce qui a été payé, appelée en droit romain *condictio indebiti,* par laquelle celui qui a payé par erreur croyant devoir, répète ce qu'il a payé en capital seulement, si celui qui a reçu était de bonne foi, et avec fruits et intérêts s'il était de mauvaise foi, en offrant de rembourser même à ce dernier les dépenses qui ont conservé la chose et celles qui en ont augmenté la valeur.

SECTION III.

Du Quasi-contrat de l'acceptation d'hérédité.

40. Il se forme une troisième espèce de quasi-contrat lorsqu'une personne accepte l'hérédité de quelqu'un; elle s'engage, par le fait seul de l'acceptation, à payer aux légataires les legs que leur a faits le défunt. Ce n'est pas par l'effet d'un contrat qu'elle est liée envers ceux-ci, puisqu'elle n'a jamais contracté avec eux; ce n'est pas même comme succédant aux obligations du défunt qu'elle est tenue envers les légataires, parce que le testateur n'a jamais été obligé envers ces derniers, leurs droits n'ont pas existé de son vivant, ils n'ont pris naissance qu'à sa mort par suite de son testament, qui n'a eu sa perfection et n'a commencé à avoir ses effets qu'à cette époque.

L'héritier n'étant point obligé de délivrer les

legs en vertu d'un contrat personnel ou de celui de son auteur, on doit dire qu'il y est tenu par l'effet du quasi-contrat résultant du fait personnel de l'adition de succession. Ce quasi-contrat peut être défini l'obligation que contracte l'héritier, par le fait seul de l'acceptation de la succession, de payer les legs qu'a laissés le testateur; §. 5, inst. *de oblig. quæ ex quasi-contr. nascuntur;* l. 5, §. 2, ff. *de oblig. et act.*

41. Ce n'est pas en vertu de ce quasi-contrat que les héritiers sont tenus de payer les dettes du défunt, mais en vertu des contrats de ce dernier qui s'était obligé tant pour lui que pour ses héritiers; art. 1122, c. c. En acceptant la succession, ils se chargent d'exécuter les contrats du défunt qui est censé revivre dans leur personne, et dès-lors, c'est comme s'ils les avaient formés eux-mêmes. *Etenim videtur impubes contrahere cùm adit hæreditatem; is qui se miscuit contrahere videtur;* l. 3, §. dernier, et l. 4, ff. *ex quibus causis in possessionem eatur;* l. 49, ff. *de oblig. et act.*

42. Il provient de ce quasi-contrat une action personnelle donnée aux légataires pour forcer l'héritier qui a accepté la succession à délivrer les legs faits par le défunt.

On est restitué contre le quasi-contrat résultant de l'adition d'hérédité, lorsqu'elle est le fruit du dol, ou lorsqu'on découvre postérieurement à l'acceptation un testament qui la diminue de plus de moitié, parce qu'on présume que l'héritier n'aurait pas accepté s'il l'avait connu, et que l'ignorance d'un fait sert toujours d'excuse; art. 783, c. c.

CHAPITRE II.

Des Délits et Quasi-délits.

43. Avant d'entrer en matière, on fera remarquer que ceux qui se concertent avec un
débiteur pour commettre des fraudes contraires
à ses créanciers, s'obligent envers ces derniers
à réparer le dommage qui en résulte; les com-
plices du débiteur sont liés en vertu du seul fait
de leur participation personnelle à ces fraudes.

Quoique les fraudes pratiquées au préjudice
des créanciers se fassent souvent par des conventions entre les débiteurs et ceux qui sont
d'intelligence avec eux, cependant les engagemens qui en naissent et qui obligent les auteurs
envers les créanciers, sont du nombre de ceux
formés sans convention, puisqu'il ne s'en passe
aucune entre eux et les créanciers. Ces engagemens ne proviennent pas d'un quasi - contrat
parce que le fait qui y donne lieu n'est pas honnête, ils naissent plutôt d'une espèce de délit
parmi lesquels la fraude doit être placée.

44. On a déjà vu dans les dispositions générales du titre précédent ce qu'on entendait par
délit et quasi-délit, on y a observé que l'un et
l'autre sont des faits déshonnêtes et illicites qui
causent à autrui des dommages et qui obligent
à les réparer.

On ne considérera pas ici ces faits sous le rapport de l'action publique qui en dérive et qui
appartient au ministère public chargé de la ré-
pression des délits, d'en poursuivre les auteurs
pour leur faire appliquer la peine infligée par la
loi, d'assurer par ce moyen la vindicte de la société

offensée par les délits, et contenir par l'exemple ceux qui seraient tentés d'imiter les délinquans. Tout ce qui concerne l'action publique est du ressort des codes criminels qui n'entrent pas dans le plan des matières de ce traité; on ne s'occupe ici que de l'action privée provenant des mêmes faits, appartenant à celui qui a reçu quelque dommage par suite d'un délit ou quasi-délit, ou à ses héritiers, et ayant pour but d'obtenir la réparation pécuniaire du préjudice qui en est résulté.

45. Elle peut être poursuivie en même temps que l'action publique et par-devant les mêmes juges; elle peut aussi l'être séparément, mais l'exercice en est suspendu tant qu'il n'a pas été prononcé définitivement sur l'action publique intentée avant ou pendant la poursuite de l'action civile, parce que s'il est une fois jugé qu'il n'y a point de délit par les tribunaux criminels, il est décidé par là même qu'il n'est point dû de réparation; il faut donc attendre le jugement sur l'action publique, parce qu'il est préjudiciel, et que la question portée devant les tribunaux civils est par là même préjugée; cela a été introduit pour empêcher qu'il n'y ait sur la même affaire des jugemens contraires, ce qui arriverait si le tribunal criminel déclarait qu'il n'y a point de délit, et que le tribunal civil accordât une réparation pour le dommage qu'il aurait causé; le premier de ces jugemens déciderait qu'il n'y a point de délit, et le second prononcerait qu'il y en a un, ce qui serait contradictoire, détruirait l'autorité de la chose jugée, et diminuerait le respect attaché aux actes de la justice.

Les deux actions sont soumises à la même

prescription, qui est plus ou moins longue selon la nature des délits, et suivant qu'on aura fait ou non des poursuites, et qu'elles auront été suivies ou non de jugemens, ainsi qu'on le verra à la fin du titre des prescriptions.

46. L'action publique s'éteint par la mort du prévenu, parce qu'on ne peut punir celui qui n'existe plus, et que d'un autre côté il serait injuste d'infliger à ses héritiers des peines qui ne doivent tomber que sur le coupable et non sur des innocens, *pœnæ suos teneant auctores;* l. 22, cod. *de pœnis;* mais l'action privée peut être intentée contre les héritiers qui seront condamnés à la réparation du dommage, parce qu'ils possèdent la succession qui en est tenue; art. 1, 2, 3, et chap. 5, tit. 7, liv. 2, cod. d'instruction criminelle.

47. Relativement à l'action privée, le code civil décide que tout fait quelconque de l'homme qui cause du dommage à un de ses semblables, oblige celui par la faute duquel il est arrivé, à le réparer. Il suffit qu'il provienne de la faute de quelqu'un pour qu'il y ait lieu à l'action en réparation; peu importe le plus ou le moins de gravité du fait, peu importe qu'il y ait eu ou non intention de nuire, et par conséquent qu'il s'agisse d'un vrai délit ou simplement d'un quasi-délit; c'est assez qu'il y ait eu faute de la part de l'auteur du fait.

La loi va même plus loin : non-seulement elle oblige à réparer le dommage que l'on a causé à autrui par un fait proprement dit, mais elle nous rend encore responsables du préjudice résultant de notre négligence ou de notre imprudence; par cela seul que nous n'avons pas pris toutes les mesures possibles pour ne pas nuire à autrui,

nous sommes tenus de réparer le dommage qui
est provenu de nos actions ou omissions; il faut
voir si par quelques précautions on pouvait éviter de causer du préjudice; si cela est démontré,
il n'y a pas à hésiter entre celui qui souffre et
celui qui s'est trompé. Cette disposition de la loi
rendra les hommes plus diligens, et elle empêchera beaucoup d'accidens qui auraient lieu si
elle n'était pas aussi sévère; l. 8, §. 1, ff. *ad legem
Aquiliam;* §. 8, inst. *de lege Aquiliá.*

48. Pour qu'on puisse demander la réparation
du dommage, il faut qu'il y ait au moins quelque
négligence ou imprudence à imputer à celui qui
l'a causé; si l'on ne peut lui reprocher aucun
défaut de précaution, celui qui a souffert le dommage doit se soumettre avec résignation à ce
coup du sort qui n'a pu être empêché, c'est ici
un pur cas fortuit dont personne n'est responsable : par exemple, un cheval monté par un
écuyer habile devient furieux, son cavalier fait
de vains efforts pour le retenir, il emploie à
cet effet tous les moyens de l'art, la fureur du
quadrupède augmente, il renverse son maître et
le jette sans connaissance sur la route, et il se
précipite ensuite dans les champs voisins où il
cause de grandes pertes; les propriétaires n'ont
aucune action contre le maître du cheval qui
avait l'habileté nécessaire pour le dompter, mais
qui n'a pu contenir la furie subite et extraordinaire qui s'est emparée de cet animal.

49. La loi en ordonnant la réparation du
dommage a voulu l'assurer, elle ne s'arrête pas
toujours à l'auteur du préjudice, il n'a souvent
point de fortune particulière, ou bien ses propriétés
sont insuffisantes pour le dédommagement; dans

certains cas la loi permet de recourir à ceux de qui cette personne dépend, elle rend ceux-ci garans de l'action, parce qu'ils pouvaient l'empêcher, en surveillant avec une plus grande attention cette personne sur laquelle ils ont une autorité. C'est d'après ces raisons que la loi rend chacun responsable non-seulement du dommage qu'il a causé par son fait, mais encore de celui qui est occasioné par le fait des personnes dont il doit répondre, ou des choses qu'il a sous sa garde.

50. Ainsi le père, et la mère après le décès du mari, sont responsables du préjudice causé par leurs enfans mineurs habitant avec eux; c'est au père, ou à son défaut à la mère, de veiller sur les enfans, c'est à eux d'employer l'autorité que la loi leur confie pour les empêcher de nuire à autrui; dans le cas contraire, ils sont responsables du dommage que leurs enfans causent à des tiers, c'est la juste peine de leur négligence à les surveiller, mais pour cela il faut qu'ils ayent pu empêcher le dommage; cette disposition ne s'applique donc qu'à celui causé par leurs enfans mineurs, parce que les majeurs ne sont plus sous leur puissance, art. 372, c. c.; il faut d'ailleurs que le fait qui donne lieu à une demande en dédommagement provienne d'enfans mineurs habitant avec eux, parce qu'il leur est impossible de veiller sur la conduite de ceux qui demeurent loin du toit paternel; pour ces derniers, ce sont les maîtres ou les instituteurs chez lesquels ils habitent qui doivent en répondre.

La même responsabilité pèse sur les maîtres et les commettans, par rapport au dommage causé par leurs domestiques et préposés dans les fonctions auxquelles ils les ont employés. Il y a faute de leur part de se servir de personnes capables de nuire, soit par malice, soit même par simple imprudence ou mal-adresse, *culpa est malorum hominum operâ uti; §. 3, instit. de oblig. quæ ex quasi-delict. nascunt.;* c'est à eux à les surveiller et empêcher qu'ils ne causent du préjudice à autrui en remplissant les fonctions qui leur ont été confiées : la responsabilité du maître est la meilleure et souvent la seule garantie que l'on puisse avoir; l. 8, §. 1, ff. *ad legem Aquiliam; §. 8, inst. de lege Aquiliâ.*

La loi rend encore les instituteurs et les artisans responsables du dommage causé par leurs élèves et apprentis; mais cette responsabilité n'a lieu que relativement aux faits qui se sont passés pendant le temps qu'ils sont sous leur surveillance : cette disposition de la loi est encore très sage, les instituteurs et artisans ont une autorité suffisante sur leurs élèves et apprentis pour pouvoir les contenir dans les bornes du devoir, et ils ont d'ailleurs toujours la faculté de les renvoyer s'ils ne peuvent pas leur empêcher de nuire, ils sont donc avec raison chargés de réparer les dommages causés par leurs subordonnés; mais cette responsabilité ne doit avoir lieu que pour les faits qu'ils ont pu empêcher, c'est-à-dire pour ceux qui se sont passés tandis qu'ils les avaient sous leur surveillance : personne n'étant tenu à l'impossible, ils ne sont pas garans des actions passées loin de leur présence, et lorsqu'ils n'étaient pas à portée de surveiller ceux qui s'en sont rendus coupables. Ainsi, par exemple, un instituteur sera responsable des faits commis par ses élèves pendant le temps qu'ils sont sous sa garde, mais il ne répondra point de ceux qui se sont passés lorsqu'ils étaient chez leurs parens. *Qui in hoc duntaxat locum conductum habebat ut ibi opus faciat vel doceat, in factum actioni locus est etiamsi quis operantium dejecerit vel effuderit, vel si quis discentium;* l. 5, §. 3, ff. *de his qui effuderint vel dejecerint.*

51. Par suite du même principe que personne n'est tenu de ce qu'il n'a pu empêcher, la responsabilité des pères et mères, des instituteurs et artisans, cesse lorsqu'ils prouvent qu'ils n'ont pu s'opposer au fait qui donne lieu à la demande en indemnité, parce que l'impossibilité bien constatée équivaut à la force majeure, qui ne donne ouverture à aucune action au profit de la personne lésée. *Culpá caret qui non prohibet cùm prohibere non potest;* l. 109, ff. *de regulis juris.* Cela a lieu, lors même qu'ils auront vu commettre le délit, s'il y a eu impossibilité de l'empêcher, *culpá caret qui scit, sed prohibere non potest;* l. 50, ff. *de reg. juris;* par exemple, un père séparé de son fils mineur par une rivière profonde, sur laquelle il n'existe aucun moyen de passage, voit ce dernier près d'entrer avec une meute de chiens dans des champs couverts de moissons, il le lui défend de toute la force de sa voix, le fils s'y jette malgré la défense du père, il y cause beaucoup de dommage; le père qui a vu commettre le délit ne sera pas responsable du préjudice, parce qu'il n'a pas été en son pouvoir de s'y opposer.

52. Les maîtres et les commettans ne peuvent en aucun cas invoquer l'impossibilité où ils auraient été d'empêcher le délit, la négligence ou l'imprudence de leurs domestiques ou commis,

pour se soustraire à la responsabilité du dommage causé par ces derniers dans les fonctions auxquelles ils les ont employés. Cette disposition, qui se trouve déjà dans le code rural, ne présente rien que de très équitable; n'est-ce pas en effet le service dont le maître profite qui a produit le mal qu'on le condamne à réparer? n'a-t-il pas à se reprocher d'avoir donné sa confiance à des hommes méchans, imprudens ou mal-adroits? Il doit supporter seul le préjudice qu'ils ont causé. Si les maîtres et commettans n'étaient tenus que des faits qu'ils auraient pu empêcher, la responsabilité accordée contre eux serait presque illusoire, parce qu'ils sont ordinairement éloignés de leurs domestiques et préposés, et par conséquent dans l'impossibilité d'empêcher les actions et prévenir les imprudences par lesquelles ces derniers nuisent à des tiers.

Au reste, les maîtres et commettans ne sont responsables que du dommage causé par leurs serviteurs et commis dans les fonctions auxquelles ils les ont employés. Ainsi un maître sera bien tenu de réparer le dommage causé par son domestique chargé de conduire une voiture et qui par sa mal-adresse a blessé quelqu'un; mais il ne sera pas responsable des délits que commet son domestique hors des fonctions qui lui sont confiées : par exemple, si ce dernier, en passant dans les rues, injurie une personne, le maître n'en doit pas répondre, parce qu'il ne tient pas son serviteur pour injurier, il ne lui a pas donné un mandat aussi criminel.

53. Cette responsabilité contre les pères, mères, etc., n'empêche pas que l'auteur du dé-

lit ou quasi-délit ne puisse et même ne doive être poursuivi directement, il faut qu'il soit condamné conjointement avec le tiers civilement responsable; et si ce dernier a été obligé de payer pour le coupable, il aura son recours contre lui, art. 8, tit. 2, code rural, les tiers civilement responsables ne sont que des cautions.

54. Non-seulement les hommes doivent prendre toutes les précautions nécessaires pour ne pas nuire par eux-mêmes à qui que ce soit, mais ils sont encore obligés de tenir ce qu'ils possèdent en tel état qu'il n'en puisse résulter pour personne du préjudice, parce que la loi rend chacun responsable des choses qu'il a sous sa garde. De là provient l'obligation de contenir les animaux, de telle manière qu'ils ne nuisent point à nos semblables ni à leurs propriétés.

Le maître répond du dommage causé par l'animal qui lui appartient, soit qu'il soit sous sa garde, soit qu'il soit échappé ou égaré ; c'est au propriétaire de veiller sur les animaux qui lui appartiennent ; il doit les empêcher de nuire, et il est tenu du préjudice qu'ils ont occasioné, lors même qu'ils se sont échappés de ses mains, parce qu'il y a ici une négligence ou une maladresse dont il est responsable ; et il doit aussi réparer le préjudice fait par ceux qui sont égarés, parce qu'alors il y a défaut de garde et d'attention, et que d'ailleurs rien de ce qui nous appartient ne peut nuire impunément à quelqu'un ; §. 8, instit. *de lege Aquiliá.*

Cette responsabilité pèse sur celui qui se sert de l'animal, si le fait préjudiciable est arrivé pendant qu'il était à son usage, parce qu'il était seul obligé de veiller sur lui ; on n'a rien à imputer au maître qui n'était pas à portée de le faire.

55. Cependant si un animal ne mord ou ne cause quelqu'autre dommage que parce qu'il a été excité ou effarouché par quelqu'un, c'est contre celui qui a donné lieu à l'accident que l'on doit agir en réparation, et si c'est lui qui a souffert le préjudice, il doit se l'imputer, et le supporter sans se plaindre, puisque c'est par sa faute qu'il est arrivé ; *sed si instigatu alterius fera damnum dederit, cessabit actio ;* l. 1, §. 6, ff. *si quadrupes pauperiem fecissè dicatur.*

Si deux animaux domestiques appartenant à des maîtres différens s'attaquent, et que l'un d'eux périsse dans le combat, le maître de celui qui a péri n'a point d'action en réparation du dommage, si c'est l'agresseur qui a été tué; mais au contraire il en a une, si la perte est tombée sur l'animal attaqué ; *cùm arietes vel boves commisissent, et alter alterum occidit,...... si quidem is periisset qui agressus erat, cessaret actio ; si is qui non provocaverat, competeret actio ;* l. 1, §. 11, ff. *si quadrupes pauperiem fecisse.*

56. Etant responsable du dommage causé par tout ce qui nous appartient, on doit encore en conclure que le propriétaire d'un bâtiment est tenu de réparer le dommage occasioné par sa ruine, lorsqu'il y a faute de sa part ; et il y a faute toutes les fois que la chute provient du défaut d'entretien ou par le vice de la construction ; il doit en effet entretenir son bâtiment, et il est obligé de le faire construire de manière qu'il ne puisse jamais en tombant nuire à autrui; si au contraire il s'écroule et cause par sa ruine du préjudice à quelqu'un, le maître ne peut se

soustraire à l'action en dommages et intérêts qu'en prouvant que cet accident est un effet de la force majeure dont personne n'est tenu.

Si la chute par vice de construction, ou même par vice du sol, arrive dans les dix ans qui suivent l'achèvement du bâtiment, le propriétaire aura son recours contre les architectes et les entrepreneurs qui sont ici les seuls coupables, parce qu'ils doivent connaître les règles de leur art, et que l'ignorance de ce que l'on doit savoir est une faute grave; *imperitia culpæ adnumeratur*; l. 132, ff. *de regulis juris*; art. 1792 et 2270, c. c.

CHAPITRE III.

Des Engagemens formés sans convention par suite de quelques cas fortuits.

57. On a vu, au commencement de ce titre, qu'il existe une espèce d'engagemens qui se forment sans convention par suite de quelques cas fortuits; on va, dans ce chapitre, en parler d'une manière très sommaire.

On appelle cas fortuits les événemens qui sont indépendans de la volonté de ceux à qui ils arrivent, soit que ces événemens causent des gains ou des pertes : trouver un trésor est un cas fortuit de la première espèce; perdre sa bourse en est un de la seconde.

Il peut des cas fortuits naître plusieurs engagemens, sans qu'il y ait aucune espèce de convention; ainsi on a vu au chapitre des dispositions générales qui précèdent le troisième livre du code civil, que celui qui trouve un trésor sur le fonds d'autrui est obligé d'en donner la moitié au propriétaire; on y a aussi vu quelles étaient les obligations de ceux qui trouvent des choses perdues, des choses naufragées.

Ceux dont les marchandises ont été conservées, par le jet dans la mer de celles qui appartenaient à d'autres personnes, pour éviter le naufrage du navire, doivent contribuer à cette perte qui doit être supportée en commun tant par les maîtres des marchandises sauvées que par les propriétaires de celles jetées.

Les marchandises jetées sont estimées suivant leur valeur au lieu du déchargement, pour déterminer le dédommagement qui est dû à leurs maîtres, parce qu'elles seraient dans cet endroit et qu'elles y vaudraient le prix courant si elles n'avaient pas péri, et si elles avaient au contraire été sauvées par le jet des autres effets; qu'enfin ces derniers objets délivrés du danger par le jet se vendent au prix courant au lieu de la destination; art. 415, cod. comm.

On va dire en deux mots quels sont ceux qui ont droit à cette indemnité, quels sont les objets qui y contribuent, et dans quelle proportion.

D'abord on doit dédommager non-seulement les propriétaires des marchandises jetées, mais encore tous les maîtres de celles endommagées par le jet: *quid enim interest jactatas res meas amiserim, aut inundatas deteriores habere cœperim? nam sicut ei qui perdiderit subvenitur, ita et ei subveniri oportet qui deteriores propter jactum res habere cœperit;* l. 4, §. 2 in fine, ff. *de leg. Rhodiâ;* argument à *contrario sensu* de la seconde partie de l'art. 421, cod. comm.

Il faut cependant excepter du droit à l'indemnité, soit qu'ils ayent été jetés, soit qu'ils

ayent été endommagés, 1º les effets dont il n'y
a point de connaissement ou de déclaration du
capitaine, parce qu'il est établi dans ce cas qu'ils
ont été placés à bord sans l'aveu de ce dernier;
qu'ainsi n'étant point responsable de leur perte,
il ne peut faire contribuer personne à un dommage dont il n'est pas tenu ; 2º les effets qui
étaient sur le tillac, parce qu'alors il y a faute
de la part du capitaine qui a reçu des marchandises au-delà de ce que pouvait contenir le vaisseau, ou qui, dans le cas contraire, est toujours
en faute de ne les avoir pas mises dans un endroit convenable; c'est donc lui seul qui doit
supporter le préjudice résultant de sa faute; art.
1382 et 1383, c. c.; 421, cod. comm.

On pense que cela n'a pas lieu quand il s'agit du
petit cabotage; dans ce cas le capitaine n'est pas en
faute d'avoir placé des effets sur le tillac, puisqu'il y est autorisé par le second alinéa de l'article 229, cod. comm.; ainsi les maîtres de tels
objets chargés sur le tillac des bateaux pontés
et jetés à la mer pour le salut commun, doivent
être indemnisés par les propriétaires des marchandises sauvées par le jet; il faut bien leur
accorder ce recours, la loi ne leur en donnant
aucun contre le capitaine qui n'est pas en faute
dans cette circonstance. Cela a été ainsi jugé par
une sentence de l'amirauté de la Rochelle, du
28 septembre 1747, dont on n'a point interjeté
appel; elle est rapportée dans le commentaire de
Vaslin sur l'ordonn. de 1681, liv. 1, tit. 2, art. 12.

L'indemnité doit être payée par les effets sauvés et par ceux jetés, dans la proportion de leur
valeur respective ; il est juste qu'un malheur
commun soit supporté par tous les intéressés au

prorata de leur intérêt particulier ; si les propriétaires des marchandises jetées ne contribuaient pas à réparer le préjudice causé par le jet, ils seraient plus avantagés que ceux dont les effets ont été sauvés ; il faut donc, pour que la perte soit commune, que tous les objets sauvés, jetés en mer, ou endommagés par le jet, en supportent une part : *lege Rhodiâ cavetur, ut si levandœ navis gratiâ jactus mercium factus est, omnium contributione sarciatur quod pro omnibus datum est ;* l. 1, ff. *de leg. Rhod.* Au reste les propriétaires des marchandises endommagées n'y contribuent que déduction faite de ce qui leur est dû pour ce dommage ; *deducto hoc quod damnum passus est, reliquum conferre debet ;* l. 4, §. 2, versic. *deducto,* ff. *de leg. Rhod.*

Pour fixer l'indemnité, il faut d'abord faire estimer les marchandises jetées, et le préjudice souffert par celles endommagées par le jet ; ensuite on procède à l'appréciation de celles sauvées ainsi que du navire. Supposons que la perte soit de 16,000 fr., et que la totalité des marchandises tant sauvées que jetées et le navire soient estimés 80,000 fr., la perte est au total des choses contribuables, comme 1 est à 5 ; chacun des propriétaires des marchandises sauvées payera le cinquième de la valeur de ses marchandises pour indemniser les maîtres des effets jetés, qui supporteront eux-mêmes une part de la perte, en recevant un cinquième de moins qu'ils n'ont perdu ; en effet le cinquième de 64,000 fr., prix des objets sauvés, ne s'élève qu'à 12,800 f., soit aux quatre cinquièmes de 16,000 f.

Pour engager les chargeurs à déclarer de bonne foi et sans fraude la véritable qualité

des marchandises dans les connaissemens, la loi
décide que si elles ont été déclarées d'une qualité inférieure à la véritable, elles seront estimées leur véritable valeur si elles sont sauvées,
et d'après la déclaration si elles sont jetées; si
au contraire elles ont été désignées d'une qualité supérieure à la véritable, elles sont estimées
d'après l'indication si elles sont sauvées, et d'a-
près leur véritable valeur si elles sont jetées:
ainsi la fausseté ou l'inexactitude des déclara-
tions peut tourner à l'avantage des contribuables à l'indemnité, sans pouvoir jamais leur
nuire; art. 418, cod. comm.

Après avoir vu quels sont ceux qui ont droit
à l'indemnité, et comment on procède pour la
fixer, on va faire connaître quels sont les objets qui la supportent.

1° Les propriétaires du navire sauvé par le
jet contribuent à l'indemnité; *itaque dominum
etiam navis pro portione obligatum esse ;* l. 2,
§. 2, versic. *itaque, ff. de leg. Rhod.;* art. 417,
cod. comm. La contribution frappe tout à la fois
le navire et le fret qui a été aussi sauvé par le
jet, puisqu'il n'en aurait point été dû si les marchandises avaient été prises, ou si elles avaient
péri par naufrage ou échouement, art. 302,
cod. comm.; mais comme le fret n'est dû aux
armateurs qu'à cause de leur navire, et comme
représentant les détériorations que le voyage lui
cause, et les dépenses qu'il faut faire pour l'arme-
ment, les agrès, apparaux et victuailles, afin d'arriver au terme du voyage, on a cru avec raison
qu'il y aurait double emploi si on forçait les maîtres du vaisseau à contribuer sur la totalité du
vaisseau et du fret; c'est pourquoi le code de

commerce ne leur fait supporter la perte causée par le jet que dans la proportion de la moitié du navire et du fret.

Les armateurs ne contribuent pas pour les munitions de guerre ou de bouche qui sont restées dans le navire, parce que les premières s'y trouvent pour la défense commune du navire et des marchandises, et que les secondes y sont destinées à la nourriture des officiers et matelots dont les manœuvres sont nécessaires pour conduire le vaisseau et son chargement à leur destination : *nisi quæ consumendi causâ imposita fuerint, quo in numero sunt cibaria ;* l. 2, §. 2, ff. *de leg. Rhod.*

2° Les propriétaires des marchandises qui sont restées sur le navire sauvé par le jet, doivent contribuer à l'indemnité des maîtres de celles jetées, d'après la valeur des marchandises au moment de la contribution, déduction faite du fret qui est dû pour ces marchandises, parce qu'il se prend sur cette valeur, qu'ainsi elle en est diminuée nécessairement ; *bona cujusque intelliguntur, quæ deducto ære alieno supersunt ;* l. 59, §. 1, ff. *de verb. signif.*

Il faut que les marchandises se soient encore trouvées sur le navire au moment du naufrage, pour que le propriétaire d'icelles soit tenu de contribuer à l'indemnité, car c'est dans ce cas seul qu'elles ont été sauvées par le jet, art. 427, second alinéa, cod. comm.; l. 4, princ., ff. *de leg. Rhod.*

3° Les propriétaires des marchandises jetées y contribuent aussi en faisant confusion sur eux d'une partie de la perte, de la manière expliquée plus haut.

4° Les passagers y contribuent pour leurs babits et leurs bijous, quoique ces choses ne chargent point le navire; la raison en est que c'est le jet qui les leur a conservées. D'un autre côté, l'article 419, cod. comm., qui n'excepte de la contribution que les hardes des gens de l'équipage, y soumet par là même celles des passagers ainsi que leurs bijous. La loi 2, §. 2, ff. *de leg. Rhod.*, contenait déjà des principes semblables : *an etiam vestimentorum cujusque et annulorum æstimationem fieri oporteat, et omnium visum est nisi quæ consumendi causá;* les passagers n'y contribuent pas pour leurs personnes, parce que les hommes libres ne sont pas susceptibles d'estimation; *corporum liberorum æstimationem nullam fieri posse,* dict. §. 2. Ils ne contribuent pas aussi pour les vivres qu'ils ont pour leur provision.

Les marchandises placées sur des chaloupes pour diminuer la charge du navire participent à l'indemnité si elles périssent, parce que leur transport sur les chaloupes a sauvé le vaisseau; mais si elles sont sauvées et que le vaisseau périsse, elles ne contribuent point à l'indemnité, parce que ce n'est pas la perte du navire qui les a sauvées; art. 427, cod. comm.; l. 4 princ., ff. *de lege Rhod.*

Quant aux gens de l'équipage, ils ont bien part à l'indemnité si leurs hardes ont été jetées à la mer, art. 419, cod. comm., mais ils ne supportent aucune diminution de leurs loyers, quoiqu'ils ayent été sauvés par le jet, ne devant point en recevoir lorsque le navire est pris ou perdu, art. 258, cod. comm.; on leur accorde cette faveur parce qu'ils ont payé de leurs personnes lors de l'accident extraordinaire qui a donné lieu au jet.

Le jet ne peut être ordonné par le capitaine, en cas de chasse d'ennemi ou de tempête, que de l'avis des intéressés au chargement et des principaux de l'équipage; s'il y a diversité d'avis, celui du capitaine et des principaux de l'équipage est suivi. On jette d'abord les choses les moins nécessaires, les plus pesantes et de moindre prix, ensuite les marchandises du premier pont, au choix du capitaine et par l'avis des principaux de l'équipage, art. 410 et 411, c. comm.

On jette, 1° les choses les moins nécessaires : on ne doit en effet jeter qu'à la dernière extrémité les choses qui sont sur le navire pour ses besoins et pour le protéger contre les vents quoiqu'elles soient très pesantes, tels que les ancres, cabestans, etc.; 2° on jette les choses les plus pesantes, parce que ce sont celles dont le jet contribue le plus à alléger la charge du navire ; 3° les choses de la valeur la moins considérable, parce qu'il est de l'intérêt de tous les contribuables à l'indemnité qu'elle soit le moins forte possible; or plus le prix des choses jetées sera faible, moins le dédommagement demandé sera grand.

58. Il y a plusieurs autres engagemens qui, comme ceux dont on vient de parler, se forment sans convention par l'effet de cas fortuits : ainsi, par exemple, si le débordement d'une rivière abat une maison et en entraîne des matériaux ou des meubles dans un héritage voisin, le propriétaire de ce fonds est obligé d'en accorder l'entrée au maître de ces meubles et matériaux pour qu'il puisse les enlever; il en serait de même de toute autre chose entraînée par la force des eaux; mais le propriétaire du champ sera dédommagé du préjudice causé à sa propriété, par les maté-

riaux, ou par les travaux nécessaires pour l'enlèvement ; il n'est pas juste que ce dernier profite du malheur arrivé au maître des meubles,
mais il est conforme à l'équité qu'il soit indemnisé du dommage qu'il a souffert à cette occasion ; *sed si ratis delata sit vi fluminis in
agrum alterius, posse eum conveniri ad exhibendum Neratius scribit ; undè quærit Neratius
utrùm de futuro duntaxat damno, an et de
præterito, domino agri cavendum sit? Et ait
etiam de præterito caveri oportere. Sed et si de
ruinâ aliquid in tuam aream vel in tuas œdes
inciderit, teneberis ad exhibendum ;* l. 5, §. 4 et
5, ff. *ad exhibendum.*

59. Si dans un voyage sur mer, ou autre semblable circonstance, où plusieurs personnes peuvent se rencontrer, les provisions de bouche
viennent à manquer, et si quelques individus
en ont en réserve pour eux en particulier, ce
qui reste de vivres est, dans un besoin aussi pres-
sant, commun à tous; ceux qui ont des comes-
tibles sont obligés de les communiquer, parce
qu'il s'agit de choses indispensables pour la conservation de l'existence. *Quo in numero essent
cibaria, eo magis quod si quandò ea defecerint
in navigationem, quod quisque haberet, in commune conferret;* l. 2, §. 2 à la fin, ff. *de lege Rhodiâ de jactu;* art. 249, cod. comm.

60. Si par un cas fortuit l'état des lieux éprouve
un changement qui puisse se réparer, ceux chez
lesquels on sera obligé de travailler pour ces réparations seront tenus de supporter cette incom-
modité; car il est conforme à l'équité que ceux
qui souffrent de la perte par le changement puissent remettre les choses dans leur premier état,

si cela est possible, en indemnisant les autres
propriétaires du dommage qui pourra leur résulter des travaux nécessaires à cet effet ; cependant si le changement était de telle nature qu'il
ne fût pas juste de remettre les lieux dans leur
état primitif, ce qui arriverait par exemple, si
la violence des eaux avait détaché des rochers
d'un héritage et les avait transportés dans un autre, si elle avait par là rendu le premier héritage
meilleur et endommagé le second, dans un cas
semblable le rétablissement des lieux n'est effectué que de gré à gré : on ne doit pas priver
celui qui a été favorisé par la nature de l'avantage qu'elle lui a procuré ; chacun doit jouir des
faveurs qu'elle accorde, parce qu'il est contraint
de supporter les pertes qu'elle lui envoie. *Cùm
per se natura agri fuerit mutata, æquo animo
unumquemque ferre debere sive melior sive de-
terior ejus conditio facta sit;* l. 2, §. 6, ff. *de aquá
et aquæ pluviæ.*

61. Si deux choses appartenant à deux propriétaires sont mélangées par l'effet d'un cas fortuit de manière à ne pouvoir plus être séparées,
il résulte de cet événement l'obligation réciproque de se faire justice pour la valeur de chacune des choses qui ont été confondues, art.
573, c. c.

Tous les cas fortuits qui causent des gains ou
des pertes ne produisent pas des engagemens ; par
exemple, en cas d'abordage de navire, le maître
du vaisseau endommagé à cette occasion n'a aucune action contre le propriétaire de l'autre navire, à moins qu'il n'y ait eu quelque faute de la
part de ce dernier ou des gens de son équipage.
Sed si fune rupto..... navis incurrisset, cum do-

mino agendum non esse; l. 29, §. 2 et 4, ff. *ad leg. Aquiliam;* art. 407, cod. comm.

Quelquefois les cas fortuits produisent des engagemens réciproques, quelquefois ils n'en produisent que d'un seul côté. Ainsi les sommes données à des corsaires par composition et à titre de rachat du navire et des marchandises, sont payées par tous les intéressés au navire et au chargement; les propriétaires des marchandises y contribuent dans la proportion de la valeur de ce qui a été conservé à chacun, et les armateurs suivant la valeur de la moitié du navire et du fret, art. 4oo, n° 1°, cod. com.; mais si les corsaires n'enlèvent qu'une partie des marchandises, la perte en tombe uniquement sur les propriétaires de celles-ci : ces deux décisions reposent sur le principe *res perit domino;* tous les intéressés contribuent au prix du rachat, parce que la perte du navire serait tombée sur tous; l'enlèvement de quelques marchandises n'est supporté que par les maîtres, ils en payent seuls le rachat, parce que la propriété n'en appartient qu'à eux. *Si navis à piratis redempta sit.... omnes conferre debere aiunt quod verò prædones abstulerint, eum perdere cujus fuerit;* l. 2, §. 3, ff. *de lege Rhodiá;* art. 4o4, c. comm.

62. Les actions provenant de cette troisième espèce d'engagemens dérivent de l'équité, qui ne souffre pas que personne s'enrichisse du malheur d'autrui.

TITRE CINQUIEME.

DU CONTRAT DE MARIAGE

ET

DES DROITS RESPECTIFS DES ÉPOUX.

Ce titre est divisé en trois chapitres : le premier expose les principes généraux ; le second traite de la communauté soit légale, soit modifiée par des conventions ; et le troisième s'occupe du régime dotal.

CHAPITRE PREMIER.

DISPOSITIONS GÉNÉRALES.

1. Après s'être occupée, dans le troisième titre, livre 3, c. c., des contrats en général, et dans le quatrième des obligations qui se forment sans convention, la loi s'occupe, dans les titres suivans, des principaux contrats en particulier.

Elle commence par le contrat de mariage, le plus important de tous ; en effet, les stipulations qu'il renferme déterminent souvent l'union des époux, qui est très favorable à l'état parce qu'elle est la cause la plus considérable de la population, et la source unique de la légitimité.

Il ne faut pas confondre le contrat de mariage, qui est l'objet de ce titre, avec le mariage qui est la matière du titre cinquième du livre premier. Le mariage peut être défini un contrat tout à la fois du droit naturel, du droit des gens et du droit civil, revêtu des formalités légales, par lequel un homme et une femme, capables de contracter mariage, s'engagent réciproquement l'un envers l'autre à vivre ensemble jusqu'à la mort, et à s'aider à supporter les peines de la vie ; il règle leur état personnel.

2. Au contraire, le contrat de mariage règle les biens des époux et tous leurs droits réels; on peut le définir l'acte qui contient les conventions particulières que font expressément ou tacitement les époux par rapport à leurs biens : on dit *ou tacitement*, parce que ceux qui se marient sans contrat sont censés adopter pour conventions matrimoniales les dispositions de la loi sur le régime de la communauté, art. 1393, c. c.

C'est un contrat synallagmatique, parce qu'il oblige réciproquement les deux époux ; il est du droit des gens, parce qu'il est usité chez toutes les nations policées ; il n'est parfait qu'après la célébration du mariage, et il devient caduc si le mariage ne s'ensuit pas, art. 1088 et 1399, c. c.; il est purement consensuel, parce qu'il est obligatoire après la célébration, et que chacun des époux, ainsi que tous ceux qui leur ont constitué des dots ou fait des donations, sont tenus de fournir ce qu'ils ont promis, encore qu'il n'y ait eu rien de livré ni de part ni d'autre, à la différence des contrats réels, desquels il ne résulte d'obligation qu'après la délivrance de la chose qui en est l'objet.

3. Le contrat de mariage est sans doute le plus important de tous, mais il n'est pas le plus ancien ; l'échange a existé long-temps auparavant;

ce dernier contrat a eu lieu dès que les hommes se furent réunis en société, il fallait bien se défaire du superflu pour se procurer ce dont on avait besoin, ce qui s'opérait par la voie de l'échange; au contraire, on a pu se marier pendant long-temps sans stipuler des dots, des apports, des reprises, des donations à cause de noces, etc.

4. Le mariage étant de la plus grande utilité pour l'état qu'il conserve, les législateurs anciens et modernes ont tout fait pour y déterminer les hommes ; ils leur ont laissé le choix de stipuler les conditions de leur union de la manière qu'ils jugeraient convenable ; ils ont autorisé, dans le contrat de mariage, des clauses et conventions proscrites dans les autres contrats. C'est pour ces mêmes motifs que les rédacteurs du code civil ont déclaré en principe que la loi ne régit l'association conjugale quant aux biens, que dans le cas où les époux n'ont point fait de conventions spéciales à cet égard, et que les futurs peuvent faire, dans le contrat de mariage, toutes les conventions qu'ils jugent à propos; on n'y met d'autres limites que celles que prescrivent l'ordre public, les bonnes mœurs elles-mêmes, et la nécessité de conserver l'uniformité de législation dans tout le royaume.

On reconnaît la grande faveur dont jouissent les contrats de mariage, quand on voit que les donations tout à la fois de biens présens et à venir, celles faites sous des conditions dépendant de la volonté du donateur, les libéralités faites sous la condition d'acquitter d'autres dettes et charges que celles qui existaient au moment de l'acte, sont permises et sont valides pour le tout,

dans le contrat de mariage, quoique la première
soit réduite aux biens présens, et que les deux autres
soient totalement nulles, lorsqu'elles sont faites
hors le contrat de mariage. Bien plus, si le donateur par contrat de mariage s'est réservé de disposer d'une partie des objets donnés, les réserves appartiennent à l'époux donataire, si le premier n'en
a pas disposé, tandis que dans les donations ordinaires, ces réserves, dont il n'a été fait aucune
disposition, appartiennent aux héritiers du donateur ; art. 943, 944, 945, 946, 947, 1084,
1086, c. c.

Quelque favorables que soient les contrats de
mariage, on ne peut y donner entre-vifs aux
enfans non conçus, art. 1081, c. c., si ce n'est
dans les cas des articles 1048 et 1049, c. c.; toute
autre donation pure de biens présens est nulle
lorsqu'elle est faite en faveur des enfans à naître,
defectu potestatis.

La loi défend en général toute stipulation sur
l'hoirie d'un homme vivant, même avec le consentement de celui de la succession duquel il
s'agit, art. 1130, c. c.; cependant elle nous permet
d'assurer tout ou partie de notre succession aux
époux ou aux enfans à naître du mariage; elle
accorde à la femme la faculté de stipuler en faveur de ses enfans et même de ses collatéraux,
qu'ils reprendront franc et quitte de toutes
dettes, en renonçant à la communauté, tout ou
partie de ce qui est tombé de son chef, quoique
de semblables pactes soient de véritables stipulations sur l'hérédité de personnes vivantes, art.
1082, 1514, c. c.

5. La faveur du mariage ne doit pas s'étendre
jusqu'à permettre aux futurs époux de violer

dans leurs contrats les lois qui intéressent l'ordre
public et les bonnes mœurs auxquels les particuliers ne peuvent jamais déroger par leurs conventions ; *privatorum conventio juri publico non
derogat ;* l. 45, §. 1, ff. *de regulis juris ;* art. 6,
c. c.

Pour éclaircir cette matière, il faut recourir à
des distinctions ; on doit reconnaître , dans les
titres du code sur le mariage , trois espèces de
dispositions : les unes qui sont relatives à la confusion et à la jouissance des biens des époux,
comme celles qui ont rapport à la formation, à
la dissolution de la communauté, au régime dotal, etc. ;

Les autres qui concernent l'action des autorités
publiques sur la formation du lien conjugal, sur
la séparation de corps, sur les empêchemens du
mariage ;

Les troisièmes qui regardent les droits et les
obligations purement personnels des époux, les
conditions nécessaires pour que la qualité d'é-
poux soit acquise, et les événemens qui la font
perdre.

Les premières dispositions du code sur le mariage n'appartiennent point à l'ordre public ; il
est permis d'y déroger toutes les fois qu'il n'y
a pas de prohibition expresse, et c'est ce qu'on
voit par les art. 1387, 1497 et 1527, c. c.

Les secondes tiennent à l'ordre général ; elles
ont pour objet de fixer les droits des autorités
publiques sur le mariage : telles sont les dispositions relatives aux droits de l'officier de l'état
civil de célébrer le mariage, du gouvernement
d'accorder des dispenses, des tribunaux de prononcer la séparation de corps , etc. On ne peut

déroger à ces différentes dispositions, d'abord parce qu'elles tiennent à l'ordre public, et ensuite parce que leur exécution ne dépend pas des particuliers : comment, en effet, deux individus pourraient-ils stipuler avec quelque efficacité, que le roi n'accordera point de dispense, que les tribunaux ne prononceront point de séparation de corps, etc.? Cela n'est nullement dans la disposition des particuliers.

Les troisièmes tiennent aussi à l'ordre social : telles sont celles qui ont rapport aux conditions nécessaires pour pouvoir contracter mariage, celles qui déterminent les droits et les devoirs respectifs des époux, celles qui fixent les causes de dissolution du mariage et les effets de cette dissolution, etc.; on ne peut aussi déroger à ces dispositions de la loi qui intéressent l'ordre public.

6. C'est d'après ces principes que le code civil déclare que les époux ne peuvent pas déroger aux droits résultant de la puissance maritale sur la personne de la femme, ou qui appartiennent au mari comme chef; ainsi, quelle que soit la latitude que laissent aux époux les art. 1387, 1497 et 1527, c. c., pour régler leurs conventions matrimoniales, néanmoins ils ne peuvent pas convenir que la femme sera indépendante de son mari, qu'elle administrera les biens communs, que le mari lui sera soumis, qu'elle aura pendant le mariage la puissance paternelle sur les enfans; parce que de semblables conventions sont contraires à la nature même des choses qui veut que le plus faible obéisse, et que l'administration soit confiée au plus fort et au plus expérimenté, pour ce qui regarde les affaires du dehors. Ils

ne peuvent aussi déroger aux droits conférés par la loi au survivant des époux par le titre de la puissance paternelle, et par celui de la minorité, de la tutelle et de l'émancipation : ainsi, on ne pourrait pas convenir que la femme, après la mort du mari, n'aurait pas la puissance paternelle sur les enfans mineurs communs, et qu'elle n'en serait pas tutrice, art. 390, c. c.; c'est pour des motifs d'ordre public, c'est pour le maintien de l'ordre dans la famille, c'est pour assurer au survivant le respect de la part des enfans, que ces dispositions de la loi ont été faites : on ne peut donc y déroger par des conventions particulières.

7. Les époux sont encore privés de la faculté de déroger aux dispositions prohibitives du code civil. Il a été de tout temps reconnu en principe que tout ce qui est fait contre la prohibition de la loi est absolument inutile, nul, et considéré comme non fait. *Ea quæ lege fieri prohibentur, si fuerint facta, non solùm inutilia, sed pro infectis etiam habeantur, licet legislator fieri prohibuerit tantùm, nec specialiter dixerit inutile esse debere quod factum est,* disent les empereurs Théodose et Valentinien dans la loi 5, au code *de legib. et constitut.*; cela est fondé sur ce que le législateur ne prohibe une stipulation que parce qu'il la regarde comme contraire ou à l'honnêteté ou au bien de la société; on ne peut donc y déroger en aucune manière. Ainsi on ne peut, même par contrat de mariage, renoncer à l'hoirie d'un homme vivant, ni aliéner les droits éventuels que l'on peut avoir à cette succession; ainsi on ne peut pas convenir que l'époux, réduit à une part de la communauté

au-dessous de la moitié, supportera dans les dettes une part supérieure ou inférieure à celle qu'il a dans l'actif; ainsi, on peut bien convenir que, pour sureté des droits et hypothèque légale de la femme, il ne sera pris inscription que sur certains immeubles suffisans pour la conservation de sa dot, de ses reprises et conventions matrimoniales; mais on ne pourra pas convenir qu'il ne sera pris aucune inscription; ainsi, la femme ne peut par aucune convention se priver du droit de renoncer à la communauté, etc. : ce sont des dispositions prohibitives portées par les art. 791, 1455, 1521 et 2140, c. c.

8. Les lois sur les successions ab intestat étant fondées sur des considérations particulières qui ont déterminé les législateurs à adopter plutôt tel ordre de succéder que tout autre, d'après des motifs tirés des mœurs, des usages, des convenances, de la forme du gouvernement, et de plusieurs circonstances locales, on peut dire que ces lois intéressent l'ordre public, et en conséquence il a été déclaré que les futurs époux n'y peuvent déroger par leur contrat de mariage : ainsi, ils ne peuvent faire aucune convention ni renonciation dont l'objet serait de changer l'ordre légal des successions, soit par rapport à eux-mêmes, dans la succession de leurs enfans ou descendans, soit par rapport aux enfans entre eux; dès-lors, ils ne peuvent pas convenir que la femme sera exclue de la succession de ses enfans, ou que les sœurs n'auront aucune part dans les successions des enfans mourant avant elles, et qu'elles appartiendront en entier aux mâles, etc.

Cependant cette décision de la loi ne met au-

cun obstacle à l'exercice de la faculté de faire
des donations entre - vifs ou testamentaires qui
pourront avoir lieu dans les cas déterminés par
le code civil et avec les formes qu'il prescrit ;
ainsi ils pourront se donner la quotité disponible fixée par l'article 1094, c. c. ; et si l'époux
donateur a des enfans d'un précédent mariage,
il pourra donner à l'autre une part d'enfant légitime le moins prenant, qui ne pourra en aucun cas excéder le quart de tous ses biens, art.
1098, c. c.

9. Pour conserver autant que possible l'uniformité de législation, les rédacteurs du code
ont défendu aux époux de stipuler d'une manière générale que leur association serait réglée
par l'une des coutumes, lois ou statuts locaux qui
régissaient ci - devant les différentes parties du
royaume ; si on avait permis de semblables stipulations, c'eût été un moyen de perpétuer les
trois cent soixante coutumes qui se partageaient
la France septentrionale, et qui sont abrogées
par le code : néanmoins les parties contractantes
pourront faire écrire dans leurs conventions matrimoniales les articles d'une des anciennes coutumes abrogées qui ne vaudront plus comme dispositions législatives, mais qui auront la force de
conventions, pourvu qu'ils ne soient point en
opposition avec les dispositions prohibitives du
code. Cette décision est fondée sur la latitude
que les articles 1387, 1497 et 1527, c. c., donnent
aux époux pour faire les conventions qu'ils jugent
convenables.

10. Quelque désirable que soit l'uniformité
parfaite en législation, cependant on ne doit
pas heurter les usages consacrés et les habitudes

d'un peuple; il convient de laisser une certaine
liberté relativement à un contrat qui doit être
le plus libre de tous. A l'époque de la publica-
tion du code, la France septentrionale régie par
le droit coutumier était habituée au système
de la communauté entre époux, dont l'origine
se perd dans la nuit des temps; au contraire,
les habitans du midi avaient adopté le système
dotal qu'ils avaient puisé dans les lois romaines,
et auquel ils étaient très attachés; en ne con-
sacrant qu'un des deux régimes, ont eût causé
un bouleversement général dans la partie du
royaume qui pratiquait l'autre, on eût détourné du mariage très favorable à l'état dont il augmente la force : pour ne pas froisser des usages
aussi anciens et aussi fortement établis, la loi
permet aux époux de déclarer d'une manière générale qu'ils entendent se marier ou sous le régime
de la communauté ou sous le régime dotal à leur
choix; et ainsi chacun pourra suivre ses goûts et
ses inclinations dans l'acte le plus important de
la vie.

11. Ils peuvent encore déclarer qu'ils se marient sans communauté, ou qu'ils seront séparés
de biens, art. 1392, 2ᵉ alinéa, c. c., et section 9,
partie 2, chapitre 2 de ce titre; de sorte que les
époux peuvent se marier sous quatre régimes :
le régime communal, le régime dotal, celui sans
communauté, et enfin celui de séparation de
biens. Ils ont la faculté de choisir entre ces
quatre régimes celui qui leur paraîtra le plus favorable pour les gouverner sous le rapport de
leurs biens.

12. Si les époux déclarent d'une manière générale qu'ils veulent vivre sous le régime de la

communauté, leurs droits et ceux de leurs héritiers seront réglés par les dispositions du code
sur la communauté qui sont l'objet du chap. 2
de ce titre; s'ils préfèrent le régime dotal, les
mêmes droits seront réglés par les dispositions
de la loi sur ce dernier régime et qui sont l'objet du chap. 3 du même titre.

13. Pour que l'association des époux, quant
aux biens, soit régie par le système dotal, il faut
qu'ils déclarent expressément qu'ils se soumettent
à ce régime; ainsi, on ne pourra pas conclure
qu'ils l'ont adopté, de ce que la femme s'est constitué ou de ce qu'il lui a été constitué des biens
en dot dans le contrat de mariage; cette simple
stipulation ne suffira pas pour soumettre les biens
constitués au régime dotal, parce que la dot qui
a pour but d'aider le mari à soutenir les charges
du mariage est en usage sous les deux régimes,
ces charges existant sous tous les deux; la constitution de dot qui est commune aux deux régimes, art. 1440 et 1540, c. c., n'est donc pas une
preuve positive que les époux ont voulu choisir
le régime dotal.

14. On ne peut aussi dire que les parties se
sont soumises au régime dotal, de ce qu'elles ont
déclaré qu'il n'y aurait entre elles aucune communauté, ou qu'elles seraient séparées de biens;
ces clauses établissent entre les époux un régime relatif à leurs biens qui ne tient ni de la
communauté, ni du régime dotal, et qui a ses
règles particulières : ainsi, de ce que les époux
ont déclaré choisir le régime sans communauté,
ou celui de séparation de biens, on ne peut pas
en conclure qu'ils ont adopté le régime dotal,
puisqu'ils sont différens de ce dernier.

15. On veut que la volonté de se soumettre au régime dotal soit déclarée d'une manière expresse, parce que celui de la communauté forme le droit commun de la France; or la dérogation au droit commun doit être formelle et expresse.

Par la même raison, les époux qui veulent se marier sans communauté, ou sous le régime de la séparation de biens, doivent aussi le déclarer expressément.

Les parties peuvent à leur gré choisir le régime dotal, ou celui de la communauté, ou les rejeter l'un et l'autre, en déclarant qu'elles se marient sans communauté, ou qu'il y aura entre elles séparation de biens; mais la loi a dû prévoir le cas où les parties se seraient mariées sans contrat, elle a dû décider quel serait le sort de ces époux relativement à leurs biens, elle ne pouvait pas conserver pour droit commun deux systèmes en quelque sorte opposés; à défaut de stipulations le sort de tous les époux doit être semblable, quelle que soit la partie du royaume qu'ils habitent, il fallait donc opter entre le système de la communauté et le système dotal qui sont les deux principaux et les plus usités; on a préféré le premier comme plus conforme à la situation des époux, et à cette société morale qui déjà existe entre eux par le seul titre de leur union; d'ailleurs ce sont les pauvres qui se marient sans contrat, or dans cette classe nombreuse, les femmes contribuent autant que les hommes aux acquisitions qui peuvent se faire pendant le mariage, elles travaillent autant que leurs maris, et elles sont beaucoup plus économes, *mulieres genus avarum;* il est donc juste qu'elles partagent les acquêts. Enfin le choix ne pouvait pas être douteux entre deux systèmes, dont le premier contenait tous les élémens propres à former un droit commun dans les dispositions de la loi sur la communauté légale, tandis que l'autre n'en offrait aucun; il n'y a en effet point de dot, sous le régime dotal, sans stipulation, art. 1541, c. c., et si on l'avait adopté comme droit commun, on aurait été sans règle positive sur le gouvernement commun des biens respectifs des époux; ce dernier système suppose toujours un contrat qui règle leurs droits, on ne pouvait donc l'adopter comme droit commun lorsqu'il n'y avait point de contrat.

16. Les législateurs, après avoir déclaré que les époux avaient la plus grande latitude pour régler à leur gré leurs conventions matrimoniales, s'occupent de la forme de l'acte qui doit les contenir, et du temps où il faut les dresser; ils déclarent qu'elles doivent être rédigées avant le mariage, par acte devant notaires. On ne peut plus faire dans aucune partie de la France le contrat de mariage par acte sous seing privé, un contrat aussi important devait être mis à l'abri d'une foule d'accidens auxquels sont exposés les actes sous seing privé qui peuvent s'égarer et se perdre, ce qui compromettrait les droits des époux; au contraire, ces inconvéniens ne sont plus à craindre si l'acte a été reçu par un notaire, qui est tenu d'en garder minute; si l'expédition qu'il a délivrée vient à périr, il restera la minute, pour la conservation de laquelle on a vu au traité des obligations conventionnelles, sect. 1re, §. 1er, que la loi du 25 ventôse an 11, sur l'organisation du notariat, a pris beaucoup

de précautions; et comme il est presque impossible que l'expédition et la minute périssent en
même temps, si la minute se perd, l'expédition
tiendra lieu de l'original qui n'existe plus, artic.
1535, c. c.

17. On veut que les conventions matrimoniales soient rédigées avant le mariage, parce
que le sort des époux doit être réglé au moment
de la célébration, il ne peut plus changer après,
lex matrimonii perpetua est; le moment du mariage est à cet égard comme celui de la mort,
où l'homme n'ayant pas disposé de ses biens,
la loi prend sa place, et use elle-même du pouvoir qu'elle lui avait donné et dont il n'a pas
voulu se servir; de même elle établit sans retour
la communauté légale entre les époux, si au
moment de la célébration il n'y a point de contrat pour la règle de leurs biens. Les conventions des époux ne peuvent plus éprouver, après
la célébration, la moindre modification; avant
le mariage, on leur donne les plus grands pouvoirs, parce que les deux parties sont encore
libres; mais après, la femme est sous la dépendance du mari, et ce dernier peut être l'esclave
de sa passion, on ne pourrait plus regarder les
pactes matrimoniaux comme le fruit d'une entière liberté; on a donc sagement décidé que le
contrat de mariage ne doit éprouver aucun changement après la célébration.

18. Si on veut faire quelque changement aux
conventions matrimoniales, avant la célébration,
la loi le permet, mais elle veut qu'ils soient cons-
tatés par acte passé dans la même forme que le
contrat de mariage; les changemens font partie
de ce contrat, ils doivent donc être rédigés dans

la même forme; les mêmes raisons de conservation militent pour l'acte qui contient les changemens et modifie le contrat.

En général, les contre-lettres sont obligatoires entre ceux qui les ont faites, artic. 1321, c. c.; mais on a déjà fait observer, en parlant de la preuve littérale, que, relativement au contrat de mariage, les changemens et contre-lettres ne sont valables qu'autant qu'ils ont été faits en présence et du consentement simultané de toutes les personnes qui ont été parties au contrat de mariage; cet acte est un traité commun auquel on ne peut toucher que du consentement des deux époux, de leurs deux familles et de tous ceux qui y ont stipulé. Un acte ne peut se dissoudre ni se modifier que de la même manière qu'il a été formé; §. dernier, aux inst. *quib. mod. tollit. oblig.* Le consentement de ceux qui n'assistent au contrat que pour faire honneur aux époux n'est pas nécessaire, ils ne sont point parties, puisqu'ils ne stipulent ni ne promettent rien.

19. Pour que de semblables changemens et contre-lettres faits avant la célébration ne puissent nuire à des tiers qui traiteraient de bonne foi avec le mari ayant de grands avantages d'après le contrat de mariage, et auquel ils n'appartiendraient plus d'après la contre-lettre, la loi décide que les changemens et contre-lettres, même revêtus de toutes les formes prescrites, ne produiront aucun effet à l'égard des tiers, s'ils n'ont été rédigés à la suite de la minute du contrat de mariage, pour ne former qu'un seul corps avec elle. La loi ajoute que le notaire ne pourra délivrer ni grosse ni expédition du con-

trat de mariage, sans transcrire à la suite le changement ou la contre-lettre; et pour qu'il soit engagé par son propre intérêt à exécuter cette disposition de la loi, elle le déclare passible des dommages et intérêts des parties, et même de plus grande peine, s'il y a lieu, c'est-à-dire s'il y a dol de sa part, s'il a agi dans le dessein de nuire.

Si les changemens ou contre-lettres ont été ajoutés à la suite de la grosse ou expédition, les tiers, qui n'ont pu les ignorer, ont traité en connaissance de cause, ils ne sont plus victimes de leur bonne foi, celui qui est instruit n'est pas trompé, *scienti et volenti non fit injuria;* s'ils ont été induits en erreur par une expédition qui ne contenait pas les changemens, ils auront leur recours contre le notaire; mais pour la validité des changemens, même à l'égard des tiers, il suffit qu'ils soient rédigés à la suite de la minute du contrat de mariage, la loi n'exige rien de plus. Cela est d'ailleurs établi par l'action en dommages-intérêts donnée contre le notaire, puisque les tiers n'en éprouveraient point si les changemens n'étaient pas valides contre eux.

20. Si la minorité n'est pas un obstacle à la formation du lien conjugal, quand on est parvenu à l'âge fixé par la loi, elle ne doit pas en être un pour les conventions et donations qui sont l'accessoire du mariage; il serait étrange que celui qui dispose de sa personne ne pût pas, dans cette occasion, disposer de ses biens; l'autorisation de ses père et mère, ou autres ascendans, et à leur défaut celle du conseil de famille, qui consacre son engagement dans les liens du mariage, suffit à plus forte raison pour

en affermir les pactes, et exclure tout regret et toute restitution, sur-tout dans une circonstance où les choses ne peuvent plus être remises au premier état : les conventions matrimoniales sont indissolubles, parce que le lien conjugal l'est lui-même.

CHAPITRE II.

Du Régime en communauté.

21. La communauté peut être définie une société établie entre le mari et la femme, expressément dans le contrat de mariage, ou tacitement, à défaut de contrat, par la seule disposition de la loi, et en conséquence de laquelle tous leurs biens meubles sans distinction, et les immeubles qu'ils acquièrent à titre onéreux, pendant leur mariage, sont communs entre eux.

Telle est la communauté dans les cas ordinaires ; mais elle peut recevoir plus ou moins d'étendue d'après les conventions des parties, ainsi qu'on le verra en parlant de la communauté conventionnelle.

22. Il résulte de ce qu'on vient de dire, qu'il y a deux espèces de communauté, la légale et la conventionnelle : la légale est celle qui est établie par la loi seule, à défaut de contrat, ou par la simple déclaration des contractans qu'ils se marient sous le régime de la communauté ; la conventionnelle est celle qui, d'après les conventions des parties, modifie la communauté légale, soit en l'étendant, soit en la restreignant.

23. L'une et l'autre commence le jour du mariage contracté devant l'officier de l'état civil ; on ne peut pas même convenir qu'elle commen-

cera à une autre époque. C'est une suite du principe qui veut que le sort des époux soit réglé le jour de la célébration, et qu'il ne puisse plus recevoir aucun changement; l'union des intérêts doit se former au même instant que l'union des personnes.

La communauté, soit légale, soit conventionnelle, ne peut se former qu'entre les personnes capables de contracter mariage, puisqu'elle est un effet civil du mariage. Néanmoins si les deux parties, ou l'une d'elles, sont de bonne foi, c'est-à-dire si elles ont eu une juste cause d'ignorer l'obstacle qui s'opposait à la formation du lien conjugal, cette bonne foi donnant au mariage putatif les effets d'un mariage véritable, en faveur de la partie qui peut l'invoquer, celle-ci pourra revendiquer les avantages de la communauté; il en est de même des enfans issus de cette union, art. 201 et 202, c. c.

Ce chapitre se divise en deux parties : la première traite de la communauté légale, la seconde de la communauté conventionnelle.

PREMIÈRE PARTIE.

De la Communauté légale.

Relativement à la communauté légale, on doit considérer ce qui la compose soit activement, soit passivement, comment et par qui elle s'administre, de quelle manière elle se dissout, et quels sont les effets de cette dissolution; après qu'elle est dissoute, on examine le droit appartenant à la femme de l'accepter ou d'y renoncer; en cas d'acceptation, on détermine le mode du partage tant de l'actif que du passif; en cas de renonciation, on vérifie quels sont ses effets. Ces matières sont traitées dans six sections séparées.

SECTION PREMIÈRE.

De ce qui compose la Communauté soit activement soit passivement.

24. Cette section se divise en deux paragraphes : dans le premier on traite de ce qui compose la communauté activement; dans le second, de ce qui la compose passivement; ou bien on parle des mises et bénéfices des associés dans le premier, et des charges dans le second.

§. Ier.

De l'Actif de la Communauté.

On verra dans un premier article quels sont les biens communs des époux, et dans un second quels sont ceux qui leur sont propres.

ARTICLE PREMIER.

Biens communs ou Communauté active.

25. La communauté se compose activement des biens communs aux deux époux, c'est-à-dire 1° de tout le mobilier que les époux possédaient au jour de la célébration du mariage, quelle qu'en soit l'origine; elle se compose aussi de tout le mobilier qui leur échoit pendant le mariage à titre de succession, ou même de donation, si le donateur n'a pas exprimé le contraire; on a ajouté ces derniers mots, parce que le donateur peut imposer à ses dons toutes les conditions qu'il lui plaît, et qu'il dépend par conséquent

de lui d'empêcher que le mobilier qu'il donne ne tombe dans la communauté; il était maître de donner ou non, il a donc pu le faire sous les conditions qui lui convenaient; l'autre époux ne perd rien à cette disposition de la loi, parce que le donateur ne donnerait pas son mobilier, s'il devait, contre sa volonté, tomber dans la communauté. *Legem quam rebus tuis donando dixisti sive ex stipulatu....... sive ex præscriptis verbis, apud præsidem provinciæ agere debes ut hanc impleri provideat;* l. 9, cod. *de donat.;* l. dernière à la fin, cod. *de pactis inter empt. et vendit.;* l. *obtinuit,* ff. *de cond. et demonst.;* l. *turpia,* ff. *de legatis 1º;* authentica *res quæ,* cod. *commun. de legatis.*

26. La communauté se compose activement, non-seulement des meubles corporels appartenant aux conjoints au moment du mariage ou acquis pendant le mariage, mais elle comprend encore les meubles incorporels, c'est-à-dire les actions qui tendent à obtenir une somme d'argent ou des meubles corporels; on doit en dire de même des actions ou intérêts dans des compagnies de finance, de commerce ou d'industrie, parce que ces associations ont pour but de faire des profits consistant en une somme d'argent qui est essentiellement mobilière, et que d'un autre côté la valeur de chaque intérêt est fixée à une somme d'argent, seule chose que puisse demander l'associé qui se retire, art. 529, c. c., sans pouvoir exiger sa part des immeubles nécessaires pour faire marcher la société.

La communauté active renferme aussi les rentes constituées qui sont meubles dans tout le royaume; on doit encore décider de même

des rentes foncières qui étant essentiellement ra-
chetables sont par là même mobilières, puisqu'elles ne représentent plus qu'un capital mobilier, art. 529 et 530, c. c.

27. On dira peut-être que les capitaux des
rentes, soit constituées, soit foncières, ne tombent
pas dans la communauté, puisque le n° 2° de
l'art. 1401 dit que les arrérages y tombent, ce
qu'il eût été inutile d'exprimer si les capitaux y
étaient entrés, parce qu'il est indubitable que
les arrérages qui sont des accessoires suivent le
sort des principaux; la loi a donc exclu de la
communauté les capitaux des rentes, par là même
qu'elle a cru nécessaire de dire que les arrérages
en faisaient partie.

On répond d'abord que cet argument prouverait trop, et que par là même il ne prouverait
rien; il faudrait en effet aller jusqu'à dire que les
capitaux exigibles résultant de billets, obligations
notariées, lettres de change, ne tombent pas
dans la communauté, puisque le même n° 2°
dit que les intérêts y tombent; mais le véritable
motif du n° 2° est que la loi a prévu, 1° le cas
où les époux se seraient réservé propres les capitaux, cas auquel les arrérages et intérêts seuls
tomberaient dans la communauté; 2° le cas où
des propres seraient aliénés pendant le mariage
pour un prix consistant en une rente foncière
ou constituée, cas auquel la rente représentant
l'immeuble propre vendu ne tomberait dans la
communauté que pour ses produits, comme le
propre qu'elle représente n'y entrait aussi que
pour les fruits.

28. En général tout mobilier corporel et incorporel tombe dans la communauté; néan-

moins, relativement aux actions, pour savoir si
elles y entrent activement ou passivement, on
doit considérer non - seulement quel est leur
objet, mais aussi quelle est leur origine et leur
cause : si ces actions représentent des propres de
l'un des conjoints aliénés pendant le mariage, si
elles en sont le prix, elles ne tombent dans la
communauté qu'à charge de remploi ou d'indemnité en faveur de l'époux à qui appartenaient
ces propres, parce que la communauté ne doit
jamais s'enrichir aux dépens des propres des
époux, art. 1433, 1434, 1435, c. c.; au contraire,
l'action qui appartient à l'un des époux pour le
prix d'un immeuble aliéné avant le mariage tombe
dans la communauté; on ne peut pas dire que
cette créance provient d'un propre , puisqu'à
l'époque du mariage de ce conjoint cet héritage
ne lui appartenait plus, et qu'ainsi il n'a jamais
été un propre de communauté.

29. Si une personne s'est engagée, avant le mariage, à délivrer à son choix mille écus ou un
champ à l'un des époux, c'est le choix que fera
le débiteur qui déterminera la chose due et par
suite nécessaire la nature de la créance : s'il déclare qu'il préfère donner les mille écus, la créance sera mobilière, et tombera en conséquence
dans la communauté; si au contraire il trouve
plus d'avantage à livrer l'immeuble, la créance
alors sera immobilière, et par là même propre
à l'époux. Il en est de même quand le choix appartient à l'époux créancier.

Quant aux créances facultatives, c'est-à-dire
celles où le débiteur doit une chose déterminée,
mais avec faculté de se libérer en délivrant une
autre chose, la nature de la créance est fixée

par la nature de la chose qui est due, et non par celle de la chose que le débiteur peut délivrer à la place ; et ainsi la créance tombera ou non dans la communauté, suivant que la chose due sera mobilière ou immobilière, sauf récompense pour la communauté ou indemnité pour l'époux créancier, si par la faculté exercée par le débiteur l'un ou l'autre est privé de la créance qui devait naturellement lui appartenir.

30. 2° La communauté active se compose de tous les fruits, revenus, intérêts et arrérages échus ou perçus pendant le mariage, de quelque nature qu'ils soient, provenant des biens propres qui appartenaient aux époux lors de la célébration, ou de ceux qui leur sont échus pendant le mariage, à quelque titre que ce soit. Tous ces fruits, soit naturels, soit industriels, soit civils, sont particulièrement accordés à la communauté pour l'aider à soutenir les charges du mariage qui pèsent sur elle : il suffit que les fruits naturels et industriels ayent été séparés du sol ou de l'arbre, pendant l'existence de la communauté, pour qu'ils fassent partie de son actif ; les fruits pendans au moment de la dissolution appartiennent à l'époux maître du propre où ils se trouvent ; quant aux fruits civils, la communauté n'y a droit que dans la proportion du temps qui a couru pendant la dernière année de son existence, parce qu'ils sont réputés s'acquérir jour par jour, et qu'ils se divisent en autant de portions qu'il y a de jours dans l'année, art. 585 et 586, c. c.

31. En général, tous les meubles des époux tombent dans la communauté, mais cela ne s'applique pas aux meubles provenant des propres des époux ; parmi les choses qui en proviennent,

les fruits seuls entrent dans la communauté, parce qu'elle ne peut jamais s'augmenter aux dépens des propres des conjoints : ainsi un trésor trouvé sur un propre ne tombe pas dans la communauté, parce qu'un trésor n'est pas un fruit, art. 598 à la fin, c. c.; les bois de haute futaie qui n'ont pas été mis en coupe réglée, de manière à former un revenu périodique ordinaire, ne sont pas aussi comptés parmi les fruits, et par là même ne tombent pas dans la communauté, lorsqu'ils ont été abattus sur un des propres des époux, ou du moins il est dû une indemnité à l'époux propriétaire du sol.

32. La communauté n'ayant que l'usufruit des propres des conjoints, elle n'a que les droits d'un usufruitier et elle est soumise aux mêmes obligations : elle doit, comme lui, jouir en bon père de famille, payer les impôts, les réparations d'entretien et autres charges des fruits. Relativement aux coupes de bois et aux produits des carrières et mines, elle a droit seulement à ce qui est considéré comme fruit, d'après les règles qu'on a exposées au titre de l'usufruit, de l'usage et de l'habitation; elle ne peut se prévaloir que des coupes de bois taillis faites pendant sa durée, en suivant l'ordre et la quotité des coupes, conformément à l'aménagement ou à l'usage constant du propriétaire. Quant aux bois de haute futaie, elle ne jouit que des parties mises en coupes réglées, de manière à former un revenu ordinaire et périodique; elle n'a droit qu'aux produits des carrières et mines ouvertes avant le mariage; les produits de celles qui n'ont commencé d'être exploitées que depuis, restent propres à celui des époux sur les immeubles duquel

elles existent, et en conséquence ces produits
ne tombent dans la communauté qu'à charge de
récompense ou d'indemnité en faveur du conjoint propriétaire, c'est-à-dire qu'on lui devra
restituer, avant le partage, le prix qu'on a reçu
des pierres, du minerai, déduction faite des dépenses.

En général la communauté n'a droit qu'aux
fruits perçus sur les propres des époux tandis
qu'elle existe; ceux pendans, à la dissolution,
appartiennent à l'époux propriétaire du fonds
où ils se trouvent; néanmoins le code décide
que si les coupes de bois qui, en suivant les
règles ci-dessus, auraient dû être faites durant
la communauté, ne l'ont point été, il en sera dû
récompense à l'époux non propriétaire du fonds
ou à ses héritiers : dans un cas semblable, l'usufruitier ne peut rien réclamer, art. 590, c. c., il
doit s'imputer de n'avoir pas fait les coupes en
temps dus et convenables, il ne doit pas lui être
permis, en laissant accumuler les coupes, de déranger leur ordre et de nuire par là au propriétaire; l'usufruitier ne peut pas se plaindre de cette
décision, parce que rien ne l'a empêché de faire
les coupes à l'époque où elles devaient être faites;
mais relativement à la communauté des époux,
elle n'est administrée que par le mari, qui, pré-
voyant la mort prochaine de sa femme attaquée
d'une maladie mortelle, pourrait différer l'abat-
tage des bois taillis sur ses propres, jusqu'après
le décès de son épouse, afin de profiter seul du
produit des coupes : la loi a donc dû venir au
secours des héritiers de la femme, et leur donner
le droit de demander une indemnité, lorsque la
coupe a été retardée en fraude des droits de la

communauté, qui est d'ailleurs un usufruitier à titre onéreux. Ce danger de fraude n'est pas à craindre pour les autres fruits, tels que blés, vins, foins, parce qu'ils seraient perdus si la récolte ne s'en faisait pas à l'époque de leur maturité.

33. 3° Enfin la communauté se compose de tous les immeubles qui sont achetés pendant le mariage : on présume que le prix qui a servi à les acquérir provient des sommes et autres objets mobiliers versés dans la communauté par chacun des conjoints, ou des fruits et revenus des propres, ou qu'il est le produit des travaux et économies des époux, et par conséquent il est juste que des acquisitions faites avec le produit des apports, travaux, industrie et économie des deux associés soient communes entre eux.

34. Tout immeuble qui existe parmi les biens des époux à la dissolution de la communauté, est réputé acquêt de communauté, s'il n'est pas prouvé que l'un des époux en avait la propriété ou la possession légale antérieurement au mariage, ou qu'il lui est échu depuis à titre de succession ou donation. C'est à celui des époux qui prétend qu'un immeuble lui est propre, de prouver son allégation, *illi incumbit probatio qui dicit;* l. 2, ff. *de probation. et præsumptionib.;* autrement on le présume conquêt, parce que c'est la communauté qui le possède, que le possesseur est présumé propriétaire tant que le contraire n'est pas prouvé, et qu'ainsi il doit être maintenu dans la possession à défaut de cette preuve; *in pari causá possessor potior haberi debet. Si modò actor non potuerit probare rem suam esse, remanet in suo loco possessio;* §. 4, inst. *de interdic.;* vers. *commodum;* l. 126, §. 2; l. 128,

ff. de regulis juris; l. 21, *ff. de prob. et præsumpt.;* l. 1, cod. *de alienat. judicii mutandi causá.*

Cette présomption de la loi est fondée sur la raison même : s'il n'y a aucun contrat de mariage, et si l'on ne produit aucun contrat de partage ou de donation où les immeubles que l'un des époux prétend lui appartenir en propre soient mentionnés, il est probable qu'il n'avait point d'immeubles au moment du mariage, et qu'il n'en a point acquis pendant sa durée à titre de succession ou de donation; si on produit de semblables actes, et qu'ils ne fassent aucune mention des immeubles réclamés, il est prouvé par là même qu'ils n'existaient pas au moment du mariage, et que l'époux demandeur ne les a point recueillis depuis à titre de succession ou de donation. Si à défaut de preuve que tels et tels immeubles ont appartenu à l'un des époux, ou ont été possédés légalement par lui avant le mariage, ou qu'ils lui sont arrivés depuis à titre soit de succession, soit de donation, on réputait ces immeubles propres, ils devraient être considérés comme tels à l'égard des deux conjoints, puisqu'il n'y a point de motif pour les attribuer à l'un plutôt qu'à l'autre, et alors ils seraient divisés entre eux, ce qui produirait le même résultat que s'ils étaient réputés acquêts.

35. Au reste, la possession légale avant le mariage peut s'établir même par la preuve testimoniale, parce qu'elle est la preuve naturelle des faits de possession dont on n'a pu se procurer un écrit, puisqu'on n'est pas en droit d'exiger un acte de ceux qui nous les voient exercer.

ARTICLE 2.

Des Biens propres de chacun des époux.

36. Après avoir vu dans le premier article en quoi consistent les biens communs des époux qui constituent leur communauté, il nous reste à voir dans celui-ci quels sont les biens propres de chacun d'eux, et qui par là même ne font pas une portion de la masse commune.

Les biens propres des époux sont : 1° tous les immeubles qu'ils possèdent au jour de la célébration; il n'est pas nécessaire, pour que des héritages soient propres, qu'ils en ayent eu la propriété au moment du mariage, il suffit qu'ils en ayent eu à cette époque la possession légale, c'est-à-dire la possession d'an et jour à titre de maître, art. 23, cod. de proc.; ainsi, après la dissolution de la communauté, un des époux ou ses héritiers ne pourront pas demander la moitié d'un immeuble, sous le prétexte que l'époux qui le réclame comme propre n'en était pas propriétaire au moment du mariage, la prescription ne s'étant accomplie que depuis; il suffit que l'époux en ait eu la possession légale à l'instant où il s'est marié, pour que l'immeuble lui soit propre; il suffit qu'il ait eu un droit quelconque sur cet immeuble avant le mariage, pour qu'il ne soit pas tombé dans la communauté; or, avant la formation du lien conjugal, il avait, au moyen de la possession légale dont il était saisi, le droit d'acquérir la propriété par la continuité de cette possession pendant le temps qu'a fixé la loi. Ici la cause de l'acquisition a précédé le temps de la communauté, c'est donc un propre de communauté.

37. Quoique en général on doive considérer comme propres tous les immeubles qu'un des époux possédait avant le mariage ; néanmoins la loi, pour empêcher que l'un d'eux ne fasse, en fraude de la communauté, son profit personnel de ses deniers, et d'autres effets mobiliers qui devaient y tomber, d'après son contrat de mariage par lequel elle a été stipulée, et cela en les employant en acquisitions d'immeubles, dans l'intervalle qui s'écoule entre le contrat et la célébration, la loi, disons-nous, pour obvier à ces inconvéniens, déclare que l'immeuble acquis dans l'espace de temps qui s'est passé entre le contrat et la célébration, tombe dans la communauté, quoiqu'il soit acheté avant le jour du mariage ; sans cette précaution, il aurait même soin d'éloigner l'époque de la célébration pour avoir plus de facilité de consommer sa fraude, et de tromper par là l'autre époux qui a dû compter que la communauté serait composée de ce que chacun des époux possédait au jour du contrat, et qui par sa nature était susceptible d'y entrer.

Cependant si l'acquisition a été faite en exécution de quelque clause du contrat de mariage, elle sera réglée suivant la convention : si l'acquisition est faite en exécution de quelque clause du contrat de mariage, c'est alors une communauté conventionnelle qui a pu déroger à la communauté légale, d'après les art. 1387 et 1497, c. c.; on aurait pu stipuler que les deniers ne tomberaient pas dans la communauté, art. 1500, c. c., par la même raison on a pu convenir que l'immeuble acheté de ces deniers n'y entrerait pas, il ne s'agit dans ce cas que de se conformer à la convention ; d'ailleurs personne ici n'est trompé, ce n'est que l'accomplissement d'une convention qui est une loi pour les parties contractantes, art. 1134, c. c.

38. 2° On met au nombre des biens propres des époux les immeubles qui leur sont échus pendant le mariage à titre de succession ; de semblables immeubles ne sont plus le produit de travaux communs, de l'industrie et de l'économie des époux, ils sont le dividende de l'un d'eux dans la succession d'un parent à laquelle il a été appelé par la loi. Il n'est pas juste que l'autre époux profite d'un avantage que la loi n'a voulu assurer qu'au successible qui lui seul réunit les qualités et conditions qu'elle exige.

39. 3° On comprend sous le nom de propres des époux les immeubles qui ont été donnés pendant le mariage à l'un d'eux ; ils ne tombent pas dans la communauté, ils appartiennent au donataire seul ; c'est ici le produit de la libéralité de nos amis ou de nos parens, qui a été déterminée par les qualités personnelles du donataire, ce n'est plus le fruit d'une collaboration commune. Cependant les immeubles donnés pendant le mariage à l'un des époux tomberont dans la communauté, si le donateur a déclaré que telle était sa volonté, parce qu'il est maître d'apposer toutes les conditions qui lui plaisent aux donations qu'il fait ; dans un cas semblable il a voulu donner aux deux époux ainsi qu'il en avait le pouvoir.

40. 4° On range parmi les propres les immeubles qui ont été abandonnés ou cédés par père ou mère, ou autre ascendant, à l'un des deux époux,

soit pour le remplir de ce qu'il lui doit, soit à la charge de payer les dettes du donateur envers des étrangers. De semblables cessions et abandons sont regardés comme des successions anticipées, or ce qui est dû au descendant se serait confondu dans sa personne, et il aurait été obligé de payer ce que l'ascendant devait à des étrangers si la succession s'était ouverte à son profit; tout arrive donc ici comme si le descendant avait recueilli à titre de succession les biens abandonnés ou cédés; on doit donc y appliquer les mêmes principes, on doit donc les réputer propres, par la même raison qu'on regarde comme tels les biens survenus à l'un des époux à titre d'hérédité.

Néanmoins si l'objet dû à l'époux par ses ascendans était mobilier et par là susceptible de tomber en communauté, il sera dû une indemnité à l'autre époux de la moitié de la valeur de ce mobilier; et si l'époux cessionnaire a payé les dettes du donateur avec les deniers de la communauté, il en devra récompense à celle-ci qui ne peut jamais lui procurer des profits personnels, il devra donc y verser une somme semblable à celle qu'il y a puisée.

41. 5° L'immeuble acquis pendant le mariage à titre d'échange contre l'immeuble propre à l'un des époux, prend la nature et les qualités de celui qui a été aliéné, il est subrogé en son lieu et place, et en conséquence il ne tombe pas dans la communauté; c'est ici une subrogation d'une chose à une autre, qui est censée être la même que celle à laquelle elle a été subrogée: l'immeuble échangé contre un propre devient propre, autrement la communauté s'enrichirait

aux dépens des propres d'un des conjoints; mais si la communauté ne doit pas s'augmenter au moyen de cet échange, il ne faut pas non plus qu'il lui préjudicie; en conséquence, si l'immeuble donné en échange contre le propre était d'une valeur supérieure à celle de ce dernier héritage et qu'il ait fallu payer une soulte, il sera dû récompense à la communauté, l'époux sera obligé d'y remettre le prix de la soulte qu'il en a tiré. On ne peut pas, sous le prétexte qu'il a été payé une soulte, considérer le contrat comme un acte d'achat, le retour qui n'est que l'accessoire du contrat n'en doit pas changer la nature, ce n'est toujours qu'un échange que les parties ont voulu faire.

42. 6° On doit encore mettre au nombre des propres l'acquisition faite pendant le mariage à titre de licitation ou autrement, de portion d'un immeuble dont l'un des époux était propriétaire par indivis. Celui qui acquiert un héritage pour sortir de l'indivision, ne se propose pas d'acquérir, il ne veut que faire cesser cet état de communion, c'est son seul but et son seul motif; s'il se rend adjudicataire de la part de son cohéritier ou communiste, c'est pour que l'état d'indivision cesse entre eux de cette manière; ainsi on ne peut pas dire que la part de son cohéritier ou communiste soit une acquisition faite pendant le mariage; on peut ajouter que cette acquisition par licitation ou achat ordinaire est un mode de partage et qu'elle en tient lieu, art. 888, c. c.; or par l'effet rétroactif des partages, celui qui est devenu maître de la part de son cohéritier est censé l'avoir toujours possédée et n'avoir rien acquis de nouveau, art. 883, c. c. Si on ne pre-

naît pas ce parti, la licitation ou l'achat qui a eu pour but de faire cesser l'indivision ne produirait pas son effet, l'époux à qui l'immeuble a été adjugé serait en communion relativement à cet immeuble avec l'autre époux; enfin c'est ici la réunion à un propre d'une part indivise du même fonds, or les parties réunies prennent la nature de celle qui les a attirées.

Cependant si le prix donné pour cette acquisition a été pris dans la caisse commune, il en sera dû récompense à la communauté, parce qu'aucun des époux ne peut augmenter ses propres aux dépens de celle-ci.

43. Cette disposition de la loi sur les adjudications par licitation a lieu sans difficulté et dans tous les cas relativement aux immeubles que possédait le mari par indivis et dont il s'est rendu adjudicataire, parce que c'est lui qui agit; mais quant aux immeubles que la femme possédait par indivis, il faut faire une distinction : ou elle a été partie dans l'acquisition, et alors il faut suivre les mêmes principes; ou bien le mari s'est rendu seul, et en son nom personnel, acquéreur ou adjudicataire de partie ou de la totalité d'un fonds appartenant par indivis à la femme; dans ce dernier cas, celle-ci, à l'époque de la dissolution de la société conjugale, a le choix ou d'abandonner l'immeuble à la communauté, laquelle devient alors débitrice de la part appartenant à la femme dans le prix, ou de retirer l'immeuble en remboursant à la communauté le prix de l'acquisition ; lorsque l'opération s'est faite en l'absence de la femme, elle ne doit pas être victime des fausses spéculations du mari qui a peut-être donné de cet immeuble un prix su-

périeur à sa valeur réelle; si elle était forcée de prendre l'immeuble dans ce cas, ce serait une voie ouverte au mari pour ruiner la femme et diminuer ses propres sans son consentement : pour parer à ces dangers, la loi lui permet de profiter de l'acquisition si elle est avantageuse, ou de demander sa part du prix de l'héritage aliéné, si elle y trouve son bénéfice.

44. 7° L'immeuble acheté en remploi d'un propre aliéné, lorsque le remploi a été valablement accepté, est aussi un propre qui est subrogé au premier, art. 1434 et 1435, c. c.

45. 8° On doit aussi mettre au rang des propres de communauté les immeubles dans lesquels un des époux rentre durant le mariage, par la voie de la rescision, de la résolution, par l'exercice de la faculté de réméré, et enfin par suite d'un droit quelconque antérieur à la célébration du mariage; parce que la disposition de la loi, relativement aux propres, ne s'applique pas aux seuls immeubles corporels, mais encore aux incorporels, c'est-à-dire à toutes actions qui ont pour objet des immeubles, dont le résultat sera un immeuble, qui se convertiront et se résoudront en un immeuble; car celui qui a une action pour obtenir un fonds est censé avoir l'héritage même, *qui habet actionem ad rem repetendam ipsam rem habere videtur;* l. 15, ff. *de regulis juris.*

46. 9° On doit encore regarder comme propre ce qui accroît naturellement à un propre, telle que serait l'accession procurée par une alluvion, parce que l'accroissement fait de cette manière est insensible et imperceptible, et qu'ainsi l'époux est censé avoir toujours possédé cette augmentation dont l'origine n'est pas connue.

10° On doit encore en dire de même des in-corporations qui résultent du fait de l'homme, comme serait un édifice, parce qu'il fait corps avec le fonds et qu'il ne peut plus en être séparé sans être détruit; le bâtiment cède au sol, *omne quod inædificatur solo cedit, illius fit domus, cujus solum est;* §. 29 et 3o, inst. *de rerum divisione;* sauf cependant la récompense due à la commu-nauté, si elle a fourni les deniers pour la cons-truction.

11° Enfin on doit considérer comme propre tout accessoire des propres, à part ce que la loi met au nombre des fruits.

§. II.

Du Passif de la communauté, et des Actions qui en résultent contre la communauté.

47. L'actif et le passif de la communauté sont corrélatifs et côrrespondans, c'est une balance exacte de profits et de charges, de recettes et de dépenses.

On a dit dans le premier paragraphe de quoi elle se forme activement; il est donc bien aisé de connaître de quoi elle se compose passivement, puisque les charges doivent être corrélatives aux mises.

Ainsi 1° elle se compose passivement de toutes les dettes mobilières dont les époux étaient gre-vés au jour de la célébration du mariage, ou dont se trouvent chargées les successions qui leur ont été déférées pendant le mariage; la communauté profitant de tout le mobilier des époux, il est juste qu'elle paye toutes les dettes mobilières; elle devient propriétaire de tout le mobilier actif, il est juste, par réciprocité, qu'elle supporte tout le mobilier passif.

Cependant il faut se rappeler ici le principe qu'on a déjà exposé au premier paragraphe relativement aux dettes actives ou passives, Il ne suffit pas d'examiner quel est l'objet de l'action, il faut encore considérer son origine et sa cause; ainsi, pour que la communauté soit tenue de payer les dettes passives d'un époux, il ne suffit pas qu'il soit obligé de donner quelque chose de mobilier, mais il faut encore que la dette ne soit pas le prix de l'acquisition d'un propre, ou de l'affranchissement des rentes foncières dont il était grevé; si la communauté paye les dettes relatives aux immeubles propres à l'un ou à l'autre des époux, il lui en est dû récompense, art. 1437, c. c.; il serait trop dur et trop injuste qu'un conjoint fît payer à la communauté un bien qu'il retient pour lui seul, ou qu'il lui fît acquitter toute autre dette qui aurait eu pour objet d'améliorer ses propres; ici la dette est le prix d'un propre, elle doit être à la charge de celui à qui il appartient; les époux ne devant pas augmenter leurs biens personnels aux dépens de la communauté, elle ne doit donc pas payer les dettes relatives à ces biens, autrement ils s'augmenteraient aux frais de la communauté; en effet celui qui a pour 100,000 francs de biens personnels, et qui doit la moitié du prix de ces immeubles, n'a dans le fait que 50,000 francs; s'il faisait payer cette somme par la communauté, il doublerait ses propres aux dépens de celle-ci.

48. 2° La communauté se compose passivement des dettes, tant en capitaux qu'arrérages ou intérêts, contractées par le mari pendant la

communauté, ou par la femme du consentement
du mari, sauf la récompense, dans les cas où la
dette aurait tourné au profit personnel d'un des
époux : la communauté se composant activement
de tout ce qui est acquis pendant le mariage, il
est juste qu'elle supporte aussi toutes les dettes
contractées par le mari pendant le même temps,
ou par la femme du consentement de ce dernier, parce qu'il n'y a de biens acquis que ce qui
reste, déduction faite des dettes, *bona cujusque
non intelliguntur, nisi quæ deducto ære alieno supersunt;* l. 39, §. 1, ff. *de verb. signific.;* le mari,
en sa qualité de chef de la communauté, en est
seul le maître pendant qu'elle dure, en sorte
qu'il en peut disposer comme bon lui semble,
tant pour sa part que pour celle de sa femme,
art. 1421, c. c.; il peut donc la diminuer par les
dettes qu'il contracte, elles sont donc toutes à
la charge de la communauté, soit qu'elle en ait
profité ou non, sauf récompense dans les cas où
le mari en a fait son profit personnel, art. 1437,
c. c.; par exemple, s'il a employé l'argent emprunté à améliorer ses propres, etc.

49. 3° Elle se compose passivement des arrérages et intérêts seulement des rentes ou dettes
passives qui sont personnelles aux deux époux,
c'est-à-dire des dettes qui sont relatives à leurs
propres, de celles des successions purement immobilières qui leur sont échues pendant le mariage, des rentes foncières imposées sur leurs
propres qui sont dues par le fonds, et sont à la
charge du possesseur : la communauté ne jouis-
sant que des fruits et revenus des propres, elle
ne doit payer que les intérêts ou arrérages des
dettes relatives aux propres, mais elle doit les

acquitter, parce que les intérêts et arrérages qui se payent annuellement sont à la charge des fruits qui croissent aussi chaque année.

5o. 4° La communauté se compose passivement des charges usufructuaires des immeubles qui n'entrent point en communauté; comme elle jouit des propres de chaque conjoint, elle doit entretenir les héritages en bon état, et faire pour cet effet les dépenses convenables : telles sont celles nécessaires pour bien cultiver une vigne, pour la fumer, pour la garnir d'échalas, pour marner les terres d'une métairie, pour peupler un colombier, pour empoissonner un étang; il en est de même des réparations d'entretien des bâtimens qui existent sur les propres de chaque conjoint, et elle doit payer tous les impôts affectés sur les propres, art. 6o5 et 6o8, c. c.

51. 5° La communauté se compose passivement des alimens des époux, de l'éducation et entretien des enfans et de toute autre charge du mariage, parce que tous les fruits et revenus des biens propres des époux lui sont accordés pour soutenir ces charges qui sont celles du mariage.

On place aussi parmi les charges de la communauté, les frais à faire, lorsqu'elle est dissoute, pour inventorier les effets dont elle est composée, pour liquider les reprises que chaque conjoint doit exercer, et pour parvenir au partage des effets communs, parce que tous ces frais diminuent la masse de l'actif, art. 1482, c. c.

52. Quoique la communauté soit tenue des dettes mobilières des époux existantes avant le mariage, cependant, pour empêcher que la femme ne ruine la communauté en contractant des dettes pendant sa durée, la loi décide que la

communauté n'est tenue d'acquitter les dettes de la femme antérieures au mariage, qu'autant qu'elles résultent d'un acte authentique passé avant la célébration, ou d'un acte sous seing privé ayant reçu une date certaine, avant la même époque, soit par l'enregistrement, soit par le décès d'un des signataires, soit par la mention du sous-seing-privé dans des actes dressés par des officiers publics, art. 1328, c. c.; sans cette précaution, la femme pourrait antidater ses billets et faire peser sur la communauté les dettes mobilières qu'elle contracterait durant le mariage, et éluder par ce moyen la règle qui ne lui donne aucun droit sur la communauté pendant qu'elle dure.

Cependant les créanciers de la femme en vertu d'un acte n'ayant pas date certaine antérieure au mariage, ne sont pas privés de leurs créances qui peuvent avoir été acquises avant cette époque et être par conséquent très valides; on veut seulement, pour empêcher des fraudes au préjudice de la communauté, que de semblables dettes ne soient point à sa charge; les créanciers ne sont fondés à en poursuivre le payement que sur la nue propriété des immeubles personnels de la femme; ils ne peuvent pas faire saisir les fruits et les revenus des propres de celle-ci, car ils appartiennent à la communauté. La femme ne peut se soustraire à la saisie de la nue propriété de ses biens personnels, parce que l'acte a une date certaine pour elle, et qu'il prouve par conséquent que la dette a été contractée dans un temps où elle était capable de s'obliger valablement, sans avoir besoin d'autorisation; elle n'est pas en droit d'invoquer la disposition de l'art. 1328, c. c., qui n'a été faite que dans l'intérêt

des tiers, parmi lesquels on peut ranger la communauté qui est un être moral distingué des
époux, et qui est par conséquent un tiers par
rapport à la femme et aux ayant-cause de
celle-ci.

Si le mari, qui n'est point obligé de payer les
dettes de la femme dont les actes n'ont pas une
date certaine avant le mariage, prétend avoir
acquitté pour elle quelques dettes de cette nature, il n'en peut demander récompense ni à la
femme ni à ses héritiers. Le motif en est qu'en
les payant il a regardé leur date comme vraie;
ce payement démontre qu'elles sont antérieures
au mariage et par conséquent qu'elles sont des
dettes de communauté, il ne peut contester une
date qu'il a une fois reconnue.

Lorsque la succession échue à l'un des époux
pendant le mariage est toute mobilière, elle appartient en entier à la communauté, elle en recueille tout l'actif, il est juste qu'elle paye, comme
on a dit, toutes les dettes de cette succession,
d'après la maxime que celui qui a les bénéfices
doit supporter les charges, *qui habet commodum, debet habere incommodum;* l. 7 princ., ff.
de act. empt. et vend.; et que d'un autre côté,
il n'y a dans une succession que ce qui reste
après les dettes payées; l. 39, §. 1, ff. *de verbor.
signific.*

53. Lorsqu'au contraire la succession n'est
composée que d'immeubles, la communauté ne
profite de rien, puisque les immeubles échus par
succession sont propres à l'époux héritier; elle
ne doit donc pas payer les dettes d'une semblable
succession, elles sont à la charge de l'époux qui
recueille à son profit personnel les immeubles

composant la totalité de cette succession, et la communauté qui est étrangère à l'actif doit aussi l'être au passif de cette hoirie.

Néanmoins les créanciers de cette hérédité, dont les droits ne peuvent pas être altérés par la mort de leur débiteur, sont fondés à poursuivre leurs créances sur les immeubles de cette succession qui sont leur gage commun, art. 2093, c. c., sans que la communauté à qui appartiennent les fruits des successions immobilières puisse s'y opposer, parce que les droits antérieurs des créanciers ne peuvent être diminués par l'usufruit accordé par la loi à la communauté, qui ne s'exerce que sur les biens restans après la déduction faite des dettes et non sur ceux dont l'aliénation est nécessaire pour leur payement ; les créanciers ont donc la faculté de faire saisir et vendre non-seulement la propriété, mais encore la jouissance des immeubles de cette hoirie.

Bien plus, si la succession toute composée d'immeubles est échue au mari, les créanciers peuvent poursuivre leur payement sur tous les biens propres du mari qui est devenu leur débiteur personnel par l'acceptation de cette succession, et même sur ceux de la communauté dont il est le maître pendant le mariage, sauf, dans ce dernier cas, la récompense due à la femme ou à ses héritiers, parce qu'il aurait tiré un profit personnel des biens de la communauté en acquittant ses dettes propres avec l'avoir commun.

54. Lorsque la succession purement immobilière est échue à la femme, il faut distinguer entre le cas où elle l'a acceptée du consentement du mari, et celui où l'acceptation n'a eu lieu qu'avec l'autorisation de la justice : dans le pre-

mier cas, les créanciers de la succession peuvent
poursuivre leur payement sur tous les biens personnels de la femme, parce que le mari qui l'autorise à accepter est en quelque sorte partie dans
l'acte d'acceptation, puisqu'il habilite son épouse
et la rend ainsi capable d'accepter; dans un cas semblable il n'est pas surprenant que la loi accorde
aux créanciers le droit de poursuivre le payement de ce qui leur est dû sur tous les biens
personnels de la femme; la communauté en souffre
il est vrai, elle perd les fruits des biens propres
que la femme possédait avant l'acceptation de la
succession immobilière; mais le mari doit s'imputer de l'avoir autorisée à accepter, c'est sa
condescendance à l'égard de son épouse qui lui
cause le préjudice qu'il éprouve. Si au contraire
la femme n'a accepté la succession qu'avec l'autorisation de la justice au refus du mari, on n'a
rien à imputer à celui-ci, c'est contre son gré
que la succession a été acceptée, cette acceptation ne peut donc nuire à la communauté dont
il est le maître unique pendant le mariage; c'est
pour cela qu'en cas d'insuffisance des immeubles
de la succession, les créanciers ne peuvent se
pourvoir que sur la nue propriété des autres biens
personnels de la femme.

55. On a vu quels étaient les principes relativement aux successions purement mobilières,
ou purement immobilières, échues à l'un des époux
depuis le mariage; mais que doit-on décider dans
le cas où la succession qui échoit à l'un des époux
pendant le mariage, est composée en partie de
meubles qui tombent dans la communauté, et
en partie d'immeubles qui restent propres à l'é-
poux qui succède? Pour résoudre cette question,

il suffit d'appliquer la maxime *eadem esse debet ratio commodi et incommodi ;* la communauté doit être tenue des dettes à proportion de ce qu'elle prend dans l'actif, dans notre hypothèse elle recueille tout le mobilier, elle doit donc supporter une part des dettes, proportionnelle à la valeur du mobilier, comparée à l'universalité de la succession; en effet, l'esprit de la loi est que chaque sorte de biens dont la succession se trouve composée, soit chargée d'une portion de chaque espèce de dettes, proportionnellement à la valeur qu'a chaque espèce de biens relativement à ce que vaut toute l'hoirie : ainsi, lorsque le mobilier compose le quart de la valeur de la totalité de la succession, il doit payer le quart de toutes les dettes, et les autres trois quarts doivent être supportés par les immeubles qui forment les trois quarts de l'actif de l'hérédité.

56. La portion contributoire du mobilier aux dettes se règle d'après l'inventaire auquel a dû faire procéder le mari, soit de son chef, si la succession le concerne personnellement, soit comme dirigeant et autorisant les actions de la femme, s'il s'agit d'une succession déférée à cette dernière, parce qu'il doit agir pour elle étant son mandataire légal, art. 1428, c. c.

Si le mari ne s'est point conformé à la disposition de la loi qui le charge de faire procéder à l'inventaire et description du mobilier qui se trouve dans une succession tout à la fois mobilière et immobilière, et que ce défaut d'inventaire porte préjudice à la femme; si par exemple elle a été obligée de payer sur les immeubles d'une succession à elle déférée une part de dettes plus forte que celle dont était chargée cette espèce de biens; ou si le mari, héritier, a fait supporter à la communauté une part de dettes qui soit plus forte que celle qu'elle devait acquitter d'après la valeur du mobilier comparée aux immeubles; enfin si la femme se trouve lésée de toute autre manière par ce défaut d'inventaire, elle ou ses héritiers pourront, à l'époque de la dissolution de la communauté, demander une indemnité suffisante contre le mari ou ses héritiers, et ils pourront faire preuve tant par titres et papiers domestiques que par témoins, et même au besoin par commune renommée, de la consistance et valeur du mobilier non inventorié. On donne ici une grande latitude à la femme et à ses héritiers pour établir la consistance et la valeur du mobilier, puisqu'ils peuvent au besoin faire entendre des témoins qui ne déposeront que sur ce qu'ils ont ouï dire d'après la commune renommée qui augmente ordinairement les objets, *fama crescit eundo ;* on a dû venir au secours de la femme qui est purement passive pendant la durée de la communauté, et qui ainsi n'a pu prendre aucune précaution pour la conservation de ses droits. Le mari ne peut pas se plaindre si on viole à son égard le principe d'après lequel on ne doit admettre que les dépositions de ceux qui ont vu ou entendu eux-mêmes, et non de ceux qui n'ont appris les faits que sur des ouï dire, *qui deponunt de visu aut auditu proprio ;* s'il est exposé à perdre par ce genre de preuve accordé à la femme, c'est sa faute, il doit se l'imputer, il n'aurait pas ce danger à craindre s'il avait fait faire l'inventaire du mobilier ainsi que cela lui était prescrit par la loi.

Le mari n'est jamais recevable à faire une semblable preuve, parce que sa négligence à remplir ce qui lui est prescrit par la loi ne peut jamais tourner à son avantage, et s'il souffre, il doit se l'imputer ; *qui damnum suá culpá sentit sentire non videtur* ; l. 203, ff. *de regulis juris.*

57. Quoique la communauté ne soit tenue des dettes que dans la proportion de la valeur du mobilier par rapport au reste de la succession, cependant les créanciers de cette succession composée tout à la fois de meubles et d'immeubles pourront poursuivre leur payement sur les biens de la communauté, soit que la succession soit échue au mari, ce qui ne peut faire la moindre difficulté, puisqu'il est le maître de la communauté, soit même qu'elle soit échue à la femme, si elle l'a acceptée du consentement du mari, parce qu'alors il a été partie dans l'acte d'acceptation, et qu'il doit s'imputer d'y avoir consenti, le tout néanmoins sauf les récompenses de droit de la part de l'époux héritier, si la communauté a payé une portion plus forte des dettes que celle dont elle était tenue d'après la valeur du mobilier qui y est tombé.

On doit encore décider de même dans le cas où la succession n'a été acceptée par la femme qu'avec l'autorisation de la justice, si le mobilier de cette hérédité a été confondu dans celui de la communauté, sans un inventaire préalable : le mobilier de la succession ne pouvant plus, à défaut d'inventaire, être distingué et séparé de celui de la communauté, le mari ne peut pas contraindre les créanciers à agir spécialement sur le mobilier de la succession, puisqu'il ne forme plus qu'une masse unique avec celui de la communauté ; le mari doit se reprocher de n'avoir pas

fait procéder à l'inventaire de ce mobilier, sa négligence doit retomber sur lui, elle fait présumer
que le mobilier de la succession est suffisant pour
payer toutes les dettes.

Lorsqu'au contraire cet inventaire a été fait,
le mobilier de la succession est connu, il n'est
plus confondu dans celui de la communauté; si
la femme n'a accepté la succession que comme
autorisée de la justice au refus du mari, les créanciers de cette hoirie n'ont point d'action contre
la communauté ; si elle leur délaisse le mobilier de la succession dont la valeur et la consistance sont établies par l'inventaire, ils ne peuvent poursuivre leur payement que sur les biens
tant mobiliers qu'immobiliers de la succession,
et en cas d'insuffisance, sur la nue propriété des
autres biens personnels de la femme; ils ne sont
pas fondés à agir sur les fruits de ces derniers
biens, parce qu'ils appartiennent à la communauté qui a droit de les percevoir pendant sa
durée; l'acceptation faite par la femme malgré le
mari, est une affaire étrangère à celui-ci dont il
ne doit en conséquence souffrir en aucune manière, or elle nuirait au mari, si les créanciers
de la succession avaient droit de priver la communauté dont il est le chef, de la jouissance des
biens propres qu'avait la femme avant l'acceptation.

58. Les règles exposées relativement aux dettes
dont sont chargées les successions qui ont été
déférées à l'un des époux durant le mariage, s'appliquent également aux dettes dépendantes des
donations faites à l'un d'eux, parce que la communauté en profite de la même manière que
des successions ; le mobilier donné y tombant,

comme celui arrivé par succession, sauf lorsque le donateur a déclaré qu'il ne voulait pas que le mobilier donné entrât dans la communauté, auquel dernier cas il y a lieu à l'application des principes sur le payement des dettes des successions purement immobilières, pourvu que le mobilier donné ait été constaté par un inventaire régulier.

59. Lorsque la femme a contracté en son nom personnel des dettes pendant le mariage, avec le consentement du mari, ses créanciers peuvent poursuivre le payement de semblables dettes, tant sur tous les biens de la communauté que sur les biens personnels du mari ou de la femme, sauf la récompense due à la communauté si l'argent emprunté n'a tourné qu'à l'avantage personnel de la femme et qu'il ait été restitué aux dépens de la communauté, ou sauf l'indemnité due au mari, s'il a été obligé de payer avec ses propres une dette contractée pour le seul intérêt de la femme. Lorsque la dette a été contractée par celle-ci du consentement du mari, il y a présomption que la communauté en a profité; on pense que le mari qui pouvait refuser son consentement, ne l'aurait pas accordé, si la communauté dont il est le maître pendant le mariage n'avait pas dû profiter de l'emprunt; c'est pourquoi on a donné aux créanciers une action contre la communauté et même contre les propres du mari, parce que ce dernier est maître de la communauté. Cette présomption en faveur des créanciers est du nombre de celles qui n'admettent pas la preuve du contraire.

60. Lorsque la dette n'a été contractée par la femme qu'en vertu d'une procuration générale

ou spéciale du mari, portant pouvoir d'emprunter, elle est à la charge de la communauté, c'est le mari qui est censé l'avoir contractée lui-même par le ministère de son mandataire; *qui per alios facit, per se facere videtur;* l. 1, §. 12, ff. *de vi et vi armatâ;* les créanciers n'ont pour obligé que le mari, ils n'ont aucune action contre la femme, ils ne peuvent donc pas poursuivre leur payement contre elle ni sur ses biens personnels, parce que le mandataire qui a fait connaître ses pouvoirs n'est tenu de rien envers les tiers qui ont contracté avec lui en cette qualité, art. 1997, c. c.

61. On a vu à l'article 2 du paragraphe 1er que les dettes actives ou créances immobilières appartenant à des époux ne tombent pas dans la communauté, on doit dire par la raison de réciprocité qu'elle n'est point tenue des dettes passives immobilières; d'après ce, si l'un des époux a vendu avant le mariage un de ses immeubles qu'il n'a point encore délivré, l'obligation de livrer cet immeuble est une dette passive immobilière de la part de l'époux vendeur dont la communauté n'est point chargée; il lui serait impossible de l'acquitter par la délivrance du fonds, puisqu'il n'est pas tombé dans la communauté.

On doit en dire de même de toutes autres dettes passives immobilières, telles que l'action en rescision ou résolution de l'aliénation d'un immeuble appartenante à celui qui a vendu ce fonds à l'un des époux avant le mariage; c'est l'époux seul, possesseur de cet immeuble, et non la communauté, qui a le pouvoir et le moyen d'en remettre la possession au vendeur, etc.

SECTION II.

De l'Administration de la communauté, et de l'Effet des actes de l'un et de l'autre des époux, relativement à la société conjugale.

Relativement à la société conjugale, on peut distinguer trois personnes : le mari, la femme, et un être moral qui est la communauté. Les époux ne peuvent pas augmenter leurs propres aux dépens de la communauté, ni celle-ci s'enrichir aux dépens des propres des époux. Le mari est maître de la communauté pendant qu'elle dure, la femme au contraire n'a que l'espérance de partager ce qu'il y aura à l'époque de la dissolution, mais elle n'a point de droit actuel pendant sa durée : c'est sur ces principes que reposent toutes les décisions de la loi sur l'administration de la communauté, ainsi qu'on le verra en parcourant les matières de cette section.

§. Ier.

Droits des époux sur la communauté.

62. En qualité de chef de la communauté, le mari est seul maître des biens de la communauté pendant qu'elle dure ; il a le droit de les administrer à son gré, sans le consentement de sa femme ; il peut à sa volonté, sans être obligé d'en rendre compte, les vendre, les aliéner et hypothéquer sans le concours de celle-ci ; il faut que le mari puisse vendre et hypothéquer les fonds de la communauté pour pouvoir se procurer les capitaux nécessaires afin de faire les entreprises utiles à la société, il faut qu'il ait la

plus grande latitude à cet égard, c'est même l'intérêt de la femme; si son mari était gêné dans la disposition des fonds communs, il ne pourrait rien entreprendre, ce qui nuirait nécessairement à la prospérité et à l'accroissement de l'avoir social que la femme doit partager un jour.

63. Cette liberté d'aliéner les fonds de la communauté n'étant accordée au mari que pour qu'il s'en serve dans l'intérêt de la communauté elle-même, pour qu'il obtienne l'argent nécessaire à son accroissement progressif, on doit en conclure qu'il a le pouvoir de les aliéner par toutes sortes d'actes à titre onéreux; mais relativement aux actes à titre gratuit, il faut distinguer entre les donations entre-vifs et les donations testamentaires.

Il ne peut disposer entre-vifs à titre gratuit des immeubles de la communauté, ni de l'universalité ou d'une quotité du mobilier, si ce n'est pour l'établissement des enfans communs. Les facilités qui lui sont dues pour sa gestion ne doivent pas aller jusqu'à autoriser des dispositions qui évidemment, hors de l'intérêt de la société, ne tendraient qu'à dépouiller la femme.

Il peut disposer des immeubles de la communauté, ou de la totalité, ou d'une quotité du mobilier pour l'établissement des enfans communs, parce qu'alors il acquitte une dette naturelle commune, et qu'ainsi il emploie les fonds communs à l'avantage des deux associés.

Il peut disposer à titre gratuit, par actes entre-vifs, du mobilier en faveur de toutes personnes, même de ses enfans d'un premier lit, pourvu que la disposition soit à titre particulier, c'est-à-dire pourvu qu'il dispose de certains effets désignés et qu'il le fasse sans réserve d'usufruit. Le mari sera moins porté à donner les effets mobiliers quand il verra qu'il faut en perdre l'usufruit; on est plus généreux quand on peut donner sans diminuer ses jouissances, on ne s'aperçoit pas que donner c'est perdre; l. 7 princ., ff. *de donationibus*.

64. La donation à cause de mort faite par le mari ne peut porter que sur sa part dans la communauté, parce que son testament n'a d'effet qu'à sa mort et par conséquent dans un temps où il n'y a plus de communauté, et où le droit du mari sur les biens communs se trouve réduit à la moitié; d'où il suit nécessairement qu'il n'y a que la part appartenante au mari qui puisse être déférée au légataire; le droit de ce dernier n'étant parfait qu'à la mort du testateur, n'étant point formé pendant le mariage, il n'a point d'effet contre la femme qui est saisie de sa part des conquêts par la mort du mari : c'est pour cela que l'on dit que le mari vit comme maître, mais qu'il meurt comme associé.

65. Si le mari a donné par testament un effet de la communauté, le légataire ne peut le réclamer en nature qu'autant que l'effet, par l'événement du partage, tombe dans le lot des héritiers du mari; dans le cas contraire, le légataire a la récompense de la valeur totale de l'effet donné, sur la part des héritiers du mari dans la communauté ou sur les biens personnels de ce dernier. Si l'objet de la communauté légué par le mari tombe dans le lot de la femme, elle est censée, par l'effet rétroactif des partages, en avoir toujours été propriétaire, art. 883, c. c.; et le légataire qui ne tient ses droits que du mari ne peut pas réclamer une chose qui, par la fiction

de la loi, n'a jamais été la propriété du testateur, mais celle de la femme ; le légataire est autorisé à demander la valeur totale de cet objet aux héritiers du mari, parce que celui-ci a disposé ici des choses dont il était en quelque sorte propriétaire pour le tout pendant sa vie, et qui étaient le fruit de son travail; il a pu espérer que l'effet tomberait en totalité dans le lot de ses héritiers, il n'a point légué la chose d'autrui, on ne peut donc pas dire que le legs doit être nul au moins pour moitié, d'après l'art. 1021, c. c.; le mari a pu regarder comme sien ce qui pouvait échoir au lot de ses héritiers et dont il était le maître de son vivant : c'est pourquoi on présume qu'il a entendu que son légataire en recevrait le prix entier, lorsque l'objet légué ne tomberait pas dans le lot de ses héritiers.

66. Le mari, maître de la communauté pendant qu'elle existe, peut la diminuer non-seulement par des ventes, par des concessions d'hypothèques, par des donations dans les cas spécifiés par la loi, mais il peut encore la diminuer et même l'absorber par suite de ses délits, s'ils ne sont pas de nature à mériter une peine emportant mort civile; c'est pour ces motifs que la loi déclare que les amendes encourues par le mari, pour crimes n'emportant pas la mort civile, peuvent se poursuivre sur la communauté dont il est le maître, sauf la récompense due à la femme à l'époque de la dissolution; parce que, dans un cas semblable, il a payé une dette qui lui était personnelle aux dépens de la masse commune; cette obligation lui est personnelle, en effet les peines ne doivent tomber que sur la tête des coupables, *pœnæ suos teneant auctores*; l. 22, cod. *de pœnis*, et l. 26, ff. eodem.

Au contraire, si la femme est condamnée à des amendes pour de semblables crimes, elles ne peuvent être poursuivies que sur la nue pro- priété des ses biens personnels, tant que dure la communauté, parce que la femme n'y a aucun droit pendant sa durée, elle n'a que l'expecta- tive de partager ce qu'il y aura au moment de la cessation de la communauté; ce n'est qu'à cette époque que son droit, qui n'était qu'une simple espérance pendant l'existence de la communauté, devient un droit réel et actuel ; elle est jusqu'à la dissolution toute entière au mari, et son droit ne peut être altéré par suite des délits de la fem- me, qui ne sont pas de nature à faire subir une peine emportant la mort civile.

Lorsque la peine prononcée contre un des deux époux est de nature à emporter la mort civile, par l'effet de cette condamnation la com- munauté est dissoute ; la raison en est que la mort civile rompt le mariage quant à tous ses effets civils, parmi lesquels se range la commu- nauté conjugale, art. 25, alinéa 8, c. c.; d'où l'on doit conclure que les condamnations pro- noncées contre le mari ne peuvent plus frapper que sa part dans la communauté, parce que cette communauté étant dissoute, les droits du mari sur l'avoir social se trouvent réduits à sa moitié: on peut aussi les exiger sans difficultés sur ses biens propres; l'exécution de toutes les obligations personnelles provenant soit d'un contrat, soit d'un délit, se poursuit sur tous les biens de l'o- bligé, art. 2092, c. c.

Si c'est la femme qui a été condamnée à une peine emportant la mort civile, les condamna- tions pécuniaires prononcées contre elle frappent tant ses biens personnels que sa part de la communauté, dont la dissolution causée par la mort civile donne ouverture au droit de provoquer le partage des biens communs, article 1441, c. c.

67. La femme n'ayant aucun droit sur la communauté tant qu'elle dure, il suit encore de ce principe qu'elle ne peut engager la communauté qu'avec le consentement du mari qui en est le maître, et qu'ainsi tous les actes faits sans le consentement de ce dernier, et même avec l'autorisation de la justice, n'engagent point les biens de la communauté.

Néanmoins ce principe reçoit quelques exceptions : 1° elle s'oblige valablement et elle engage les biens de la communauté, lorsqu'elle contracte comme marchande publique et pour le fait de son commerce; et même, dans ce cas, le mari est contraignable par corps pour les dettes contractées par la femme, parce qu'il profite du commerce dont les gains doivent tomber dans la communauté; d'ailleurs l'article 220, c. c., dit qu'elle oblige son mari, s'il y a communauté entre eux; il est donc obligé pour une dette commerciale : or tous les débiteurs de semblables dettes sont contraignables par corps, art. 1er, tit. 2, l. 15 germinal an 6.

Cette exception n'en est pas précisément une, parce que la femme ne pouvant être marchande publique qu'avec le consentement du mari, art. 4, cod. de comm., il doit s'imputer de l'avoir donné; c'est par suite de ce consentement que la communauté se trouve engagée; ayant accordé son autorisation au commerce de sa femme, il a aussi consenti par là même qu'elle contractât

les dettes qui en sont une suite, et il est censé
avoir accédé aux obligations qui en naissent : qui
veut la fin, veut les moyens.

Mais une femme n'est réputée marchande publique qu'autant qu'elle fait un commerce séparé, et non lorsqu'elle ne fait que détailler les
marchandises du commerce de son mari qui est
alors le seul négociant ; la femme n'est ici que son
facteur ou commis, et en cette qualité elle n'o-
blige que son mari, sans contracter elle-même
aucun engagement, parce que le mandataire
oblige le mandant sans se lier personnellement,
art. 1997 et 1998, c. c.

2º La femme oblige la communauté, sans avoir
été expressément autorisée par le mari, lorsqu'elle contracte des dettes afin d'acheter les
provisions du ménage, ou les étoffes nécessaires
pour elle, pour son mari et pour les enfans, si les
dépenses faites à ce sujet n'excèdent pas l'état
et la condition des époux ; le mari ne pouvant
entrer dans les détails domestiques qui le dé-
tourneraient de ses occupations, est censé avoir
chargé sa femme de faire ce qui est nécessaire à
cet égard ; mais on ne peut jamais présumer qu'il
lui ait donné pouvoir de consommer sa ruine,
c'est pourquoi il n'est tenu que des dépenses qui
sont en proportion avec l'état, la fortune et la
condition des époux ; autrement, les mémoires
des fournisseurs et marchands sont réduits à ce
qu'exigeait la position des conjoints.

3º La femme peut encore s'obliger et engager
les biens de la communauté pour tirer son mari
de prison, ou pour l'établissement des enfans
communs en cas d'absence du mari ; mais il faut
à cet effet qu'elle soit autorisée par la justice :

dans un cas semblable, le mari, maître de la communauté, ne peut pas se plaindre, il profite de l'engagement qui lui procure sa liberté, ou qui sert à l'acquitter d'une dette naturelle, commune entre lui et sa femme. D'ailleurs son absence le mettant hors d'état de pourvoir à l'établissement des enfans du mariage, il faut bien que la femme puisse prendre à cet égard les engagemens convenables et faire les stipulations d'usage; l'intervention nécessaire de la justice empêchera tout abus et tout excès dans les obligations contractées par la femme, les juges ne permettront que ce qui est d'usage pour l'établissement de personnes de même fortune et condition.

§. II.

Droits du mari sur les propres de la femme.

68. On a vu quels étaient les droits des époux sur les biens de la communauté; on va maintenant exposer quels sont ceux du mari sur les propres de la femme.

Il n'est pas un simple usufruitier de ces biens, il en est l'administrateur légal; en cette qualité il exerce seul toutes les actions mobilières et possessoires qui appartiennent à la femme: pour les premières il ne peut y avoir aucune difficulté, puisqu'elles tombent dans la communauté le plus souvent pour le tout, et au moins pour l'usufruit, lorsqu'elles ont pour objet des choses mobilières données sous la condition qu'elles ne tomberaient pas dans la communauté, ou lorsqu'elles représentent des propres, ou lorsqu'elles ont été stipulées propres dans le cas de la communauté conventionnelle.

Quant aux actions possessoires des propres de la femme, le mari en est le maître, parce qu'elles tendent à maintenir le mari et par conséquent la femme en la possession et jouissance du fonds ou droit immobilier à elle appartenant dont les fruits sont au mari; il doit conserver cette possession à la femme, il est responsable du dommage que cette perte de possession lui causerait, il a donc le droit d'intenter toutes les actions qui ont pour but de le maintenir ou de le rétablir dans cette possession qu'il doit restituer à la femme ou à ses héritiers, après la dissolution de la communauté, autrement il y aurait injustice dans la loi qui le rendrait responsable d'une perte qu'il n'aurait pu empêcher. D'ailleurs la communauté dont le mari est le chef et le maître, est usufruitière des propres de la femme, et possède en cette qualité un droit réel sur les propres de celle-ci : le mari a donc les actions nécessaires pour se faire maintenir et au besoin réintégrer dans la possession de ce droit.

69. Les mots *administration* et *conservation* étant corrélatifs, il suit de là que l'autorité du mari sur les biens personnels de la femme ne s'étend pas jusqu'au pouvoir d'aliéner ces biens, sans le consentement de celle-ci, parce qu'aliéner c'est détruire, ce n'est plus conserver; il faut, pour l'aliénation, le consentement de la femme qui est restée propriétaire de ses propres; n'ayant mis en société que les fruits, elle ne peut pas être privée de sa propriété sans son fait et volonté. *Id quod nostrum est, sine facto nostro ad alium transferri non potest;* l. 11, ff. *de regulis juris.*

70. De ce que le mari ne peut pas aliéner les

propres de la femme, il faut conclure qu'elle
doit être nécessairement partie avec lui dans
toutes les actions pétitoires qu'il intente pour les
immeubles de sa femme; car n'ayant pas la faculté de les aliéner sans elle, il ne peut aussi
sans elle intenter les actions pétitoires qui les
concernent : *absurdum est enim ei cui alienatio
interdicitur, permitti actiones exercere;* l. 7, §. 2,
ff. *de jure deliberandi.* Le mari n'a pas le droit
d'intenter seul des actions relatives à la propriété
de biens qui ne sont pas tombés dans la communauté; on quasi-contracte en jugement, il n'y
a donc que les personnes capables de contracter,
par rapport aux propres, qui puissent former
le quasi-contrat judiciaire à leur égard.

Par les mêmes raisons on doit décider que le
mari ne peut valablement défendre seul aux actions pétitoires dirigées contre un propre de la
femme; il faut que le demandeur assigne conjointement la femme et le mari, la première,
parce qu'elle se prétend propriétaire du bien réclamé, et que la question de propriété d'un bien
ne peut être agitée qu'avec celui qui soutient en
être le maître; il faut qu'il assigne le mari pour
autoriser sa femme, parce que celle-ci ne peut
pas ester en jugement sans l'autorisation du
mari, art. 215, c. c.; si le mari la refuse, elle
sera donnée d'office par le tribunal saisi de la
demande, art. 218, c. c.

71. Le mari est administrateur légal des biens
personnels de la femme, mais la loi qui lui confie
cette administration entend qu'il gère en bon
père de famille, et en conséquence, pour stimuler
son zèle, elle le rend responsable de tous dépé-
rissemens des biens propres de la femme causés

par défaut d'actes conservatoires : ainsi, lorsqu'il laisse prescrire les biens personnels de la femme, il est tenu de la perte de celle-ci, parce qu'il devait interrompre la prescription. De même si sa femme avait acheté un immeuble avant le mariage, avec stipulation d'hypothèque sur les autres biens du vendeur, pour le cas d'éviction ; que le mari ait négligé de renouveler l'inscription prise par la femme, et que, par suite de cette négligence, celle-ci évincée n'ait pas pu se faire colloquer dans les ordres du prix des fonds hypothéqués; ou si les immeubles affectés ont été affranchis de l'hypothèque par la transcription faite par un tiers acquéreur de son contrat d'acquisition plus de quinze jours avant le renouvellement, le mari répondra du dommage souffert par la femme à cette occasion, etc.

72. Le mari, en sa qualité d'administrateur des biens personnels de la femme, peut seul en passer les baux; mais il ne faut pas que ce pouvoir dégénère en abus, il doit se conformer à l'usage pour la durée des baux, il ne pourrait pas les faire pour un espace de temps tellement long, qu'il enlevât à la femme l'espérance de pouvoir les renouveler elle-même, après la dissolution de la communauté; des baux d'une aussi longue durée, et contraires à l'usage ordinaire, sont présumés faits en fraude des droits de la femme; ceux qui excédaient neuf ans étaient même regardés autrefois comme des aliénations par voie d'emphytéose; c'est pour ces motifs que la loi déclare que si les baux faits par le mari seul, des biens personnels de la femme, l'ont été pour un temps qui excède neuf ans (terme ordinaire des baux), ils ne sont, en cas

de dissolution de la communauté, obligatoires vis-à-vis la femme ou ses héritiers que pour le temps qui reste à courir, soit de la première période de neuf ans, si on s'y trouve encore, soit de la seconde, et ainsi de suite, de manière que le fermier n'ait que le droit d'achever la jouissance de la période de neuf ans où il se trouve.

Suivant la rigueur des principes, le droit du fermier devrait être anéanti en même temps que celui du mari, c'est-à-dire par la dissolution de la communauté, en conformité de la maxime *resoluto jure dantis, resolvitur jus accipientis;* mais le code civil maintient les baux pour la période de neuf ans commencée à cette époque; on a pensé que le mari était administrateur, et que d'ailleurs c'était l'intérêt même de la femme, parce qu'autrement personne ne voudrait prendre à ferme ou à loyer ses biens personnels, dans la crainte d'être expulsé à la fin de la communauté; et si des individus avaient affermé malgré ce danger, au moins ils n'auraient pas osé entreprendre des améliorations, dans l'appréhension de ne pouvoir en profiter, par suite de l'expulsion opérée au moment où finirait la société conjugale.

73. Au reste, il faut remarquer ici que la loi n'a statué de cette manière que par rapport à la femme ou ses héritiers. Ainsi, lorsqu'ils ont intérêt à exiger l'exécution pleine et entière des baux, les fermiers et locataires qui étaient capables de passer des baux au-dessus de neuf ans, ne pourront pas se refuser à les accomplir; il ne leur est pas permis d'invoquer une disposition faite uniquement en faveur de la femme, et pour la mettre à l'abri des fraudes qui au-

raient pu être pratiquées à son préjudice par le mari, art. 1125, 2e alinéa, c. c.

74. Le fermier qui aura été expulsé par la femme aura-t-il un recours en indemnité contre le mari?

On pense qu'il n'aura aucune action contre le mari qui lui aurait fait connaître qu'il s'agissait des biens personnels de son épouse, parce que le fermier a su ou dû savoir que le mari ne pouvait passer, par rapport à ces biens, que les baux ordinaires de neuf ans. D'un autre côté, le mari n'agit ici que comme mandataire légal de la femme; or le mandataire qui donne à la partie avec laquelle il contracte en cette qualité, une suffisante connaissance de son mandat, n'est tenu d'aucune garantie pour ce qui a été fait au-delà, s'il ne s'y est formellement soumis, art. 1997, c. c.; or le mari a donné une connaissance suffisante de son mandat au fermier, en lui déclarant que les biens affermés appartenaient à son épouse.

75. Le mari peut renouveler les baux des propres de la femme avant leur expiration, cela entre dans le plan d'une bonne administration, parce que, si on attendait la fin des baux, on s'exposerait à ne pas trouver des fermiers ou des locataires convenables; mais il ne faut pas que ces renouvellemens par anticipation se fassent long-temps avant la cessation des baux actuels, il faut que le mari se conforme à l'usage des bons pères de famille, qui ne les font qu'au plus trois ans avant l'expiration des baux courans, s'il s'agit de biens ruraux, et deux ans pour les maisons d'habitation, afin de n'être pas privés des augmentations qui peuvent survenir dans

le prix des fermages; c'est en conformité de ces principes qu'il est décidé que les baux de neuf ans ou au-dessous que le mari seul a passés des biens de sa femme plus de trois ans avant l'expiration des baux courans, s'il est question de biens ruraux, et plus de deux ans avant la même époque, s'il s'agit de maisons, ne produisent aucun effet, à moins que leur exécution n'ait commencé avant la dissolution de la communauté, parce qu'alors l'exécution couvre l'anticipation; le renouvellement fait trop tôt ne nuit plus à la femme ou à ses héritiers, il n'a plus rien d'illégal et de frauduleux pour eux, puisque les baux ont été passés et ont commencé de recevoir leur exécution dans le temps où le mari était le maître des fruits, et où sa qualité d'administrateur légal était encore dans toute sa force.

Cette disposition de la loi n'ayant encore pour objet que de mettre à couvert la femme ou ses héritiers des fraudes que pourrait commettre le mari, à leur préjudice, en renouvelant les baux à un prix inférieur au prix courant, afin de priver la femme du droit de les renouveler elle-même après la dissolution de la communauté, on pense qu'il n'y a qu'elle ou ses héritiers qui puissent demander la nullité des baux renouvelés trop tôt, et que le fermier est sans action à cet égard.

76. Lorsqu'une femme s'oblige solidairement avec son mari pour les affaires de la communauté ou celles du mari, elle n'est réputée à l'égard de celui-ci s'être obligée que comme caution : elle doit être indemnisée de l'obligation qu'elle a contractée. La femme a beau s'obliger,

c'est toujours le mari qui reçoit, c'est toujours lui qui emploie les deniers empruntés, c'est lui seul qui en profite ; l'intercession de la femme n'a été exigée par le créancier que dans le dessein d'avoir deux débiteurs, que pour que la femme ne se prévalût pas contre lui de son hypothèque légale sur les biens de son mari, et pour qu'il pût lui-même, en conformité de l'art. 1166, c. c., la faire valoir dans les ordres de distribution des immeubles du mari, et par ce moyen être préféré aux créanciers qui ont acquis sur les fonds de celui-ci une hypothèque postérieure à l'obligation contractée par la femme, art. 2135, 5e alinéa, c. c.; on présume que le mari a employé son autorité maritale pour contraindre la femme à se soumettre à cette volonté du créancier, qui sans cela n'aurait pas prêté ses deniers; novelle 134, chap. 8; authentica *si qua mulier*, cod. *ad senatusconsult. Velleianum;* on présume donc qu'elle est étrangère à l'opération, et qu'elle n'y est intervenue que pour lui procurer du crédit et lui servir de répondant : ainsi il est juste qu'elle soit dédommagée par le mari que l'affaire concernait uniquement. Il en est ici de la femme qui s'oblige solidairement avec le mari, comme de ceux qui s'obligent solidairement avec un tiers seul intéressé à l'affaire; ils sont bien débiteurs solidaires et principaux par rapport au créancier, mais ils ne sont considérés que comme cautions par rapport à celui que la négociation concernait, art. 1216, c. c.

Si la dette a été contractée pour les affaires de la communauté, elle recevra du mari ou des héritiers de celui-ci tout ce qu'elle aura payé au créancier, si elle renonce à la communauté, parce

que ce sont eux qui, dans ce cas, sont maîtres
de toute la communauté, sous la condition d'en
acquitter toutes les dettes, la femme n'en doit
payer aucune partie, art. 1494, c. c. Si la femme
accepte la communauté, elle ne recevra que la
moitié de ce qu'elle aura délivré au créancier en
vertu de l'action solidaire, parce que son acceptation la constitue débitrice personnelle pour
moitié des dettes de la communauté, art. 1482,
c. c. Si la dette a été contractée pour les biens
personnels du mari, la femme devra être remboursée de tout ce qu'elle aura payé au créancier, soit qu'elle accepte la communauté, soit
qu'elle y renonce. Elle a, indépendamment de
toute inscription, hypothèque pour son indemnité sur les propres du mari, à partir du jour de
l'obligation où elle est intervenue, art. 2135, 5e
alinéa, c. c.

77. Le mari qui garantit solidairement ou autrement la vente que la femme a faite d'un immeuble personnel, n'est relativement à elle qu'une
caution exigée par l'acquéreur pour sa sureté en
cas d'éviction ; c'est la femme qui contracte ici
l'obligation de la garantie, puisqu'elle est ven-
deresse, et qu'elle promet de faire jouir l'acheteur, sans trouble et sans empêchement, de la
chose vendue. La réparation du préjudice souffert par l'éviction est une conséquence du contrat de vente, c'est une des obligations principales du vendeur, art. 1603, c. c.; la garantie
étant une des choses naturelles à la vente, elle
en fait par conséquent partie, quoiqu'il n'y ait
point de stipulation à cet égard, art. 1626, c. c.;
c'est donc la femme qui en est tenue par l'effet
seul du contrat, le mari n'est vraiment que sa

caution; c'est pourquoi il pourra, s'il a été poursuivi et contraint de payer les dommages et intérêts de l'acquéreur évincé, exercer son recours soit sur la part de la femme dans la communauté, soit sur ses biens propres, parce qu'il
a acquitté une dette personnelle de celle-ci.

§. III.

Remplois.

78. On a vu, au commencement de cette section, que la communauté ne peut pas s'enrichir
par la diminution des propres de l'un ou de
l'autre des époux; c'est pour cette raison que la
loi décide que lorsqu'il a été vendu un immeuble
appartenant à l'un d'eux, ou lorsque celui dont
les héritages devaient des services fonciers aux
propres d'un des conjoints s'en est rédimé en
payant une somme d'argent à l'époux propriétaire des fonds dominans, et que le prix, dans
les deux cas, a été versé dans la communauté,
le tout sans remploi en faveur de celui à qui
appartenaient les propres vendus ou les services
rachetés, ce dernier prélévera ce prix sur la
communauté à l'époque de la dissolution et avant
tout partage, parce que ce prix, quoique mobilier, représente cependant un propre appartenant à l'un des époux; si ce prix ne se pré-
levait pas, la communauté s'augmenterait aux
dépens des propres des conjoints, et le mari
aurait une voie ouverte pour grossir sa fortune
aux dépens de celle de la femme, il n'aurait besoin pour cela que de la forcer par ses vexations
à consentir à l'aliénation de ses biens personnels, ou de profiter de l'amour trop grand qu'elle

aurait pour lui, afin de parvenir au même but.
Au reste, l'époux ne peut demander les intérêts
de ce prix qu'à compter du jour de la dissolution de la communauté, parce qu'ils représentent
les fruits du propre aliéné, dont elle aurait profité si l'aliénation n'avait pas été faite.

Ce prélèvement de prix n'a lieu que dans le
cas où il n'en a pas été fait de remploi au profit
de l'époux propriétaire du fonds vendu ou des
services rachetés, parce qu'il ne doit pas avoir
tout à la fois le prix et la chose rachetée en remploi de celle vendue, autrement ses propres augmenteraient aux dépens de la communauté, ce
qui est aussi défendu par la loi.

79. On entend en général par remploi le
remplacement d'une chose qui a été aliénée ou
dénaturée, comme un immeuble qu'on a vendu,
ou des bois de haute futaie qu'on a abattus; il
a lieu quand on subroge un bien à la place de
celui qui a été vendu, avec déclaration que ce
nouveau fonds est pour tenir lieu de remploi de
celui qui a été aliéné ou dénaturé.

Relativement au mari dont le propre a été
vendu, le remploi est censé fait à son égard
toutes les fois que, lors d'une acquisition, il a
déclaré qu'elle était faite des deniers provenant
de l'aliénation de l'immeuble qui lui appartenait
et qu'il faisait l'achat pour lui tenir lieu de remploi; c'est lui qui vend, c'est lui qui rachète en
remploi, c'est lui qui parle et agit dans les deux
actes, c'est à lui de prendre ses mesures pour
n'être pas lésé; dès qu'il a fait la déclaration
prescrite par la loi, le remploi est irrévocable
pour lui, il ne peut pas exiger à la place les deniers de son propre vendu.

Il faut que le mari fasse sa déclaration au moment même où se passe l'acte d'acquisition, autrement l'immeuble acquis, devenu un conquêt et la propriété de la communauté, ne peut plus lui être enlevé par la déclaration tardive du mari; c'est d'ailleurs ce qui résulte textuellement de ces mots, *lors d'une acquisition*, qui se trouvent dans l'art. 1434, c. c.

80. Lorsque le mari n'agit plus pour lui, mais pour la femme, il faut que le remploi soit formellement accepté par elle; la déclaration du mari, que l'acquisition est faite du prix provenant de l'immeuble vendu par la femme, et pour lui tenir lieu de remploi, ne suffit pas, il faut l'acceptation expresse de celle-ci, il faut qu'elle paraisse dans l'acte, qu'elle y déclare accepter le fonds acheté pour lui servir de remploi de son propre vendu : si le mari avait droit d'agir seul, il pourrait aisément ruiner sa femme, il la déterminerait à vendre ses immeubles les plus précieux, et il colluderait ensuite avec des tiers desquels il acheterait des immeubles d'une valeur beaucoup au-dessous de celle des propres aliénés, on stipulerait dans l'acte d'acquisition un prix supérieur à celui qui aurait été réellement délivré, et la fortune de la femme se trouverait par ce moyen à la discrétion du mari.

Si la femme n'a pas accepté le remploi à l'instant où il a été fait, elle doit, pendant la durée de la communauté, déclarer qu'elle l'agrée; il n'est pas juste que la femme qui n'a pas consenti au remploi avant la dissolution, ait la faculté de prendre l'héritage, si la subrogation lui est avantageuse, ou d'y renoncer, si elle lui est préjudiciable; à la fin de la communauté, les droits

de chacun des époux se trouvent fixés à l'état
où sont les choses en ce moment, cet état ne
peut plus varier; le remploi qui n'est point consommé à cette époque par l'acceptation de la
femme ne peut plus l'être, la femme ou ses héritiers n'ont droit, au moment de la dissolution,
que de demander la récompense du prix de
l'immeuble vendu. Elle peut accepter après l'acquisition, jusqu'à la cessation de la communauté, parce que c'est ici une ratification du remploi qui a été fait pour elle par le mari; or la
ratification remonte au jour du contrat ratifié,
et celui qui a passé l'acte est présumé avoir eu
mandat de celui qui a approuvé le contrat à
l'instant même où cet acte se passait. *Ratihabitio
mandato æquiparatur et retrotrahitur ad initium
contractûs;* l. 52, §. 2, ff. *de regulis juris;* l. 16,
§. 1, ff. *de pig. et hyp.;* l. 12, §. 4, ff. *de solut. et lib.*

Lorsque la femme n'a pas accepté le remploi
pendant l'existence de la communauté, elle n'a
droit qu'à la récompense du prix que l'on a
reçu de la vente de son propre; car en général
toutes les fois que le remploi n'a pas été fait,
soit qu'il s'agisse des propres du mari, soit qu'il
s'agisse de ceux de la femme, on doit le fixer,
eu égard au prix de la vente, parce que c'est
alors qu'il devait se faire; cette décision du code
est très sage, elle tranche par la racine bien des
difficultés qui auraient pu naître sur la question
de savoir si le remploi devait être fait sur le prix
de la vente ou sur la valeur des propres aliénés,
et dans ce dernier cas on n'aurait pas su, pour
déterminer cette valeur, s'il fallait s'arrêter au
moment ou de la vente, ou de la demande, ou
du jugement intervenu sur cette demande. D'ail-

leurs cette disposition est très juste, parce que
ou la femme a consenti à la vente, ou elle n'y a
pas donné son consentement: si elle a vendu avec
l'autorisation de son mari, ou si ce dernier a
passé l'acte du consentement de la femme, elle
a renoncé dès-lors à l'augmentation du prix
dont elle s'est contentée en consentant au contrat; si la femme n'a pas donné son consentement à la vente volontaire que le mari a faite des
propres de celle-ci, elle peut l'attaquer comme
nulle d'après l'art. 1428, 3ᵉ alinéa, c. c., et revendiquer les biens contre les acquéreurs s'ils ont été
vendus au-dessous de leur valeur. En un mot,
il n'y a eu de versé dans la communauté que
le prix reçu, elle n'a profité que de cela, elle
ne doit donc tenir compte que de cette somme,
il suffit qu'elle ne s'enrichisse pas aux dépens des
propres des époux; or cela est impossible, si elle
restitue tout le prix qui a été reçu de la vente
des propres.

81. La récompense du prix de l'immeuble
appartenant au mari ne s'exerce que sur la masse
de la communauté, parce que c'est lui qui a
touché ce prix; s'il n'en a pas fait un emploi
utile, si l'actif de la communauté, déduction
faite des dettes, n'est pas suffisant pour le rembourser du prix de ses propres aliénés, c'est une
preuve qu'il a mal administré, qu'il est un dissipateur, et il est juste que les suites de sa mauvaise
gestion tombent sur lui; il ne peut pas exercer sa
récompense sur les propres de sa femme, car on
n'a rien à imputer à celle-ci qui est une associée
purement passive, qui ne se mêle de rien, tant que
la communauté dure; d'ailleurs, si ce droit était
donné au mari, il aurait un moyen indirect d'a-

liéner les propres de la femme sans le consentement de cette dernière, il lui suffirait pour
cela de vendre ses biens personnels, d'en dissiper le prix, et d'absorber en même temps tout
ce qu'il y aurait dans la communauté.

Au contraire, la femme peut exercer la récompense de ses immeubles personnels sur les
biens propres du mari, en cas d'insuffisance des
biens de la communauté; parce que c'est le mari
qui a touché le prix des propres de la femme,
et s'il n'y a pas dans la communauté des effets
en assez grande quantité pour la remplir de ses
droits, c'est une preuve que le mari a dissipé
ce prix : il est donc conforme à l'équité et à la
justice que la femme puisse le répéter sur les
biens personnels de son époux. Elle a hypothèque
légale, et indépendamment de toute inscription
pour la sureté de ses remplois, sur les biens du
mari, à partir du jour de la vente, art. 2135, 5ᵉ
alinéa, c. c.

82. Ce qu'on vient de dire sur le remploi des
propres, prouve que l'intention de la loi est que la
communauté ne s'enrichisse pas aux dépens des
propres de l'un ou de l'autre des époux; mais elle
veut en même temps que ni l'un ni l'autre ne
puisse augmenter ses biens personnels aux dépens
de la communauté; c'est pourquoi elle décide que
toutes les fois qu'il est pris sur la communauté
une somme, soit pour acquitter les dettes ou
charges personnelles à l'un des époux, telles
que le prix ou partie du prix d'un immeuble
à lui propre, ou le rachat de services fonciers
ou servitudes auxquels ses propres étaient soumis, ou même des rentes foncières dues par ses
biens personnels dont la valeur est augmentée

par le rachat de ces rentes; soit pour le recouvrement des mêmes biens, tels que le prix donné pour exercer une faculté de réméré, ou les frais faits pour en revendiquer contre des tiers détenteurs, ou pour repousser les attaques de ceux qui prétendaient avoir des droits sur ses propres; soit pour la conservation ou amélioration de ses biens personnels, telles que les dépenses, autres que celles d'entretien, faites par rapport aux propres, et dans ce dernier cas, peu importe qu'il s'agisse de celles qui ont été nécessaires pour les conserver, telles que la construction d'une digue à l'effet d'empêcher les corrosions d'une rivière, etc., ou qu'il soit question de dépenses qui n'étaient point nécessaires, mais qui ont été utiles par l'augmentation de valeur qu'elles ont donnée aux fonds, telle qu'une plantation de vignes sur un immeuble, ou la construction d'un édifice : l'époux qui dans tous les cas ci-dessus a puisé dans la bourse commune, en doit récompense à la communauté ; en général elle est due toutes les fois qu'un époux a tiré un profit personnel quelconque des biens de la communauté, parce qu'il ne doit pas appliquer à son avantage exclusif ce qui est la propriété des deux associés.

83. On a dit que chaque époux devait récompense à la communauté des frais qui ont été faits pour entreprendre ou défendre à des procès relatifs à ses propres, ceci doit être entendu avec une distinction : si le procès concerne la propriété de ces biens, l'époux doit les rembourser, mais il en est autrement si la contestation roulait sur la jouissance, parce qu'alors c'est à la communauté qui a l'usufruit des biens

personnels des époux de supporter les frais des
procès concernant la jouissance, ainsi que toutes
les autres condamnations auxquelles ces procès
auraient donné lieu, art. 613, c. c. Si le procès
concerne tout à la fois la propriété et la jouissance
des propres de l'un des époux, par exemple, si
un tiers revendique un propre et demande en
même temps la restitution des fruits perçus par
la communauté, les frais seront supportés par
l'époux propriétaire et par la communauté dans
la proportion de leur intérêt respectif.

§. IV.

Dot, et sa Garantie.

84. On a vu que le mari pouvait disposer des
effets de la communauté pour doter les enfans
communs; la loi nous enseigne ici quelle est la
part pour laquelle chacun des époux doit contribuer à la dot constituée par le mari, portion qui est
différente suivant la nature des effets donnés en
dot et selon les clauses de l'acte qui la constitue;
elle nous apprend ensuite quels sont ceux qui
doivent garantie de la dot lorsque l'époux en est
évincé, et de quelle date les intérêts en sont dus.

On entend par dot, sous les deux régimes, ce
que la femme apporte au mari pour soutenir
les charges du mariage, art. 1540, c. c.; *pro one-
ribus matrimonii mariti lucro totius dotis fructus esse manifestissimi juris est ;* l. 20, cod. *de
jure dot. ;* l. 7 princ., ff. eodem; l. 65, §. dern.,
ff. *pro socio.*

85. Relativement à la dot, le code décide d'a-
bord que si le père et la mère ont doté conjointement un enfant commun, sans exprimer la por-

tion pour laquelle ils entendaient y contribuer, ils sont censés avoir doté chacun pour moitié, parce que c'est une dette naturelle qui leur est commune; ils sont présumés avoir voulu l'acquitter également et pour des portions semblables, tant que le contraire n'est pas exprimé : et cette disposition de la loi a lieu, soit que la dot ait été fournie ou promise en effets de la communauté, soit qu'elle l'ait eté en biens personnels à l'un des époux : dès que tous les deux parlent dans l'acte de constitution, ils sont l'un et l'autre parties également principales, ils contractent tous les deux l'obligation; or toutes les fois que deux personnes s'obligent, l'engagement se divise de plein droit entre elles, chacune en doit supporter la moitié, si rien de contraire ne se trouve dans l'acte obligatoire, et le mode de payement ne change rien à la nature de l'obligation; si elle a été acquittée aux dépens d'un seul des débiteurs, il a une action en répétition contre l'autre, jusqu'à concurrence de la moitié dont il était tenu, comme on verra plus bas. Il faut que la femme ait parlé dans la clause qui concerne la dot, il ne suffit pas qu'elle ait été présente au contrat de mariage, car elle a pu n'y assister que pour prouver qu'elle donnait son consentement au mariage; il faut une volonté expresse de chaque époux, d'après la maxime *ne dote qui ne veut*, renouvelée par l'article 204, c. c.

Lorsque les deux époux ont parlé, celui dont l'immeuble ou l'effet personnel a été constitué en dot a une action en indemnité pour la moitié de la dot, eu égard à la valeur de l'effet au moment de la donation; il a acquitté seul une obligation dont il n'était tenu que pour moitié, il est juste qu'il ait une répétition contre l'autre époux qui s'était obligé avec lui. La loi veut que l'on ait égard à la valeur de l'objet donné au moment de la donation, parce que c'est à cet instant que l'obligation de celui contre qui on exerce la répétition a été acquittée, et qu'elle l'a été pour la moitié de la valeur de l'effet donné au moment où se faisait cet acquittement ; on a réellement donné pour lui la moitié de la valeur qu'avait l'immeuble alors, car le prix de la chose y était inhérent et attaché dans l'instant même que la propriété en était transférée à l'époux donataire au moment de l'acte, *in re ipsâ stat rei pretium.*

86. Lorsque la dot a été constituée par le mari seul en effets de la communauté, elle est à la charge de celle-ci, le mari ayant le pouvoir d'en disposer à titre gratuit pour l'établissement des enfans communs, art. 1422, c. c. De ce principe il suit que la femme sera obligée de supporter la moitié de la dot, si elle accepte la communauté, parce qu'en sa qualité de commune elle doit acquitter la moitié des charges de la communauté qui se divisent par portions égales entre les deux époux par l'effet seul de l'acceptation, art. 1482, c. c. ; cela n'a cependant lieu qu'autant que le mari n'a pas déclaré qu'il s'en chargeait pour le tout ou pour une portion plus forte que la moitié ; s'il a fait une semblable déclaration , il a démontré par là même qu'il voulait supporter jusqu'à cette concurrence la dot constituée, il était le maître d'en grever ses biens personnels; la loi présume qu'il a voulu acquitter une dette naturelle commune avec des effets communs,

mais cette présomption cesse lorsque le contraire
est établi par la déclaration du mari.

Lorsque la femme renonce à la communauté,
elle n'est dans aucun cas tenue de la dot constituée en effets de la communauté, parce que cette
dot est une charge de celle-ci dont le mari seul
est tenu ; il la représente pour le tout, lorsque la
femme y a renoncé, art. 1494, c. c.

87. La dot étant constituée à la future épouse
pour mettre le mari en état de supporter les
charges du mariage, il suit de ce principe que si
ce dernier est évincé des objets donnés en dot,
c'est-à-dire s'il en est dépossédé par un jugement, sur une demande en revendication de
tierces personnes, ou s'il est obligé de les délaisser sur une action hypothécaire, tous ceux qui
l'ont constituée en doivent garantie, ils sont tenus de remplacer les objets enlevés, pour que le
mari puisse percevoir les fruits des biens subs-
titués aux premiers, et s'en aider à supporter les
charges du mariage.

C'est pour la même raison que l'on décide que
les intérêts de la dot sont dus dès le jour du
mariage, encore qu'il y ait terme pour le payement, s'il n'y a pas stipulation contraire ; les
charges du mariage commencent le jour même
de la célébration, il faut donc que les intérêts de
la dot destinés à y faire face courent dès cet instant ; lors même qu'il y a terme pour le payement de la dot, il faut une stipulation formelle
qui dispense de l'acquittement des intérêts jusqu'au jour du terme, autrement, comme la dot
porte intérêts de sa nature et d'après sa destination, on ne regarde la concession du terme que
comme une facilité accordée pour se procurer

de l'argent, mais qui ne décharge pas des intérêts; l. 1, cod. *de jure dotium ;* l. unique, §. 1,
cod. *de rei uxoriœ actione.* S'il est dit dans le contrat de mariage que les intérêts ne courront qu'a-
près l'expiration du terme, la loi présume que le
mari en a été dédommagé par une dot plus considérable, d'ailleurs c'est une loi qu'il s'est imposée, art. 1134, c. c. ; mais les intérêts commencent à être dus de plein droit après la cessation du terme, parce que c'était l'effet seul de
la stipulation qui les empêchait de courir, puisqu'ils sont dus d'après la seule destination de la
dot; or l'obstacle apporté au cours des intérêts
est levé, dès que le terme pendant lequel la
clause devait produire ses effets est écoulé.

Si la femme à qui une dot a été constituée en
est évincée, elle n'a point elle-même d'action en
garantie contre les constituans, parce que la
constitution de dot est un titre purement lucratif pour elle; l'action en garantie n'appartient
qu'au mari.

SECTION III.

*De la Dissolution de la communauté, et de
quelques-unes de ses suites.*

88. On a vu dans les deux premières sections
de quoi se composait la communauté, soit sous le
rapport de l'actif, soit sous celui du passif, et
comment elle s'administrait pendant sa durée; il
est question dans celle-ci des différentes causes
qui la font cesser, et de quelques-uns des effets
qui résultent de cette dissolution.

Quatre causes dissolvent la communauté conjugale : 1° la mort naturelle; 2° la mort ci-

vile; 3º la séparation de corps; 4º la séparation de biens.

On peut y ajouter l'absence d'un des époux pendant trente ans depuis la déclaration d'absence, ou si cent ans se sont écoulés depuis la naissance de l'absent, art. 129, c. c.; elle n'est point dissoute par l'envoi en possession provisoire des biens de l'absent, parce que l'époux présent peut, s'il le juge à propos, prendre ou conserver l'administration de la communauté, art. 124, c. c. : si l'époux reparaît après l'envoi définitif, le rétablissement de la communauté aura lieu dans l'état où elle se trouve, art. 132, c. c.

§. Ier.

Dissolution de la communauté par la mort naturelle ou civile, et de l'Effet de cette dissolution.

89. La communauté est dissoute par la mort naturelle d'un des époux, parce que cet événement rompt tous les liens qui tenaient l'homme à la terre, elle anéantit tous ses droits, *mors omnia jura solvit*, novelle 22, chapitre 20 in principio; l. 59, ff. *pro socio*; il faut être avant d'être de telle ou de telle manière, *priùs est esse quàm esse talis*; il faut exister pour avoir telle ou telle qualité, celui qui n'existe plus ne peut plus être associé puisqu'il n'est plus rien pour ses semblables. La mort naturelle détruit le mariage qui est le principal, et par suite la communauté qui n'est que l'accessoire; *soluto principali, solvatur accessorium necesse est.*

La mort civile opère aussi la cessation de la société des époux, parce qu'elle dissout le ma-

riage quant à tous ses effets civils, parmi lesquels se range la communauté conjugale, et
qu'elle donne ouverture sur les biens du mort
civilement, soit à l'égard de la femme, soit à
l'égard des autres personnes, aux mêmes droits
que la mort naturelle, art. 25, alinéas 8 et 9,
c. c.

90. D'après la disposition de plusieurs coutumes, et notamment de celle de Paris, l'époux
survivant qui ne faisait pas inventaire des effets
communs, lorsqu'il y avait des enfans mineurs à
l'époque de la dissolution, était malgré lui en
communauté avec eux, elle était continuée en
peine de sa négligence si les enfans le jugeaient
convenable ; notre code a abrogé cette disposition, le défaut d'inventaire après la mort naturelle ou civile de l'un des époux ne donne plus
lieu à la continuation de communauté; mais pour
engager l'époux survivant à faire inventaire, elle
déclare que les parties intéressées pourront établir la consistance et valeur des biens et effets
communs, tant par titres que par commune renommée, et faire à cet égard toutes poursuites
nécessaires : la preuve par commune renommée
met en sureté les droits des héritiers de l'autre
époux, elle est bien dangereuse pour le survivant,
parce que la renommée augmente toujours les
objets, et qu'elle s'accroît de bouche en bouche,
crescit eundo; mais le survivant doit s'imputer le
mal qu'il en souffre, il n'est pas présumé le sentir, parce que c'est par sa faute qu'il l'éprouve;
l. 203, ff. *de regulis juris.*

La concession de ce genre de preuve aux héritiers du prédécédé est déjà un fort stimulant
pour l'époux survivant, capable de l'engager à

faire faire l'inventaire ; mais la loi ne s'est pas contentée de cette mesure, lorsqu'il y a des enfans mineurs qui sont sous sa protection spéciale, parce que la faiblesse de leur âge les empêche de se défendre eux-mêmes, elle veut alors que le défaut d'inventaire fasse en outre perdre au survivant la jouissance des revenus des enfans mineurs de dix-huit ans; et pour toujours mieux assurer les droits de ces enfans, elle déclare que le subrogé tuteur, qui n'a pas forcé le survivant à faire inventaire, sera solidairement tenu avec lui des condamnations qui pourront être prononcées au profit des mineurs : par ce moyen le survivant et le subrogé tuteur sont excités par leur propre intérêt à remplir les devoirs que la loi leur impose.

91. Lorsque la communauté est dissoute par la mort naturelle ou civile d'un des époux, la femme ou ses héritiers ont le droit d'accepter la communauté, ou d'y renoncer : s'ils l'acceptent, l'actif et le passif de cette communauté se divisent entre eux et le mari; s'ils y renoncent, ils restent étrangers au passif et à l'actif de la société, le mari en recueille tous les biens, à la charge d'en payer toutes les dettes, ainsi qu'on le verra aux sections 4 et 5 ci-après.

§. II.

De la Dissolution de la communauté par la séparation de corps et de biens, ou de biens seulement, et des suites ou effets de cette dissolution.

92. La séparation de corps emporte la dissolution de la communauté, parce qu'elle ne laisse, pour ainsi dire, subsister que l'ombre et l'appa-

rence du mariage ; il n'y a plus d'habitation commune, le lien n'est pas rompu, il est vrai, mais
la séparation d'interêts doit nécessairement suivre la séparation d'habitation. Les causes d'ailleurs qui sont exigées pour pouvoir l'obtenir,
laissent de la haine dans le cœur des époux ; or
toute société entre gens qui se détestent serait
une source continuelle de rixes et de querelles,
*inter infensos inita societas est mater jurgiorum
et discordiarum ;* c'est pour tous ces motifs que
la loi déclare que la séparation de corps entraîne
nécessairement la séparation de biens, art. 311,
c. c.

Enfin la communauté se dissout par la séparation de biens.

La séparation de biens est la faculté accordée
à la femme mariée d'administrer ses biens personnels et d'en jouir.

Elle est ou conventionnelle, ou judiciaire ; elle
est conventionnelle lorsqu'elle résulte des clauses
mêmes du contrat de mariage.

La judiciaire est celle qui est prononcée par
le juge qui permet à la femme de retirer ses
biens personnels et sa part de la communauté
des mains du mari, pour en reprendre l'administration et la jouissance, lorsque l'état des affaires de celui-ci met en péril les droits de la
femme ; l. 22, §. 8 ; l. 24, princ., ff. *soluto matrimonio ;* l. 29, cod. *de jure dotium.*

La séparation conventionnelle n'est point contraire à l'ordre public, et rien n'empêche les
époux de la stipuler, parce qu'il leur est permis
de faire entre eux, par leur contrat de mariage,
toutes les stipulations qu'ils jugent à propos, art.
1387, 1397, 1527 et 1536, c. c.

93. Après la célébration du mariage, cette faculté de stipuler la séparation de biens est prohibée entre époux, la loi déclare toute séparation volontaire nulle ; c'est une conséquence du principe qui veut que la loi du mariage soit perpétuelle, et que les époux ne puissent en aucune manière altérer les clauses expresses ou tacites de leur union, après que le mariage a été formé ; la séparation volontaire ne serait d'ailleurs le plus souvent qu'une collusion entre les époux pour frauder leurs créanciers.

Après le mariage, la séparation ne peut plus être poursuivie qu'en justice par la femme dont la dot est mise en péril, et lorsque le désordre des affaires du mari donne lieu de craindre que ses biens ne soient point suffisans pour remplir les droits et reprises de la femme : *ex quo apparuerit mariti facultates ad dotis exactionem non sufficere ;* l. 24 princ., ff. *soluto matrim. ;* l. 29, cod. *de jure dotium.* C'est aux tribunaux de vérifier si les craintes de la femme sont fondées, c'est à eux d'examiner si cette demande n'est pas concertée pour nuire aux créanciers.

La séparation judiciaire, lorsqu'il y a désordre extrême dans les affaires du mari, est fondée sur le principe que toute société peut être dissoute avant le terme, lorsque l'un des associés est tellement injuste envers l'autre et lui fait tant de tort qu'il ne doive pas le souffrir, art. 1871, c. c.; *si ita damnosus sit socius, ut non expediat eum pati ;* l. 14 à la fin, ff. *pro socio.* Lorsque le mari ne connaît aucunes bornes dans ses dépenses et qu'il tend visiblement à l'indigence, il est juste de permettre à la femme de demander une séparation, qui est le seul moyen de sauver sa dot.

94. Pour toujours mieux empêcher les séparations combinées entre époux afin de tromper leurs créanciers, et pour détruire les anciens abus des séparations cachées, tandis qu'extérieurement il y avait toujours communauté d'intérêt, que rien n'était changé, que le mari gérait toutes les affaires de sa femme et les siennes, la loi déclare que la séparation de biens, quoique prononcée par la justice, est nulle et ne peut être opposée à personne, si elle n'a point été exécutée par le payement réel des droits et reprises de la femme, effectué par acte authentique jusqu'à concurrence des biens du mari; ou tout au moins il faut qu'il y ait eu de la part de la femme des poursuites à cet effet, commencées dans la quinzaine qui a suivi le jugement ordonnant la séparation de biens, et non interrompues depuis. On veut une séparation d'intérêts qui soit de fait et non pas seulement de droit, on exige que la femme prenne réellement l'administration de ses biens, afin que le public soit instruit de la dissolution de la communauté, ou au moins il faut qu'elle soit en instance, pour parvenir à cette séparation effective.

95. Quoiqu'en général les créanciers puissent exercer les droits de leurs débiteurs, art. 1166, c. c., néanmoins les créanciers personnels de la femme n'ont pas le droit, sans son consentement, de demander la séparation de biens; il ne doit pas dépendre de ceux-ci de changer les clauses de l'union des époux; une semblable demande irrite le mari contre lequel elle est provoquée; et lors même qu'elle serait exercée par

les créanciers de la femme, le ressentiment du
mari tomberait toujours sur elle, cela causerait
dans la maison conjugale du trouble que la loi
a bien fait de prévenir en privant les créanciers
personnels de la femme du droit de former la
demande en séparation sans le consentement de
celle-ci ; c'est à elle d'examiner si elle doit pré-
férer la conservation de son repos et de sa tranquillité, à celle de ses biens.

Cependant la loi vient aussi au secours des
créanciers personnels de la femme, elle décide
que dans le cas de faillite ou de déconfiture du
mari, ils peuvent exercer, dans la masse du
failli, les droits de leur débitrice jusqu'à concurrence du montant de leurs créances ; il est
juste qu'ils retirent ce qui leur appartient, du
milieu des débris du naufrage commun des époux:
d'ailleurs, cette paix domestique pour la conservation de laquelle on leur défend de demander
la séparation, est déjà plus ou moins troublée par
la situation désastreuse des affaires du mari; enfin ils ne réclament ici que leurs créances, sans
former au nom de la femme aucune demande
en séparation de biens.

Après avoir vu par qui pouvait être deman-
dée la séparation de biens, il nous reste à voir
quelles sont les formes à suivre sur une semblable demande, et quels sont les effets du jugement qui l'ordonne.

ARTICLE PREMIER.

*Formes à suivre sur la demande en séparation
de biens, et pour parvenir à l'exécution du
jugement rendu à cet effet.*

96. Une semblable demande intéressant les

créanciers du mari, la loi a dû prescrire des formes propres à les avertir d'une pareille démarche de la part de la femme, elle a dû les mettre en état d'exercer leur surveillance ; c'est pour cela que la demande en séparation est soumise à une grande publicité, afin que les créanciers puissent empêcher cette séparation, ou en poursuivre la nullité lors même qu'elle serait exécutée, si elle a été prononcée en fraude de leurs droits : la séparation est frauduleuse si la femme n'a pas de causes légitimes, si elle en suppose de fausses, si elle a commis des recélés, si le but de la séparation est de placer sous le nom de la femme des biens du mari, pour en priver les créanciers de ce dernier dont ils sont le gage, art. 2993, c. c.

La femme doit se faire autoriser, avant d'intenter une semblable demande, parce qu'elle ne peut ester en jugement qu'avec l'autorisation du mari, ou celle de la justice lorsque celui-ci ne veut, ou ne peut pas, comme dans le cas actuel, la lui donner. Cette autorisation lui est accordée par le président du tribunal de première instance du domicile marital, sur une requête qu'elle lui présente, art. 865, cod. de procéd.

97. Elle assigne ensuite, par-devant le tribunal du même domicile, son mari, sans préliminaire de conciliation, parce que cette demande qui intéresse le public ne peut être l'objet d'une transaction, art. 49, même code, n° 7°; mais le président, avant de donner l'autorisation, pourra faire toutes les observations qu'il croira convenables pour engager la femme à renoncer à sa demande, suivant les circonstances, dit art. 865 à la fin.

Pour que les créanciers du mari et tout le

public soient avertis d'une semblable demande, la loi ordonne au greffier du tribunal où elle est portée, d'inscrire sans délai, sur un tableau placé à cet effet dans l'auditoire, un extrait de la demande en séparation, contenant sa date, les noms, prénoms, profession et demeure des époux, les noms et demeure de l'avoué constitué, qui doit lui-même fournir cet extrait dans les trois jours de la demande. Semblable extrait doit être inséré sur les tableaux placés à cet effet dans l'auditoire du tribunal de commerce, dans les chambres des avoués de première instance et des notaires, le tout s'il y en a; et l'insertion sera certifiée par les greffiers et les secrétaires des chambres.

Pareille insertion doit avoir lieu, à la poursuite de la femme, dans les journaux qui s'impriment dans le lieu où siège le tribunal, et s'il n'y en a pas, dans l'un de ceux établis dans le département, s'il y en a ; il sera justifié de cette insertion par la feuille contenant ledit extrait, avec la signature de l'imprimeur, légalisée par le maire, art. 866, 867 et 868, cod. de procéd.

98. Pour ne rien précipiter sur une demande intéressant si vivement les créanciers, pour leur donner le temps d'en être instruits, et de prendre les mesures convenables à leurs intérêts, la loi veut qu'il ne puisse, sauf les actes conservatoires, être prononcé sur la demande en séparation qu'un mois après l'accomplissement des formalités ci-dessus prescrites, qui doivent être observées sous peine de nullité, tant en faveur du mari que de ses créanciers : quoique cette publicité ait pour but principal d'avertir ceux-ci, cependant le mari, comme obligé d'être juste à leur égard,

pourra opposer cette nullité; mais la femme n'aura pas le droit de faire annuller pour ce motif la séparation qu'elle aura fait prononcer, parce que le défaut d'exécuter ce qui lui est prescrit par la loi ne peut pas lui procurer des actions en nullité; d'ailleurs ces formalités exigées pour avertir les tiers de la demande, sont inutiles pour la femme, qui ne peut ignorer une demande formée par elle-même.

99. L'aveu du mari ne peut jamais faire preuve dans une semblable contestation qui intéresse le public; il faut que le désordre de ses affaires soit prouvé, soit par une enquête, soit par la production d'une foule d'actes de vente presque simultanés, soit par l'exhibition de plusieurs actes obligatoires consentis presqu'en même temps, sans qu'il puisse justifier d'un emploi utile du prix reçu ou des deniers empruntés : l'aveu du mari est suspect, parce que la collusion entre époux est présumable au préjudice des créanciers, qui sont l'ennemi commun ; et cette décision de la loi a lieu lors même qu'il n'y aurait pas de créanciers; on a voulu pourvoir même à l'intérêt des créanciers à venir : d'ailleurs, la loi ne permettant la séparation de biens judiciaire que dans un seul cas, savoir lorsque la dot de la femme est en péril, il faut donc qu'elle établisse qu'elle se trouve dans d'aussi critiques circonstances, art. 870, c. proc.

100. La loi veillant toujours à l'intérêt des créanciers du mari, voulant les préserver d'un concert frauduleux entre les époux, leur donne le droit, jusqu'au jugement définitif, de sommer, s'ils le jugent à propos, l'avoué de la femme, par acte d'avoué à avoué, de leur communiquer la

demande en séparation et les pièces justificatives, pour qu'ils puissent vérifier si la femme se trouve vraiment dans le cas de demander la séparation : ils peuvent intervenir pour la conservation de leurs droits, y contester à cet effet la demande, ou y prendre telles conclusions qu'ils croiront convenables; cette intervention se forme sans préliminaire de conciliation, mais par requête qui contiendra les moyens et conclusions, dont il sera donné copie à la femme, ainsi que des pièces justificatives. On devra aussi en donner copie au mari, parce que ce dernier doit examiner si les prétendus créanciers le sont véritablement; art. 339 et 871, c. proc., et 1447, c. c.

101. Pour toujours donner plus de publicité à de semblables séparations qui intéressent si fortement ceux qui pourraient contracter avec le mari, la loi veut que le jugement de séparation soit lu publiquement, l'audience tenante, au tribunal de commerce du lieu, s'il y en a; elle ordonne qu'extrait du jugement soit inséré aux tableaux tant de l'auditoire du tribunal civil, que du tribunal de commerce, ou à défaut de tribunal de commerce, à la principale salle de la mairie du domicile du mari, enfin dans les chambres d'avoués et notaires, le tout lors même que le mari ne serait pas négociant, parce qu'il pourrait embrasser par la suite le négoce, et qu'il faut que ceux à qui il demandera des marchandises sachent qu'il n'est plus le maître de la communauté, ni par conséquent usufruitier des propres de la femme. Cet extrait, qui doit contenir la date du jugement, la désignation du tribunal qui l'a rendu, les noms, prénoms, pro-

fession et domicile des époux, doit demeurer exposé aux tableaux pendant un an.

Ces formalités sont aussi prescrites pour les jugemens de séparation de corps, art. 880, cod. de procéd., parce que cette séparation emporte toujours celle de biens, art. 311, c. c.

102. La femme ne peut exécuter le jugement qu'après que ces formalités auront été remplies, à peine de la nullité de l'exécution, art. 872, code de procédure; mais comme suivant l'art. 1444, cod. civ., il doit être exécuté, au moins par des poursuites commencées dans la quinzaine de l'obtention, à peine de nullité de la séparation, il faut que la femme fasse le plutôt possible procéder à ces insertions aux tableaux indiqués par la loi, afin de pouvoir se conformer tout à la fois à la disposition dudit art. 1444, c. c., et à celle des art. 872, cod. de procéd., et 1445, c. c.

Si toutes ces formalités ont été observées, les créanciers du mari ne seront plus recevables après l'expiration d'un an, à partir de l'exécution de ces formalités, à se pourvoir par tierce opposition contre le jugement de séparation. Ils ont un délai suffisant pour agir; s'ils n'en ont pas profité, ils doivent s'imputer leur négligence; il ne faut pas que l'autorité des jugemens soit trop long-temps incertaine, art. 873, cod. de procéd.

ARTICLE 2.

De quelques-uns des Effets de la séparation de corps et de biens, ou de biens seulement.

Après avoir vu les formes à suivre sur la demande en séparation de biens, il nous reste à voir quels sont les effets du jugement rendu sur cette demande, et quels sont les droits et devoirs des femmes séparées.

103. Les effets de la dissolution de la communauté par séparation soit de corps et de biens, soit de biens seulement, sont moins étendus que ceux de la dissolution par la mort naturelle ou civile de l'un des époux, parce que, dans le premier cas, le mariage n'est point dissous, et qu'ainsi la femme reste, par rapport à la disposition de ses immeubles, sous l'autorité maritale, ainsi qu'on le verra tout à l'heure.

104. Les effets du jugement de séparation remontent au jour de la demande; s'ils n'étaient produits qu'à dater du jour où il a été rendu, l'action accordée à la femme serait le plus souvent illusoire, le mari exaspéré par cette poursuite consommerait sa ruine dans l'intervalle qui s'écoulerait entre le recours à la justice et le jugement, il vendrait le reste des biens communs, il en dissiperait le prix; d'ailleurs la séparation de biens est une justice qui lui était due dès le moment de l'action intentée : ainsi dès cet instant ses successions et donations mobilières lui appartiennent, etc. On pense aussi que le mari ne pourra plus vendre les biens de la communauté au préjudice de la femme, parce que la dissolution qui est un effet de la séparation, art. 1441, c. c., remonte au jour de la demande. Les tiers ne peuvent se plaindre, ils ont été avertis par les insertions dans les tableaux et journaux de l'extrait de la demande.

105. La femme séparée soit de corps et de biens, soit de biens seulement, en reprend la

libre administration et la jouissance, c'est elle qui perçoit les revenus et qui passe les baux des immeubles. Elle a un pouvoir encore plus étendu relativement au mobilier, elle peut à son gré en disposer et l'aliéner à titre onéreux ou à titre gratuit, sans être autorisée; à cet égard, elle a tous les pouvoirs d'un propriétaire libre en ses droits, parce que la possession des meubles est regardée comme de peu d'importance dans notre droit français, d'après le brocard du palais, *mobilium vilis et abjecta est possessio*. D'ailleurs la vente du mobilier, qui renferme plusieurs objets périssables, tels que les denrées, entre dans les termes et bornes de l'administration; autrement la femme séparée ne pourrait pas même vendre une laïtue. On pense qu'elle peut aussi s'obliger à payer une somme d'argent à quelqu'un sans avoir besoin d'autorisation, parce que ce n'est ici que la disposition d'objets mobiliers.

Quant aux immeubles, à la conservation desquels la loi veille davantage, et qui sont une ressource plus fixe qu'un chétif mobilier, la loi veut qu'elle ne puisse les aliéner qu'avec le consentement du mari, ou à son refus, qu'avec l'autorisation de la justice; la raison en est, comme on l'a déjà dit, que la séparation ne rompt pas le mariage, et qu'ainsi la femme est toujours sous la dépendance du mari.

106. L'article 1449, c. c., qu'on explique ne parle que de l'aliénation des immeubles; cependant on pense que la femme séparée ne peut aussi hypothéquer ses héritages qu'avec l'autorisation soit du mari, soit en cas de refus, qu'avec celle de la justice; la concession d'hypo-

thèque passe les bornes de l'administration, elle
est au contraire un acte de disposition, puisqu'elle confère au créancier un droit réel sur
les fonds hypothéqués, que d'ailleurs l'hypothèque conduit à l'aliénation forcée des héritages grevés, et qu'enfin le droit d'hypothéquer
est enlevé à tous ceux qui ne peuvent pas aliéner, art. 2124, c. c., et loi dernière, au code
de rebus alienis non alienandis, dont voici les
termes : *Sancimus sive lex alienationem inhi-
buerit,...... non solùm dominii alienationem......
esse prohibendam, sed... vel hypothecam.....pro-
hiberi.*

107. Lorsque les immeubles ont été aliénés
du consentement du mari, il est garant du défaut d'emploi ou de remploi du prix, parce qu'a-
lors il est présumé avoir touché ce prix et en
en avoir profité, il est censé n'avoir consenti que
sous cette condition : il est toujours le maître de
refuser son autorisation ou de veiller au remploi, il est donc juste de l'y obliger, sans ce consentement la femme n'aurait pas pu aliéner, c'est
donc par son propre fait que le mari se trouve
ici engagé; s'il ne veut pas être chargé du remploi, il ne faut pas qu'il autorise l'aliénation qui
le rend nécessaire. D'ailleurs, le mari de la femme
séparée n'est pas moins tenu de conserver l'immeuble dotal, que celui de la femme commune
en biens, on doit donc le charger du remploi
de l'immeuble vendu de son consentement; bien
plus, il doit les intérêts du prix, s'il n'en a pas
fait emploi, parce que dans le cas de séparation
il n'a plus droit aux fruits et revenus de la dot;
c'est pour ces motifs que la loi veut qu'il soit
tout à la fois responsable du défaut d'emploi ou

de remploi. Il y a emploi lorsqu'on prête à intérêt le prix de l'immeuble aliéné, ou lorsqu'il
est employé à payer les dettes de la femme; il
y a remploi lorsqu'on achète un autre fonds avec
ce prix.

Il suffit, au reste, que le mari ait fait emploi
des deniers, il n'est pas responsable de l'utilité
de cet emploi; d'après ce, si le débiteur à qui
on a prêté devient insolvable, il n'en répondra
pas; si on avait fait peser une semblable garantie
sur lui, il n'aurait jamais consenti à la vente des
immeubles de la femme séparée, elle aurait toujours été obligée de recourir à la justice, ce qui
entraîne des frais.

Le mari n'est point garant du défaut d'emploi
et de remploi du prix de l'immeuble que la
femme séparée a aliéné avec l'autorisation de la
justice, sur le refus du mari : dans ce cas on
n'a rien à lui imputer, l'aliénation a été faite
malgré lui, on ne peut plus présumer qu'il en
ait touché le prix; on doit ajouter que les ma-
gistrats n'accordent l'autorisation que sur la connaissance qu'ils ont de la nécessité ou utilité de
l'aliénation, qu'ils ne la donnent guère qu'à
charge d'emploi ou de remploi, et que les acquéreurs, pour leur sureté, ne délivrent le prix
que dans le moment où se fait l'emploi ou remploi ordonné.

Lors même que la femme n'aura aliéné qu'a-
vec l'autorisation de la justice, le mari sera soumis à la responsabilité de l'emploi ou remploi
du prix, 1° s'il a concouru au contrat, parce
que ce concours emporte son consentement; art.
217, c. c.; 2° s'il est prouvé qu'il a touché le
prix ou qu'il en a profité, parce que l'équité ne

permet pas qu'il s'enrichisse aux dépens de sa femme, il doit garantie d'un prix qui lui est parvenu ou qui a tourné à son profit; il en sera responsable lors même qu'il aurait délivré à son épouse le prix par lui reçu, si celle-ci l'a dissipé; protecteur né de la dot, il aurait dû faire un emploi utile des deniers reçus, au lieu de les exposer à périr en les livrant à sa femme.

108. La femme qui a obtenu la séparation de biens seulement, est obligée de contribuer proportionnellement à ses facultés et à celles de son mari, tant aux frais du ménage qu'à ceux d'éducation des enfans communs; ces charges sont communes aux deux époux, elles sont une suite nécessaire du mariage, art. 203, c. c.; les deux époux doivent donc y contribuer dans la proportion de leur fortune.

S'il ne reste rien au mari, il ne peut plus y contribuer, il ne peut rien fournir pour faire face à ces charges, dans ce cas c'est à la femme séparée de les supporter entièrement; ces charges naturelles du mariage doivent toujours être acquittées, elles se divisent entre les deux époux, lorsque tous les deux peuvent y contribuer, mais si l'un d'entre eux est insolvable, c'est à l'autre de les acquitter en entier; ils sont solidaires relativement à une dette aussi sacrée et qui résulte essentiellement de leur union.

La femme séparée tout à la fois de corps et de biens, ne doit pas fournir aux dépenses du ménage commun, puisqu'il n'y en a plus, lorsque les époux ont des habitations séparées; mais elle est obligée de contribuer, suivant sa fortune, aux frais de nourriture, entretien et éducation des enfans issus du mariage, parce qu'ils lui appartiennent aussi bien qu'au mari, c'est d'ailleurs une charge attachée à la seule qualité de père et de mère, art. 203, c. c.; ils contractent, en donnant le jour à leurs enfans, l'obligation de leur fournir les alimens nécessaires à la conservation de la vie qu'ils leur ont donnée, et l'engagement de les mettre en état de se procurer leur subsistance, tant physique que morale, par une éducation appropriée à leur condition.

109. Lorsque la communauté est dissoute par la séparation soit de corps et de biens, soit de biens seulement, la femme ne peut réclamer les avantages qui lui ont été faits en cas de survie; il est encore incertain si elle survivra à son mari, elle n'a droit aux gains de survie que lorsque le mari prédécède, il faut donc qu'il soit mort pour qu'elle puisse les demander; elle conserve seulement le droit de les exercer, lorsque la condition sous laquelle ils lui ont été donnés dans le contrat de mariage sera accomplie, c'est-à-dire à l'époque de la mort naturelle ou civile de son époux.

Cependant on pense que la femme contre laquelle on aura prononcé la séparation de corps, qui par sa conduite aura donné lieu à cette demande, sera privée de l'expectative de recueillir les dons de survie, parce que les causes qui motivent l'action en séparation supposent de l'ingratitude dans l'épouse donataire, elle a violé la foi promise, ou elle a maltraité par paroles ou par faits son mari, ou elle a empoisonné l'existence de celui-ci en commettant des crimes pour lesquels elle a été condamnée à des peines infamantes qui rejaillissent sur le mari, art. 306, c. c., combiné avec les art. 229, 231 et 232,

c. c.; d'un autre côté, l'art. 1518, c. c., le décide ainsi pour une espèce de gain de survie, savoir pour le préciput, puisqu'il ne donne le droit de le réclamer qu'à celui des époux qui a obtenu la séparation de corps.

Si la séparation de corps a été prononcée sur la demande de la femme, alors ce n'est plus elle, mais c'est le mari qui sera privé de l'expectative des dons de survie stipulés en sa faveur.

110. Il se présente ici la question de savoir si une femme qui a obtenu la séparation de biens doit nécessairement renoncer à la communauté, même pour le passé.

On peut dire pour l'affirmative, que la demande en séparation n'étant permise que lorsque le désordre des affaires du mari est extrême, que lorsqu'il y a péril imminent pour la dot de la femme, on doit en conclure que cette position du mari suppose toujours une communauté ruineuse, qu'autrement le danger pour la dot de la femme n'existerait pas, et qu'ainsi la demande en partage de communauté serait en contradiction avec celle en séparation de biens.

Néanmoins on doit adopter la négative : la femme a droit, après la dissolution de la communauté, de l'accepter ou d'y renoncer à son choix, art. 1453, c. c. Cette faculté lui est accordée sans limitation, toute convention contraire est même nulle, dit art. 1453, c. c.; la loi ne distingue point entre la dissolution arrivant par l'effet de la séparation de biens, et celle survenue par suite des autres causes spécifiées à l'art. 1441, c. c.

On peut ajouter que la dot de la femme se compose de tout ce qu'elle apporte au mari pour soutenir les charges du mariage, art. 1540, cod. civ., et qu'ainsi elle comprend les meubles comme les immeubles ; or, les meubles de la femme qui sont une partie de sa dot, et qui la composent quelquefois en totalité, tombent dans la communauté, art. 1401, n° 1°, c. c. On doit donc dire, sur-tout dans ce dernier cas, que la dot de la femme est en péril, dès que les affaires de la communauté commencent à se déranger, puisqu'elle consiste pour le tout, ou au moins pour une partie, dans sa part de communauté.

On doit même dire en général que, pour former la demande en séparation de biens, il n'est pas nécessaire que le mari ait achevé de dissiper et de perdre tout le bien de la communauté, qui très souvent ne consiste que dans les meubles et l'argent comptant que la femme a apportés, et dans l'ameublissement qu'elle a fait de ses immeubles : lorsque le mari a déjà beaucoup dissipé, et qu'il continue de perdre ce qui lui reste, il est juste que l'on prévienne la ruine et la perte absolue de tout ce qui compose la communauté, pour conserver à la femme la moitié des effets restans, qui ordinairement sont ses apports personnels, qui tout au moins sont aussi bien dus à son industrie qu'à celle du mari ; la femme n'est pas obligée de supporter les débauches de celui-ci, de perdre en un an, par cette voie, des biens qui lui ont coûté vingt ans de peines, de travaux et d'économie, et qui lui sont nécessaires, lorsqu'elle n'en a pas d'autres, pour se nourrir elle-même, pour élever les enfans communs, et même pour fournir aux alimens du mari, si ses dissipations le réduisent à l'indigence, art. 212 et 1448, c. c. D'ailleurs la novelle 97, ch. 6, disait déjà que la femme pouvait former la demande en séparation dès que le mari commençait à dissiper son bien. *Cur mox viro inchoante malè substantiâ uti, non percepit et non auxiliata est sibi;* novelle 97, ch. 6 in princ., versic. *cur mox.*

On peut donc dire que la femme séparée par justice peut accepter la communauté si elle y trouve encore quelques avantages, ou y renoncer si elle est absorbée par les dettes que le mari a contractées.

L'article 874 du code de procédure, portant que la renonciation de la femme à la communauté sera faite au greffe du tribunal saisi de la demande en séparation de biens, n'est pas contraire à notre opinion, il prévoit le cas où il sera de l'intérêt de celle-ci de renoncer, mais il ne décide pas qu'elle sera toujours obligée de le faire : en effet, à quoi lui servirait la demande en séparation, lorsque la dot est toute mobilière, si elle ne pouvait la former qu'en renonçant à la communauté? Elle perdrait nécessairement sa dot par cette renonciation, art. 1490, c. c.; elle la perdrait en prenant précisément le moyen que la loi lui indique pour la conserver; elle courrait à sa perte en voulant l'éviter :

Incidit in Scyllam, cupiens vitare Charibdim.

Lorsque la dot est toute mobilière, ce qui arrive souvent, elle serait perdue pour la femme, soit qu'elle demandât la séparation de biens, soit qu'elle la laissât consumer par les débauches de son mari; ce système implique contradiction, et il est révoltant. Au reste l'art. 174, c. proc., accorde à la femme séparée de biens le droit d'opter entre l'acceptation ou la renonciation, puisqu'il lui donne une exception dilatoire, lorsqu'elle est

assignée comme commune, pendant les délais,
pour faire inventaire et pour délibérer.

ARTICLE 3.

*Droit des époux séparés de rétablir entre eux
la communauté de biens.*

111. Après avoir parlé de la séparation, il
nous reste à examiner le droit qu'ont les époux
séparés de rétablir entre eux la communauté de
biens.

Quoique la séparation, soit de corps et de
biens, soit de biens seulement, ait été régulièrement obtenue et pleinement exécutée, les deux
époux, de leur consentement mutuel, peuvent
rétablir entre eux la communauté de biens, dont
la dissolution avait été opérée par l'effet de ces
séparations.

Ce rétablissement de la communauté se faisant à l'occasion d'un plus heureux succès dans
les affaires du mari, on ne peut jamais le regarder comme un avantage indirect; c'est un simple
retour au droit commun qui est toujours très
favorable, et qui est dans l'intention de la loi.
Redintegrato matrimonio, expirat judicium, et
omnia in pristino statu manent; l. 19 à la fin,
ff. *soluto matrimonio.*

Pour éviter toutes fraudes et toutes antidates,
et pour que ce rétablissement soit, autant que
possible, connu des tiers, la loi veut que la communauté ne puisse être rétablie que par acte passé
devant notaires, dont il restera minute, et dont
une expédition doit être affichée aux lieux où et
dans les formes avec lesquelles l'avait été le jugement de séparation. S'il y avait séparation de

corps, il faut aussi que la femme rentre dans le domicile marital, parce que le rétablissement de la communauté remet tout dans l'ancien état, et emporte la renonciation au bénéfice du jugement de séparation de corps : *expirat judicium, et omnia in pristino statu manent*, dite loi 19 ci-dessus.

112. Lorsque la communauté est rétablie, elle reprend ses effets du jour du mariage; les choses sont remises dans le même état que s'il n'y avait point eu de séparation : de là il suit que les acquêts faits par les époux, et les dettes contractées par eux dans l'intervalle qui s'est écoulé entre la séparation et le rétablissement de la communauté, tombent dans l'actif et le passif de cette dernière, qui est censée avoir toujours existé, et dont le rétablissement fait juger que la séparation n'a pas été sérieuse, suivant la maxime puisée dans la loi 3, ff. *de divortiis : Non videbitur factum quod non durat factum.*

Néanmoins cette restitution des époux dans le même état qu'avant la séparation, a lieu sans préjudice de l'exécution des actes faits par la femme dans l'intervalle qui a couru entre la séparation et le rétablissement, pourvu qu'elle n'ait pas excédé les bornes de la capacité d'une femme séparée de biens. Ainsi les dispositions qu'elle a pu faire de son mobilier seront maintenues; ainsi les quittances accordées à ses fermiers, les baux passés de ses immeubles auront leur effet; tous ces actes pouvaient être valablement consentis par la femme séparée, art. 1449, c. c. : on laissera aussi subsister toutes aliénations de ses immeubles faites avec le consentement du mari, ou avec l'autorisation de la justice, à son refus; dit art. 1449 à la fin. Tous ces actes sont maintenus, parce qu'ils ont été faits sur le fondement d'une séparation qui subsistait lors de ces actes, et qui donnait à la femme le pouvoir de les faire; l'incapacité postérieure à des actes parfaits et consommés ne peut les altérer; ce n'est que relativement aux époux, et non au préjudice des droits acquis à des tiers pendant la séparation, que la communauté est censée avoir toujours existé.

113. De ce que le rétablissement de la communauté doit remettre les époux dans le même état que s'il n'y avait point eu de séparation, on doit conclure que ceux-ci ne peuvent pas convenir de la rétablir sous des conditions différentes de celles qui la régissaient antérieurement, et que toute convention contraire est nulle et de nul effet. Ce ne serait plus rétablir l'ancienne communauté, mais en créer une nouvelle; et cela serait contraire au rétablissement qui remet les parties au premier état, qui les replace dans leur première position; rétablir, c'est établir de nouveau une chose de la même manière qu'elle existait auparavant. Si les conventions qui rétablissent la communauté sous d'autres conditions que celles qui la régissaient dans le principe étaient maintenues, il en résulterait que le même mariage aurait été régi par deux différens contrats, dont le second dérogerait au premier; on donnerait aux conjoints un moyen de changer, par des actes postérieurs, les dispositions de leur contrat de mariage, contre la prohibition de l'article 1395, c. c.; on leur permettrait de violer la loi du mariage, qui doit être perpétuelle; on fournirait au mari un moyen d'exclure sa femme de la com-

munauté pour un temps, et de l'y admettre dans un autre.

On pense qu'il n'y aura que ces clauses qui seront annullées, mais que la communauté sera bien rétablie et qu'elle aura ses effets comme si ces clauses n'avaient pas été mises dans l'acte de rétablissement, elles seront censées non écrites; si la loi eût voulu que la nullité de ces conventions entraînât la nullité du rétablissement de la communauté, au lieu de dire que de semblables conventions étaient nulles, elle aurait dit que le rétablissement de la communauté fait sous d'autres conditions que celles qui la régissaient avant la séparation, serait censé non avenu, et que la séparation continuerait d'avoir ses effets.

SECTION IV.

De l'Acceptation de la communauté, et de la Renonciation qui peut y être faite, avec les conditions qui y sont relatives.

114. Pendant la durée de la communauté, elle est toute en faveur du mari qui en peut disposer à son gré; la femme n'y a aucun droit; mais après la dissolution, les rôles changent : tous les avantages sont pour la femme, elle peut à son choix l'accepter ou y renoncer; ce même droit appartient à ses héritiers et à ses ayant-cause, et la loi déclare même nulles toutes conventions qui privent la femme ou ses ayant-droit de la faculté de faire ce choix. C'est pour cela que les anciens jurisconsultes disent que la communauté est d'or pour le mari et de fer pour la femme, pendant qu'elle dure, mais que c'est tout le contraire après la dissolution.

Ce droit de renoncer à la communauté accordé à la femme est contraire à la nature des sociétés ordinaires, dans lesquelles la loi veut que les profits et les pertes soient partagés entre les associés au prorata de leur mise dans la société, art. 1853, c. c.; néanmoins il est fondé sur une raison d'équité : on a considéré que le mari était le maître absolu de la communauté, qu'il la régissait à son gré, que la femme n'avait aucun droit de critiquer son administration, qu'il dépendait par conséquent de lui de ruiner la communauté, qu'il pouvait même contracter des dettes beaucoup au-delà de sa valeur, que sa mauvaise conduite ne devait tourner que contre lui, que la femme qui est tout à fait passive dans cette gestion ne devait pas rester sans ressource; on a pensé en conséquence qu'on devait lui permettre de renoncer à la communauté chargée de dettes, que c'était le seul moyen de lui conserver ses propres. D'ailleurs la femme étant privée de toute part à la gestion, comme les associés commanditaires, elle ne doit comme eux être tenue que de la perte de sa mise dans la société, art. 26 et 27, cod de comm.

Cette décision de la loi est fondée sur des motifs d'ordre public, parce que la société est intéressée à la conservation des dots des femmes mariées, comme devant servir à la subsistance des enfans et au soutien des familles, qui ont toujours été de dignes objets des soins et des précautions des législateurs: *interest reipublicæ dotes mulierum salvas esse ;* l. 1, ff. *soluto matrimonio,* et l. 2, ff. *de jure dotium ;* de là on doit conclure qu'il ne doit pas être permis aux particuliers d'y déroger par leurs conventions ; ces lois en effet coûtent trop à former pour maintenir les clauses qui violent leurs dispositions, elles sont fondées sur l'étude et l'observation du monde et l'expérience des temps passés ; le législateur, dont la vie est bornée à quelques années, rappelle la tradition des siècles, et sur les inconvéniens du passé il pourvoit à l'avenir : quelle inconséquence ne serait-ce donc pas de permettre aux contractans de déroger par leurs conventions à de semblables lois que la sagesse même a dictées ? *Jus publicum privatorum pactis mutari non potest* ; l. 38, ff. *de pactis* ; art. 6, c. c.

115. Mais pour que la femme puisse renoncer à la communauté, il faut que les choses soient entières, il faut qu'elle ne se soit pas immiscée dans les biens de la communauté ; en s'immisçant, elle fait acte de femme commune, par ce moyen la communauté est acceptée par elle ; en effet elle peut l'être comme une succession, art. 778, c. c., ou expressément, ou tacitement en faisant des actes qui supposent l'intention d'accepter ou que la femme n'a droit de faire qu'en qualité de commune ; dès qu'elle veut renoncer à la communauté, elle doit se regarder comme étrangère relativement aux choses qui la composent, elle ne doit pas s'y immiscer ; si elle le fait, si par exemple elle vend ou donne quelques effets communs, elle se déclare par là même commune, elle ne se regarde plus comme étrangère par rapport à la communauté ; on doit supposer qu'elle a agi comme commune, parce que c'est le seul titre honnête et licite qu'elle pouvait avoir pour disposer des effets communs, et qu'on ne doit pas présumer qu'elle ait voulu les voler, les délits ne se présumant jamais.

Les actes purement administratifs ou conservatoires n'emportent point immixtion, art. 1454, 2ᵉ alinéa, et 779, c. c.; il est de l'intérêt des créanciers de la communauté qu'ils ne soient pas regardés comme des actes de femme commune, parce qu'autrement l'administration des effets communs serait abandonnée ; la femme, dans la crainte de se préjudicier, n'oserait rien faire à cet égard, et bien des effets communs périraient au grand préjudice des héritiers du mari et des créanciers de la communauté. D'ailleurs on ne doit regarder les actes de la veuve comme emportant immixtion, qu'autant qu'elle n'a pu avoir, en les faisant, d'autre intention que d'accepter la communauté ; mais relativement aux actes purement administratifs ou conservatoires, il est possible qu'elle ne les ait faits que pour empêcher la perte ou la détérioration des effets communs, sans vouloir pour cela accepter la communauté : ainsi elle pourra prendre inscription sur les fonds des débiteurs de cette dernière, interrompre la prescription qui court en faveur d'un possesseur des acquêts, former opposition à la saisie-exécution des effets mobiliers corporels d'un débiteur de la communauté, pour avoir part à la distribution du prix provenant de la vente, faire faire les récoltes et les vendanges des fonds communs, etc., sans que l'on puisse induire de ces actes purement administratifs ou conservatoires qu'elle a voulu accepter la communauté.

116. La femme peut, comme nous venons de le dire, accepter tacitement la communauté, ou expressément : elle accepte d'une manière expresse quand elle prend dans un acte la qua-

lité de commune; elle ne peut plus alors renoncer à la communauté, ni se faire restituer contre
cette qualité, si elle était majeure quand elle l'a
prise, lors même que cela serait arrivé avant la
confection de l'inventaire, à moins qu'elle n'ait
été déterminée à la prendre par le dol des héritiers du mari. La femme majeure doit examiner
les forces de la communauté avant de l'accepter,
on lui donne des délais suffisans pour cela; elle
peut, par le moyen de l'inventaire, en connaître
l'état réel; mais si elle néglige ces précautions,
si elle accepte la communauté en prenant la qualité de commune dans un acte, avant de s'être
assurée de la véritable situation de la masse sociale, elle doit s'imputer son imprudence; elle
ne sera pas restituée contre son acceptation, à
moins qu'il n'y ait eu dol de la part des héritiers
du mari, parce que le dol détruit le véritable
consentement, et qu'il ne peut jamais être utile
à ses auteurs, *nemini fraus patrocinari debet;*
d'après ce, si les héritiers du mari avaient sup-
posé des créances communes qui n'existaient pas,
s'ils avaient dissimulé les dettes de la communauté
qui leur étaient connues, ou employé d'autres
manœuvres coupables pour engager à l'acceptation la femme majeure qui ne l'aurait pas faite
sans cela, elle obtiendra sa restitution pleine et
entière.

Au reste, dans les cas où elle ne peut pas se
faire restituer, si elle fait procéder à l'inventaire,
cette acceptation ne peut pas lui nuire, parce
qu'elle ne peut jamais être tenue au-delà de son
émolument, lorsqu'il y a loyal inventaire, art.
1483, c. c.

117. La femme survivante peut à son gré,

après la dissolution de la communauté, l'accepter ou y renoncer; mais pour conserver la faculté d'y renoncer, elle doit, dans les trois mois du décès du mari, faire faire un inventaire fidèle et exact de tous les biens de la communauté contradictoirement avec les héritiers du mari, ou eux dûment appelés. On doit observer dans cette description des effets mobiliers et titres de la communauté, les formalités prescrites pour les inventaires de succession, dont on a parlé au traité des successions, chap. 5, sect. 3. Dans un cas semblable, la femme se trouve en possession des effets communs; si on ne la forçait pas de faire procéder à l'inventaire, elle pourrait facilement détourner les plus précieux et renoncer ensuite à la communauté; si elle ne fait pas faire la description des objets communs, elle est présumée s'être emparée de quelques effets, elle est jugée débitrice pour moitié envers les créanciers : lorsqu'il n'y a pas de biens dans la communauté, elle doit, pour la validité de la renonciation, faire dresser un procès-verbal de carence qui constate que la communauté est dans un dénuement absolu. Il faut que l'inventaire soit fait en contradictoire des héritiers du mari, pour qu'ils puissent vérifier si elle y comprend tous les effets de la société conjugale ; et si les héritiers du mari sont les enfans mineurs issus du mariage qui vient de se dissoudre par la mort de ce dernier, la femme doit faire procéder à l'inventaire en présence du subrogé tuteur, qui doit intervenir pour les mineurs toutes les fois que leurs intérêts sont, comme ici, en opposition avec ceux du tuteur, et le subrogé tuteur est chargé de faire faire l'inventaire sous sa responsabilité personnelle, art. 420 et 1442, 2ᵉ alinéa, c. c.

Pour toujours mieux engager la femme à faire faire un inventaire exact et fidèle, on veut que, lors de sa clôture, elle affirme avec serment prêté entre les mains du notaire qui a procédé à cet acte, qu'il est sincère et véritable, qu'il comprend tous les objets, et que la femme n'en a détourné, ni vu détourner, ni su qu'il en était détourné aucun, 8ᵉ alinéa de l'art. 945, cod. de procéd.

118. Outre les trois mois qui sont accordés à la femme survivante pour faire inventaire, la loi lui accorde encore quarante jours pour délibérer si elle veut accepter la communauté ou y renoncer; mais elle doit faire sa renonciation dans les trois mois et quarante jours qui lui sont donnés, à partir du décès du mari, et cette renonciation doit se faire au greffe du tribunal de première instance du lieu où le mari avait son domicile; cet acte doit être inscrit sur le registre établi pour recevoir les renonciations à succession, sans qu'il soit besoin d'autre formalité, art. 997, cod. de proc. On veut que la renonciation à la communauté soit faite sur un registre ouvert à tout le monde et dont toute personne puisse demander des extraits, art. 853, cod. de procéd., parce que les héritiers du mari, ses créanciers, ceux de la communauté, ceux même de la femme, ont intérêt de savoir si elle a accepté la communauté, ou si elle y a renoncé.

119. Si à cause des contestations survenues, ou pour d'autres circonstances, les délais accordés par la loi n'ont pas été suffisans à la veuve pour connaître la consistance et valeur de la

communauté, elle pourra demander au tribunal civil du domicile du mari une prorogation de délai pour faire sa renonciation, les juges prononceront cette prorogation, s'ils la croient nécessaire, mais en contradictoire des héritiers du mari qui seront admis à établir que la femme n'est pas dans le cas de la réclamer; au reste, si, étant dûment appelés, ils ont fait défaut, le tribunal statuera ce qu'il jugera convenable; en ne comparaissant pas, ils ont assez témoigné qu'ils n'avaient rien à opposer à la demande de la veuve.

120. La femme survivante qui a laissé expirer les délais ci-dessus, sans faire sa renonciation, n'est pas déchue de la faculté de renoncer, si elle le juge à propos, pourvu néanmoins qu'elle ne se soit pas immiscée, parce que cette immixtion est une acceptation tacite, art. 1454, c. c., et aussi pourvu qu'elle ait fait inventaire : si elle ne l'a pas fait, elle est présumée s'être emparée de quelques effets, et s'être par là même immiscée; on veut qu'en renonçant elle puisse justifier qu'elle ne retient rien des objets communs, or cette justification ne peut se faire que par le récolement de l'inventaire. Elle est encore privée de la faculté de renoncer, si elle a été condamnée comme commune par un jugement passé en force de chose jugée; argum. de l'art. 800, c. c.

Lors même que la veuve ne s'est point immiscée et qu'elle a fait inventaire, elle peut cependant, après l'expiration des délais accordés par la loi ou prorogés par le juge, être poursuivie comme commune jusqu'à ce qu'elle ait renoncé, et elle doit les frais faits jusqu'à sa renonciation : il ne faut pas que l'action des créanciers soit perpétuellement suspendue, il faut qu'ils sachent à qui ils doivent s'adresser pour demander le payement de leurs créances ; la femme survivante doit s'imputer de n'avoir pas fait sa renonciation dans les délais, il est juste qu'elle supporte les frais frustratoires faits jusqu'au moment où elle a répudié ses droits dans la communauté, jusqu'alors elle est présumée commune.

121. Lorsque l'inventaire a été clos avant l'expiration des trois mois donnés pour le faire, elle peut être poursuivie comme commune, après l'expiration des quarante jours depuis l'inventaire : ce délai suffit pour qu'elle puisse prendre un parti, l'inventaire lui ayant fait connaître les forces de la masse sociale.

122. On veut bien que la femme puisse se soustraire au payement des dettes de la communauté en y renonçant, mais on ne veut pas qu'elle commence par la spolier, on désire que les créanciers de la communauté ne soient privés d'aucune partie des effets communs ; c'est pourquoi la loi porte que la veuve qui a diverti ou recélé quelques effets de la communauté est déclarée commune, nonobstant sa renonciation, et elle contient la même disposition à l'égard des héritiers de la femme ; bien plus, la veuve ou ses héritiers sont privés de leur part sur l'objet diverti ou recélé ; art. 1477, c. c. ; l. 71, §. 4, ff. *de acquir. vel omitt. hœred.*

Le divertissement est la soustraction que l'on fait de quelques effets de la communauté qu'on emporte hors de la maison, afin d'empêcher qu'ils ne soient mis sous le scellé, et compris dans l'inventaire à fur et mesure de la levée des scellés : *amovisse eum accipimus qui quid cela-verit aut interverterit aut consumpserit;* l. 71, §. 6, ff. *de acq. vel omitt. hœred.* Le recélé est l'omission volontaire de déclarer ou de mettre en évidence quelques-uns des objets communs. Le code confond ici les choses diverties ou re-célées, *res amotas et celatas,* confusion qui exis-tait déjà dans le §. 6 ci-dessus cité; et ainsi, qu'il y ait divertissement ou recélé de quelques effets communs, la femme qui l'a commis est privée du droit de renoncer, et sa renonciation est annul-lée, parce qu'en agissant de cette manière elle veut s'approprier ces effets, elle ne se regarde donc pas comme étrangère à la communauté, elle fait donc acte de commune, parce que ce n'est qu'en cette qualité qu'elle y a droit; on aime mieux penser qu'elle les a pris en qualité de commune, que de supposer des vols de sa part.

123. Les délais accordés à la veuve le sont aussi à ses héritiers; c'est pourquoi si elle meurt avant l'expiration des trois mois donnés pour faire l'inventaire, sans avoir fait ou terminé cet acte, ses héritiers auront, pour faire ou terminer l'inventaire, un nouveau délai de trois mois à compter du décès de la veuve, et quarante jours pour délibérer après la clôture de l'inventaire. Il est juste qu'ils ayent assez de temps pour vérifier la consistance et valeur des effets communs, pour être en état de faire un choix judicieux. Si la veuve meurt après avoir terminé l'inventaire, ses héritiers auront pour délibérer un nouveau délai de quarante jours, à partir de son décès. Ils peuvent au surplus accepter la communauté ou y renoncer, dans les mêmes formes et dans

les mêmes délais que la veuve, et ils peuvent aussi, suivant les circonstances, demander et obtenir une prolongation de délais, et même renoncer après l'expiration de tous ces délais, pourvu qu'ils ne se soient pas immiscés et qu'ils ayent fait inventaire.

124. Les droits accordés à la femme en cas de la mort naturelle du mari lui appartiennent aussi en cas de mort civile de celui-ci, à partir du moment où elle a commencé, et elle est pareillement tenue des mêmes obligations, parce que la mort civile d'un individu opère, par rapport à ses biens, les mêmes effets que sa mort naturelle; son épouse et tous ceux qui ont des droits subordonnés à son décès peuvent les exercer après qu'il l'a encourue, art. 25, dernier alinéa, c. c.

125. Pour que la femme survivante puisse renoncer à la communauté, il faut qu'elle fasse faire inventaire des effets communs; mais cet acte n'est plus exigé de la femme séparée de corps, le divertissement de ces effets n'est pas à craindre de sa part, parce que c'est le mari qui est en possession de toute la masse sociale; elle peut donc opter pour la renonciation sans avoir fait procéder à l'inventaire. Bien plus, si elle n'a pas déclaré dans les trois mois et quarante jours après la séparation de corps définitivement prononcée, qu'elle acceptait la communauté, elle est censée y avoir renoncé, à moins qu'étant encore dans les délais elle n'en ait obtenu la prorogation en justice contradictoirement avec le mari, ou lui dûment appelé. Cette présomption de la loi est du nombre de celles qui n'admettent pas la preuve du contraire; ce temps est suffisant pour

prendre connaissance des forces de la masse commune; la femme séparée de corps a pu d'ailleurs, dès le commencement de l'instance en séparation, requérir l'apposition des scellés sur les effets mobiliers de la communauté, et s'opposer à leur levée, tant que l'on ne procéderait pas à l'inventaire dont la confection a pu la mettre à portée de connaître l'actif et le passif de la communauté, le tout en conformité des articles 238 et 270, cod. civ., que la jurisprudence a déclarés applicables aux femmes demanderesses ou défenderesses en séparation de corps; parce que le motif de ces articles, qui consiste à enlever au mari la facilité de dissiper et de perdre les objets communs au préjudice de sa femme, conserve toute sa force, quand il s'agit d'une instance en séparation de corps.

La femme contre laquelle la séparation de corps aura été prononcée pourra demander sa part de la communauté, parce qu'il ne s'agit pas d'une libéralité que la femme recueille, mais d'un droit qu'elle exerce, et qui ne fait que représenter la mise qu'elle a faite dans la masse sociale, de son mobilier, des fruits de ses immeubles, et du produit de son travail et industrie.

126. Relativement à l'effet de l'expiration des délais, il existe une grande différence entre la femme survivante et celle séparée de corps; l'art. 1459, c. c., décide que la veuve est présumée avoir accepté la communauté, si elle a laissé écouler les deux délais sans s'expliquer; au contraire, d'après l'art. 1463, c. c., la femme séparée de corps est censée y avoir renoncé, si elle a gardé le silence pendant le même temps; la

raison de la différence est que la femme veuve détient tout le mobilier, et que ne pouvant le conserver qu'en s'obligeant au payement des dettes, elle est présumée avoir contracté cette obligation tant qu'elle ne manifeste pas, dans les délais, une volonté opposée; au contraire, la femme séparée de corps n'a aucun effet de la communauté en son pouvoir, puisque le mari, chef de la communauté, est vivant; elle reste donc étrangère à la communauté, si elle ne déclare pas vouloir l'accepter dans les délais pour faire inventaire et pour délibérer.

127. Si la renonciation de la femme ou de ses héritiers est en fraude de leurs créanciers, si elle n'a eu lieu que pour les frustrer de leurs créances, ces derniers peuvent attaquer la renonciation qui a été faite en fraude de leurs droits, et accepter la communauté du chef de la femme ou de ses héritiers; cette disposition de la loi est très équitable, car il n'est pas moins conforme à l'équité et même à la justice de prévenir les fraudes des veuves que celles des héritiers qui renoncent à une succession. La renonciation de la veuve à la communauté en fraude de ses créanciers est encore plus contraire aux principes que la renonciation à une succession, parce que la femme est dans la possession réelle des effets de la communauté, pendant qu'elle dure, au moins par l'usage qu'elle en fait, et qu'elle y a un droit habituel qui devient actuel, réel et positif après la dissolution; ainsi sa renonciation est plus injuste que celle d'un héritier qui n'a aucune espèce de droit sur la succession avant l'ouverture. Au reste, la renonciation de la femme à une communauté avantageuse

serait utile à ses enfans ou aux héritiers du mari qui lui sont plus chers que ses propres créanciers, ce qui fait facilement présumer la fraude.

Ce n'est que dans l'intérêt des créanciers de la femme, et dans la proportion de leurs créances, que la renonciation de cette dernière est annullée; ni elle, ni ses héritiers, ne peuvent profiter de cette annullation, la femme qui a renoncé librement ne peut revenir contre son propre fait; mais cette annullation ne pourra aussi lui nuire, elle restera toujours étrangère au passif comme à l'actif de la communauté, parce que la renonciation conserve tous ses effets à son égard; argument tiré, par identité de raison, de l'art. 788, 2e alinéa, c. c.

Les créanciers jouiront de tous les droits de leur débitrice, ils ne seront tenus des dettes de la communauté que jusqu'à concurrence de leur émolument, s'il y a eu bon et fidèle inventaire, art. 1166 et 1483, c. c.

128. On ne veut pas que la femme survivante soit contrainte, aussitôt après la mort de son mari, de fuir la maison conjugale qu'elle avait jusqu'alors regardée comme la sienne, on ne veut pas qu'elle soit obligée de chercher un autre domicile dans le moment même où elle est accablée par la douleur la plus profonde, on ne veut pas que les provisions de bouche qui se trouvent dans le domicile commun, et qu'elle a peut-être faites elle-même, soient regardées par elle comme un dépôt sacré auquel elle ne puisse toucher; cette dureté ne s'accorderait pas avec la dignité du mariage qui a existé, la femme ne doit pas se considérer comme étrangère dans la maison de son époux, elle était sa compagne et son associé,

et elle reste en société jusqu'à sa renonciation, elle peut donc user des provisions communes. Pour ces différens motifs, la loi décide que la veuve, soit qu'elle accepte, soit qu'elle renonce à la communauté, a droit, pendant les trois mois et quarante jours qui lui sont accordés pour faire inventaire et pour délibérer, de prendre sa nourriture et celle de ses domestiques sur les provisions existantes, et à défaut, par emprunt, au compte de la masse commune, à la charge néanmoins d'en user modérément et sans abus; elle est gardienne des effets de la communauté, il est juste qu'elle soit nourrie pendant le temps de sa garde; d'un autre côté, il faut qu'elle vive aux dépens de la succession du mari jusqu'à ce qu'elle soit remboursée de sa dot et droits matrimoniaux.

La loi déclare aussi que la veuve ne doit aucun loyer à raison de l'habitation qu'elle a pu faire pendant ces délais dans une maison dépendant de la communauté ou appartenant aux héritiers du mari; et si la maison qu'habitaient les époux au moment de la dissolution de la communauté était tenue par eux à titre de loyer, elle ne contribuera point, pendant ce temps, au payement de ce loyer, lequel sera pris sur la masse. En effet la maison est plutôt occupée par les effets de la communauté que par la femme qui n'y reste en quelque sorte que pour les garder.

129. Lorsque la communauté est dissoute par le prédécès de la femme, ses héritiers peuvent y renoncer dans les délais et dans les formes qui sont prescrits à l'épouse survivante. Le privilége de la femme n'est pas attaché exclusivement à sa personne; il est au contraire trans-

missible à ses héritiers, parce qu'il est fondé sur l'impossibilité où elle était de gêner le mari dans la gestion de la communauté qu'il a pu ruiner et dissiper à son gré, et sans que personne ait eu le pouvoir de s'y opposer; or cette même raison milite en faveur des héritiers de la femme; ils pourront renoncer, quoique l'inventaire n'ait pas été fait, parce qu'ils ne détiennent aucune partie du mobilier, le mari étant vivant; argument tiré de l'art. 1463, c. c.

SECTION V.

Du Partage de la communauté après l'acceptation.

130. Après que la communauté a été acceptée par la femme ou par ses héritiers, l'actif se partage entre les époux ou leurs représentans, et le passif est supporté dans la proportion que chacun prend dans l'actif.

Cette section est divisée en deux paragraphes, dont le premier parle du partage de l'actif, et le second du passif et de la contribution aux dettes.

§. Ier.

Du Partage de l'actif.

131. Avant de partager l'actif, il faut composer la masse de la communauté, parce qu'il faut d'abord connaître en quoi consiste la masse partageable : *antequàm fiat divisio, priùs cognosci oportet quid sit dividendum.*

132. Pour composer cette masse divisible entre les époux ou leurs représentans, ceux-ci rapportent à la masse des biens existans tout ce dont ils

sont débiteurs envers la communauté à titre de récompense ou d'indemnité, c'est-à-dire, soit pour avoir profité seuls d'une chose qui devait tomber dans la communauté pour le tout ou pour partie, auquel cas récompense est due à la communauté; soit pour avoir tiré des biens de la communauté un profit personnel, auquel dernier cas une indemnité proportionnelle est due à celle-ci.

Chaque époux ou son héritier doit aussi rapporter à la masse de la communauté les sommes qui en ont été tirées, ou la valeur des biens que l'époux y a pris pour doter un enfant d'un autre lit, parce que c'est ici une dette personnelle qui ne devait pas être payée avec l'avoir social. Il en est de même de ce qui en a été tiré pour doter personnellement un enfant commun, parce que celui qui veut doter personnellement un enfant commun doit payer seul une dette qu'il a seul contractée, qu'il s'est personnellement imposée à lui-même; le constituant ayant seul parlé au contrat de constitution et déclaré qu'il dotait personnellement, il ne peut faire supporter aucune part de la dot à l'autre époux, il doit donc rapporter à la masse de la communauté ce qu'il y a pris à cette occasion, autrement il ferait supporter en partie la dot à son conjoint, et il acquitterait une dette qu'il s'est rendue personnelle, avec les effets communs; ce qui est prohibé par l'art. 1439 à la fin, c. c.

133. La masse de tous les biens existant au moment de la dissolution, tant communs que personnels à chacun des époux, étant formée au moyen des rapports ci-dessus, chaque époux ou

son héritier prélève sur la masse de ces biens :

1° Ses biens personnels qui ne sont point entrés en communauté, c'est-à-dire les immeubles qu'il possédait avant le mariage, ou ceux acquis depuis à titre de succession ou de donation, ou en cas d'aliénation de ces biens, ceux qui ont été achetés en remploi ; tous ces héritages se prélèvent, parce qu'ils ne font point partie de la masse divisible ;

2° Le prix des immeubles qui ont été aliénés pendant la communauté, et dont il n'a point été fait de remploi ; ce prix doit être prélevé, parce que la communauté ne peut s'augmenter aux dépens des propres des époux ;

3° Les indemnités qui lui sont dues par la communauté, lorsqu'elle a profité des biens personnels d'un des époux, c'est-à-dire lorsqu'un des époux a été contraint de payer sur ses biens personnels des dettes de communauté, ou qu'il a supporté quelques autres charges qui devaient peser sur elle. Le prélèvement de ces indemnités est accordé à l'époux, toujours parce que la communauté ne peut pas s'enrichir au détriment des biens personnels des époux.

Des numéros 132 et 133 il suit que tant les créances des époux contre la communauté, que celles de la dernière contre les époux, doivent être liquidées avant le partage.

134. La privation absolue de pouvoir de la part de la femme qui lui a enlevé toute influence pendant la communauté, et qui l'a mise hors d'état de contredire les opérations du mari, devait lui faire accorder une faveur au moment des prélèvemens ; il était conforme à l'équité de lui assurer la restitution de l'intégrité de ses re-

prises, même aux dépens des propres du mari,
si la communauté ne pouvait pas y suffire, parce
qu'alors c'est la faute du mari qui a mal administré. C'est pour ces raisons que la loi décide
que les prélèvemens de la femme s'exercent
avant ceux du mari; les prélèvemens de ce dernier ne pouvant avoir lieu que sur la masse commune, et jamais sur les propres de la femme,
parce que si la communauté ne suffit pas, c'est
une suite de sa mauvaise gestion qu'il doit s'imputer, il faut donc voir, avant qu'il les exerce,
si la communauté est suffisante pour les reprises
de la femme; on devait donc accorder la préférence à celle-ci qui a une action subsidiaire sur
les propres du mari.

Les prélèvemens de la femme, pour les biens
qui n'existent plus en nature, s'exercent d'abord
sur l'argent comptant, ensuite sur le mobilier, et
subsidiairement sur les immeubles de la communauté; dans ce dernier cas, le choix des immeubles est donné à la femme et à ses héritiers;
étant obligés de prendre en payement des immeubles qui souvent ne peuvent pas leur convenir, soit parce qu'ils auraient besoin d'argent,
soit à cause de la situation de ces fonds trop
éloignée de leur domicile, pour les dédommager
on leur permet de choisir entre les immeubles
ceux qui sont plus à leur portée, ou ceux dont
la vente sera plus facile pour se procurer de
l'argent : c'est ici une suite du principe qui veut
que tous les avantages soient pour la femme après
la dissolution.

Si la communauté est mauvaise, c'est la faute
du mari; c'est pourquoi il ne peut exercer ses
prélèvemens que sur la masse de la communauté :

au contraire, la femme ou ses héritiers qui ne doivent pas être victimes de la mauvaise gestion du mari, exercent leurs reprises sur les propres de celui-ci, en cas d'insuffisance des biens de la communauté; autrement le mari pourrait diminuer les propres de la femme, sans le consentement de celle-ci, malgré la prohibition de la loi; il n'aurait besoin pour cela que de dissiper tous les biens de la communauté débitrice des reprises, si la femme n'avait pas une action subsidiaire sur les biens personnels de son époux.

135. Les remplois et récompenses dus par la communauté aux époux, et les récompenses et indemnités par eux dues à la communauté, portent intérêts de plein droit du jour de la dissolution. Cette disposition de la loi sur les intérêts étant réciproque est par là même très juste, elle aura cet effet d'engager à faire promptement le partage, et d'empêcher qu'on ne s'y oppose par de mauvaises chicanes, ce qui augmenterait la masse des intérêts dus à la communauté par les époux, et la masse de ceux dus à ces derniers par la communauté.

136. Après que tous les prélèvemens ont été exercés par les deux époux sur la masse, le surplus se partage par moitié entre les époux ou leurs représentans. Cette division par moitié est fondée sur ce principe que la communauté se partage dans l'état où elle est, les apports mobiliers des deux époux se trouvent confondus et ne forment plus qu'une seule masse divisible par égales parts, soit que les apports ayent été égaux ou inégaux, soit même qu'il y ait eu un des époux qui n'ait rien apporté à la communauté, parce que dans tous les cas son industrie et son

économie lui ont tenu lieu de mise et ont peut-
être été plus utiles à la société que la mise de
l'autre associé; on peut d'ailleurs former, même
entre étrangers, des sociétés où un ou plusieurs associés n'apportent que leur industrie, avec droit
de partager les profits qui se feront, art. 1833 et
1853, c. c.; *quia sæpè operâ alicujus pro pecuniâ
valet*; §. 2, inst. *de societate.*

137. Il est possible que la femme prédécédée
ait laissé plusieurs héritiers, et qu'ils se divisent
sur le choix à faire, les uns voulant accepter la
communauté, et d'autres voulant y renoncer;
ce cas est prévu par le code, et il pose à cet égard
des règles simples d'une rare sagesse et d'une facile exécution.

Faisons l'hypothèse de deux héritiers laissés
par la femme : l'un a accepté la communauté à
laquelle l'autre a renoncé; quels seront les droits
de l'un et de l'autre? Le premier qui a accepté
ne prend dans le lot qui est échu à la femme
que sa part virile et héréditaire; le surplus de
la communauté appartient au mari, qui demeure
chargé envers le renonçant, jusqu'à concurrence
de la portion héréditaire de ce dernier, des droits
que la femme aurait exercés si elle avait survécu
et renoncé à la communauté. La femme avait
le double droit d'accepter ou de renoncer; ses
héritiers exercent l'un et l'autre; celui qui renonce est en présence du mari comme la femme
qui aurait choisi le parti de la renonciation : l'acceptation de l'autre a de même l'effet qu'aurait
eu celle de la femme. Si cette dernière renonce,
sa part dans la communauté appartient au mari,
la renonciation de l'héritier n'étant que l'exercice du même droit, ne peut avoir que les mêmes

résultats; mais chacun des héritiers ne représentant la femme que pour sa part héréditaire, leur
acceptation et renonciation ne doivent avoir leur
effet que jusqu'à concurrence de cette part.

138. Au reste le partage de la communauté,
pour tout ce qui concerne ses formes, la licitation des immeubles, quand il y a lieu, les effets
du partage, la garantie qui en résulte, les soultes,
les actions en rescision, est soumis à toutes les
règles que nous avons exposées au titre des successions, chap. 6, sections 1, 4 et 5, en parlant
du partage entre cohéritiers. Ainsi le partage de
la communauté doit être fait en justice, s'il y a des
mineurs, des interdits ou des absens qui y soient
intéressés; ainsi il faut recourir à la licitation
quand les immeubles ne sont pas partageables
sans perte; ainsi, lorsqu'il est impossible de faire
des lots parfaitement égaux, on charge les lots
les plus forts d'une rente ou d'une somme d'argent envers les lots les plus faibles, afin de rétablir l'égalité entre eux; ainsi chacun des copartageans est censé avoir toujours possédé seul les
effets tombés dans son lot; ainsi il lui est dû garantie s'il est évincé de tout ou partie de son lot;
ainsi il y a lieu à l'action en rescision du partage,
si l'un des copartageans a été lésé de plus du quart,
lors même qu'on aurait qualifié du titre de vente,
de transaction, etc., l'acte qui aurait fait cesser
l'indivision, etc.

139. On a vu à la section précédente que la
femme qui a diverti ou recélé des objets communs, est privée de l'effet de la renonciation;
si les mêmes délits sont commis par un des époux,
en cas d'acceptation de la communauté de la
part de la femme, ces objets ne sont pas com-

pris dans le partage; celui qui a commis ces recélés et divertissemens n'a aucune part dans les
objets divertis ou recélés, ils appartiennent en
entier à l'époux innocent : c'est un moyen d'empêcher ces délits, et c'est la juste peine de celui
des époux qui les a commis; il a voulu s'enrichir
aux dépens de l'autre, il a voulu s'emparer de la
part de celui-ci, il sera privé de la sienne, qui
accroîtra à son conjoint ou à ses héritiers; l. *com-
putationes*, §. dernier; l. *hœreditatem*, §. finali,
ff. *ad legem Falcidiam*; l. *rescriptum*; l. *hœres*,
§. final., ff. *de his quæ ut indig. auferuntur*;
l. *Paulus*, ff. *ad senatus-consultum Tertullianum.*
Les veuves ou les veufs mineurs n'en sont pas
exempts, parce que la minorité ne sert pas d'excuse en matière de délits ou quasi-délits, quand
il y a, comme ici, l'âge du discernement; art.
1310, c. c.; *in delictis non attenditur ætas*, cod.,
l. 1 et 2, *si adversùs delictum.*

140. Après le partage consommé, si l'un des
époux est créancier personnel de l'autre, comme
lorsque le prix de ses propres a été employé à
payer les dettes personnelles de l'autre époux, ou
s'il lui est dû par ce dernier pour toute autre cause,
il peut agir pour sa créance soit sur la part de
communauté qui est échue au débiteur, soit sur
les biens personnels de celui-ci : l'époux créancier
peut, comme tout autre créancier, agir sur tous
les biens de son débiteur.

Néanmoins, à cause du lien étroit qui a existé
entre les parties, et en considération du mariage
qui les unissait, la loi décide que les créances
personnelles que les époux ont à exercer l'un
contre l'autre, ne portent pas intérêts de plein
droit, mais seulement du jour de la demande.

Non debent durè tractari res inter tam arctas tamque conjunctas personas.

141. Les donations que l'un des époux a pu faire à l'autre ne se prélèvent pas sur la communauté, parce qu'alors le donateur exécuterait en partie sa libéralité aux dépens du donataire; il ne l'accomplirait que pour moitié, puisque la masse de la communauté appartient au donateur et au donataire; elle doit donc s'acquitter sur sa part dans la communauté, et sur ses biens personnels.

142. Pour honorer la mémoire de son époux, la femme doit en porter le deuil, elle doit donner des marques publiques de sa douleur en prenant des habits lugubres, mais elle ne doit pas le faire à ses dépens; elle remplit l'obligation qui lui est imposée tout à la fois par la décence et par la loi, en se revêtant de manière à démontrer à tous les yeux l'état d'affliction dans lequel elle est plongée; mais les frais du deuil doivent être supportés par les héritiers du mari : ce sont eux qui profitent de ce deuil qui honore la mémoire de leur parent, dont ils sont les images, et en quelque sorte d'autres lui-même, en leur qualité d'héritiers. D'ailleurs le deuil fait en quelque sorte partie des frais funéraires du mari, aux funérailles duquel la femme doit assister, et où il convient qu'elle se trouve revêtue des habits de deuil. Or les frais funéraires qui n'ont lieu qu'après la dissolution de la communauté, ne peuvent pas être une charge d'une communauté qui n'existe plus, mais de la succession du mari; c'est pourquoi la femme n'y contribue en rien, quoiqu'elle ait accepté la communauté,

parce que la femme commune n'est jamais tenue des charges de la succession de son époux.

La valeur du deuil est réglée suivant la fortune du mari; elle est plus ou moins considérable, suivant la condition et les richesses des personnes; il faut qu'une veuve riche puisse habiller de noir toute sa maison, qui est quelquefois très nombreuse, et même draper ses voitures.

Le deuil est dû même à la veuve qui renonce à la communauté, car soit qu'elle accepte, soit qu'elle renonce, elle ne doit pas payer les frais des habits lugubres qu'elle ne porte que dans l'intention d'honorer la mémoire de son mari, et par là même ses héritiers, qui sont ses représentans. *Non debet lugere virum de suo.* D'un autre côté, ces dépenses font partie des frais funéraires du mari.

§. II.

Du Passif de la communauté, et de la Contribution aux dettes.

143. Après avoir vu comment se partage l'actif de la communauté, il nous reste à voir dans quelle proportion chacun des époux doit en payer les dettes.

Il est de principe que les dettes et charges suivent les biens, que chacun doit les supporter dans la proportion qu'il prend dans l'actif; *ces enim alienum patrimonium totum imminuere constitit;* l. 50, §. 1, ff. *de judiciis.* D'après ce principe, il est aisé de décider que chacun des époux ou leurs héritiers doivent payer la moitié des dettes de la communauté, parce que l'actif a été partagé entre eux par portions égales.

On comprend parmi ces dettes les frais de

scellé, inventaire, vente de mobilier, liquidation et partage, parce que tous ces frais sont
nécessaires pour parvenir à conserver, à constater l'actif, et à en faire des parts égales entre
les époux, et qu'ils diminuent par conséquent
la masse divisible.

144. On a vu à la section quatrième, et on
verra encore à la section sixième, que la loi permet à la femme de renoncer à la communauté
pour se soustraire au payement des dettes communes auxquelles elle n'a pas parlé, et pour pouvoir
exercer un recours contre le mari ou ses héritiers
relativement à celles de ces dettes pour lesquelles
elle s'est obligée personnellement; la loi vient
encore à son secours, lors même qu'elle accepte
la communauté, en décidant que la femme n'est
tenue des dettes de la communauté, soit à l'égard
du mari ou de ses héritiers, soit à l'égard des créanciers, que jusqu'à concurrence de son émolument, pourvu qu'il y ait eu bon et fidèle inventaire, et en rendant compte tant du contenu en
l'inventaire que de ce qui lui est échu par le partage. Elle ne jouit de cet avantage à l'égard des
créanciers que par rapport aux dettes dont elle
n'est pas tenue personnellement; argument tiré
des art. 1486 et 1487, c. c.; mais elle jouit de ce
privilége contre le mari ou ses héritiers pour
toutes les dettes de la communauté, même pour
celles qui y sont tombées de son chef; ils doivent la garantir des actions des créanciers.

Ce privilége est accordé à la femme parce que
c'est un associé qui n'a pas le pouvoir de contredire la gestion de son mari; c'est une specta-
trice docile, par caractère et par nécessité, du
pouvoir de son associé sur les conquêts de la com-

munauté, il serait donc injuste de l'assujettir à la moitié des dettes indistinctement ; et si on l'eût privée de ce privilége de n'être tenue des dettes que jusqu'à concurrence de son émolument dans la communauté, on aurait donné atteinte à ses propres par le seul fait de son mari. *At marito non licet onerare propria uxoris*, dit à ce sujet Dumoulin sur l'art. 252 de la coutume de Paris. Il faut, pour jouir de ce privilége, que la femme fasse bon et loyal inventaire, parce que c'est le seul moyen de connaître d'une manière positive son émolument dans la communauté ; mais si cet inventaire a été fait en abandonnant son émolument aux créanciers, elle est déchargée du surplus de leurs actions.

La femme rend compte de ce qui lui est échu par le partage en le représentant ou en justifiant qu'elle l'a déjà employé à acquitter des dettes de la communauté, elle rend compte de la portion des effets compris dans l'inventaire qui ne sont pas tombés dans son lot, en établissant que ces effets sont entrés dans le lot du mari ; il suffit qu'elle ne retienne rien des effets communs pour qu'elle soit à l'abri des poursuites des créanciers de la communauté. Ainsi la femme commune, comme l'héritier bénéficiaire, n'est jamais tenue *ultra vires ;* cependant, à la différence de ce dernier, elle peut être poursuivie sur ses biens personnels jusqu'à ce qu'elle ait rendu compte et abandonné son émolument; au contraire, l'héritier bénéficiaire ne peut être poursuivi sur ses biens personnels que faute d'avoir rendu compte après avoir été constitué en demeure de le faire, ou pour le payement du reliquat, art. 803, alinéas 2 et 3, c. c. La raison de

la différence vient de ce que, par l'effet du bénéfice d'inventaire, toute confusion du patrimoine
du défunt avec celui de l'héritier est empêchée, et
qu'ainsi les créanciers de la succession n'ont aucune action sur les biens personnels de ce dernier; mais la femme était déjà commune avant
la dissolution de la communauté, et elle conserve cette qualité tant qu'elle n'a point abandonné son émolument; elle est donc jusqu'alors
débitrice personnelle.

145. Le mari peut être poursuivi par les créanciers pour la totalité des dettes de la communauté qu'il a contractées, sauf son recours
contre la femme ou ses héritiers pour la moitié de ces dettes; la raison de cette décision
est que les créanciers ont principalement suivi
la foi du mari qui était le maître de la communauté. Cela a lieu lors même que la femme aurait paru à l'acte obligatoire et se serait engagée
personnellement, parce qu'elle n'est présumée
intervenir que comme caution, art. 1431, c. c.;
authent. *si qua mulier,* cod. *ad senatus-consultum Velleianum.* Quoique la femme soit présente, c'est toujours le mari qui touche les deniers et qui les emploie; on a donc dû donner
contre lui une action solidaire aux créanciers,
sauf son recours contre la femme; cela est aussi
indubitable pour les dettes du mari antérieures
au mariage.

146. Le mari au contraire ne peut jamais être
poursuivi que pour la moitié des dettes personnelles de la femme qui étaient tombées à la
charge de la communauté, parce qu'il n'est tenu
de celles-ci que comme associé, que comme
ayant eu part à la communauté, il n'y est point

obligé personnellement, il n'en doit supporter qu'une part proportionnelle à celle qu'il a dans la communauté, puisqu'il n'en est tenu qu'à cause d'elle; or il ne représente la communauté que pour moitié.

Mais rien n'empêche que les créanciers personnels de la femme ne la poursuivent pour la totalité des dettes qui procèdent de son chef et qui étaient tombées dans la communauté, sauf son recours contre son mari ou ses héritiers pour la moitié desdites dettes. La femme n'a pas pu par son mariage altérer les droits de ses créanciers, elle n'a pas eu le pouvoir de changer la nature ni de restreindre l'étendue de leurs actions contre elle, *nemo alterius facto prægravari debet, alteri per alterum non infertur iniqua conditio.* Les créanciers peuvent bien agir contre le mari pour la moitié de ces dettes, parce qu'elles sont devenues dettes de la communauté; mais rien ne peut les empêcher d'agir solidairement contre leur débitrice, dont le mariage ne peut leur préjudicier.

147. La femme ne peut jamais être poursuivie que pour la moitié des dettes de la communauté, lors même qu'elle s'y serait obligée personnellement, à moins que l'obligation ne soit solidaire. On donne dans tous les cas une action solidaire contre le mari pour les dettes de la communauté, parce que c'est lui qui a reçu l'argent des créanciers; mais contre la femme qui n'a rien touché, ceux-ci n'ont action que pour moitié de ces dettes, lors même qu'elle s'y est personnellement obligée, s'il n'y a pas stipulation de solidarité, parce que toute obligation non solidaire

se divise de plein droit entre ceux qui en sont tenus.

148. Lorsque la femme a payé une dette de la communauté au-delà de sa moitié, elle n'a point d'action en répétition contre le créancier pour l'excédant, parce qu'elle a pu payer pour son mari ; le créancier n'a reçu que ce qui lui était dû, *suum recepit* ; il l'a reçu, il est vrai, d'un autre que de son débiteur, mais rien ne l'empêche quand le tiers paye volontairement pour autrui : néanmoins la répétition, pour ce qui excède la moitié, est accordée à la femme, lorsque la quittance porte-que ce qu'elle a payé est pour sa moitié ; dans un cas semblable il est évident que la femme n'a voulu payer que la moitié de la dette, et que si elle a payé davantage, c'est à cause qu'elle s'est trompée sur la quotité de la dette, et cette erreur doit lui faire restituer l'excédant, parce qu'elle n'a pas voulu alors payer pour le mari ; on ne peut pas même supposer qu'elle y ait consenti, puisque l'erreur empêche le consentement, *error impedit consensum* ; l. 15, ff. *de jurisdictione* ; l. 57, ff. *de oblig. et actionib.*

149. Quoique les dettes de la communauté soient à la charge personnelle de chacun des époux pour moitié, cependant les créanciers qui ont acquis droit d'hypothèque sur les conquêts de la communauté, peuvent poursuivre pour le total celui des époux dans le lot duquel sont tombés les immeubles affectés à leurs créances ; c'est une conséquence de l'indivisibilité de l'hypothèque qui est toute entière sur chaque immeuble, chacun des fonds est grevé de toute la dette, de sorte que le possesseur est obligé de la

payer en entier ou de délaisser le fonds hypothéqué; art. 2114 et 2166, 2167, 2168, c. c. Si
c'est la femme, comme elle n'est tenue personnellement que de la moitié des dettes contractées sans solidarité pendant la communauté, elle
pourra, après avoir payé cette moitié, s'acquitter
de l'autre, ou délaisser l'héritage hypothéqué, et
prendre celui des deux partis qui lui conviendra
le mieux, dit art. 2168.

Celui des deux époux qui est poursuivi pour
le total, par suite de l'action hypothécaire, a
de droit son recours contre l'autre pour la moitié de la dette ; il est vraiment poursuivi pour
son conjoint jusqu'à cette concurrence, puisque
le passif de la communauté est divisé entre eux
par moitié comme l'actif, art. 1482, c. c.

150. Quoique la loi décide que les dettes de
la communauté doivent être supportées pour une
moitié par chacun des conjoints, cependant cela
n'a lieu qu'autant qu'il n'a rien été statué dans
l'acte de partage relativement au payement des
dettes; ainsi rien n'empêche que par cet acte
l'un ou l'autre des copartageans ne soit chargé de
payer une quotité de dettes autre que la moitié,
ou même de les acquitter en totalité. De semblables stipulations n'ont rien de contraire à l'équité,
celui qui sera chargé de payer une part plus forte
que la moitié, en aura été dédommagé par une
plus grande part dans l'actif, et celui qui payera
seulement un quart, ou une moindre part des
dettes, aura eu moins dans l'actif à proportion ;
le payement des dettes au-delà de la moitié, im-
posé à l'un des époux, est une espèce de soulte accordée à l'autre copartageant. Ces clauses sur
l'acquittement des dettes étant étrangères aux

créanciers de la communauté, elles ne peuvent pas leur être opposées, art. 1165, c. c., et ils pourront en conséquence, malgré ces arrangemens, demander à chacun des époux la moitié des dettes de la communauté, et même le total au mari ; ils conservent contre chacun d'eux tous les droits et actions ci-dessus exposés : *debitorum pactis, creditorum petitio neque tolli neque minui potest.*

Dans tous les cas où l'un des copartageans aura payé des dettes au-delà de la portion dont il était tenu soit par la loi, soit par l'acte de partage, celui qui a trop payé a de droit son recours contre l'autre pour l'excédant, parce qu'il a réellement payé pour lui jusqu'à cette concurrence.

151. Toutes les dispositions de la loi sur le payement des dettes de la communauté et sur la manière d'y contribuer entre époux, s'appliquent également à leurs héritiers qui sont d'autres eux-mêmes, et qui par conséquent exercent les mêmes droits et sont soumis aux mêmes obligations que les époux qu'ils représentent.

SECTION VI.

De la Renonciation à la communauté, et de ses effets.

En général, on entend par renonciation l'acte par lequel on abandonne ses droits sur quelque chose. On peut renoncer à une succession, à un legs, à une communauté.

152. La renonciation à la communauté est la déclaration faite par la femme, après la dissolution de la communauté, qu'elle renonce à sa part des biens dont elle est composée, afin de

n'être pas tenue des dettes communes. Cette renonciation se fait au greffe du tribunal de première instance du domicile marital sur le registre
destiné à recevoir les renonciations à succession.

Voici quels sont les effets de cette déclaration :
la femme renonçante perd toute espèce de droit
sur les effets et biens de la communauté, même
sur le mobilier qui y est tombé de son chef,
parce qu'il fait partie de la communauté, il est
confondu dans la masse; la femme qui renonce,
perdant toute espèce de droit sur les effets communs, ne peut réclamer le mobilier qu'elle y a
apporté puisqu'il en fait partie. La femme est regardée comme un associé commanditaire, elle
n'est tenue par conséquent que jusqu'à concurrence de sa mise dans la société; on a dû lui
donner les droits des associés commanditaires,
puisqu'elle est privée, comme eux, de toute participation à la gestion de la société, art. 26 et 27,
cod. de comm.

Quoique la femme qui renonce à la communauté soit privée de toute part dans les biens et
effets communs, cependant on lui permet de retirer les linges et hardes à son usage : il y aurait
une espèce d'inhumanité à la priver de ces objets
que, d'après leur destination, elle a dû regarder
comme une propriété dont elle ne pourrait jamais être dépouillée; d'ailleurs la dignité du mariage qui a existé s'oppose à ce qu'elle sorte de
la maison du mari comme une étrangère, sans
pouvoir même enlever ses habillemens, son linge
corporel, qui sont en quelque sorte l'accessoire
de son être. *Non debet nuda exire è domo mariti.*

153. Par l'effet de la renonciation de la femme,
toute la communauté appartient au mari ou à ses

héritiers de la même manière que si la femme
n'y avait jamais eu des droits ; il en est des conquêts, par rapport à la femme renonçante, comme
d'un legs pur, relativement au légataire qui l'a
répudié ; ce legs, dont la propriété est transmise
à ce dernier par la mort du testateur, art. 1014,
c. c., l. 5, §. 1, ff. *quandò dies legatorum,* est cependant censé n'avoir jamais appartenu au légataire, s'il y a renoncé : *quamvis enim legatum
nostrum sit, nisi repudietur, attamen cùm re-
pudiatur, retrò nostrum non fuisse palàm est;*
l. 1, §. 6, versic. *quamvis enim,* ff. *si quid in
fraudem patroni ;* la raison en est que les droits
du légataire au legs et de la femme à la communauté s'évanouissent par la renonciation qu'ils
font ensuite, *nostrum sit nisi repudietur ;* l'acceptation qu'ils font confirme leurs droits, la
répudiation les anéantit. De là on doit conclure
que quoique la femme ait parlé dans un contrat
d'acquisition, et qu'elle ait acheté conjointement avec le mari, elle n'a point de part à la
propriété de l'immeuble acquis, lors même qu'elle
offrirait la moitié du prix, parce qu'elle n'a pas
acquis pour elle, mais pour la communauté.

154. Lorsque la femme renonce, elle a droit
de reprendre ses biens personnels qui ne sont
pas tombés dans la communauté, c'est-à-dire
les immeubles qu'elle possédait avant le mariage,
ceux qu'elle a acquis depuis par succession ou
donation, ou les fonds achetés en remploi, qui
se trouvent subrogés aux premiers et qui les représentent. Elle reprend tous ces immeubles,
parce que ce sont des biens qui lui sont propres
et qui ne sont point tombés dans la communauté.

2° La femme reprend le prix de ses propres aliénés dont le remploi n'a pas été fait et formellement accepté par elle, parce que ce prix représente ses propres; et de même que ces derniers biens ne tombent pas dans la communauté, leur prix ne peut non plus y entrer, autrement la communauté s'enrichirait aux dépens des propres des époux, ce qui est textuellement prohibé par la loi.

3° Elle reprend les indemnités qui lui sont dues par la communauté, c'est-à-dire qu'elle doit être remboursée des sommes qu'elles a payées, et indemnisée des charges qu'elle a supportées pour celle-ci, aux dépens de ses propres; toujours d'après le principe qui porte que la communauté ne peut s'augmenter par la diminution des propres des conjoints.

155. Un autre effet que produit la renonciation de la femme à la communauté, est qu'elle est déchargée de toute contribution aux dettes de celle-ci, tant à l'égard du mari ou ses héritiers, qu'à l'égard des créanciers; parce que, dans le cas de renonciation, la communauté réside toute entière sur la personne du mari ou des héritiers de celui-ci, ce sont eux qui la représentent en totalité; ils doivent donc être tenus intégralement des obligations, et les créanciers n'ont aucune action contre la femme renonçante, qui, par sa renonciation, est devenue totalement étrangère à tout ce qui concerne la communauté.

Ce serait en vain que, pour obliger la femme envers les créanciers, on alléguerait qu'elle a profité des choses dont la créance a été formée, comme quand il est dû au boucher, au bou-

langer, au marchand qui a fourni ses habillemens, etc.; la raison en est que ce sont des charges
de la communauté, qu'elle est censée avoir payé
sa part de ces fournitures au moyen de son mobilier, de son travail, et de la jouissance de ses
propres qui sont tombés dans la communauté,
art. 1401 2e no, et 1409 5e no, c. c.; et que d'ailleurs le mari est obligé de la nourrir et entretenir, art. 214, c. c.

156. Cependant la femme est tenue envers les
créanciers, lorsqu'elle s'est obligée conjointement
avec son mari, ou par rapport aux dettes qui,
de son chef, sont tombées dans la communauté;
parce que, dans ces deux cas, les créanciers ont
contre elle une action personnelle, résultant de
l'obligation qu'elle a contractée envers eux, et
qu'ils peuvent en conséquence suivre la personne obligée; elle est, par la renonciation, li-
bérée des dettes purement sociales; la qualité
de commune qui la constituait débitrice n'existe
plus quand elle a renoncé, mais il en est autrement des obligations contractées personnellement
par elle ou par ceux dont elle est héritière, elles
sont attachées à sa personne, et elle ne peut,
par aucun moyen, se soustraire aux actions qui
en proviennent pour les créanciers, parce qu'on
ne peut renoncer à sa personne, *actiones perso-
nales adhærent personœ obligati, tanquam caro
ossibus. Nemo personam .exuere potest.*

Mais cette obligation de la femme n'a lieu qu'envers les créanciers, et elle doit en être indemnisée par le mari ou ses héritiers. Elle n'a contracté envers ces derniers aucune obligation personnelle; elle ne peut aussi être tenue comme
commune, puisqu'elle ne l'est plus par l'effet de

la renonciation ; elle doit avoir recours contre son mari ou ses héritiers qui représentent la communauté, pour toutes les dettes sociales qu'elle a été obligée de payer par suite de l'action personnelle que les créanciers avaient contre elle, parce que ce sont les dettes des représentans de la communauté qu'elle a acquittées. Ce recours a lieu même pour les dettes qui sont tombées dans la communauté du chef de la femme, par la raison que la renonciation la rend étrangère à tout l'actif et à tout le passif de la communauté, et que l'obligation de la communauté de payer les dettes personnelles de la femme, est la charge du mobilier qui y est tombé du chef de celle-ci.

157. La femme qui a renoncé peut exercer toutes les actions et reprises ci-dessus détaillées, tant sur tous les biens de la communauté que sur les biens personnels du mari. Si la communauté ne suffit pas pour les reprises et les actions en recours données à la femme renonçante, c'est la faute du mari qui a mal administré, c'est lui qui a reçu l'argent des propres de la femme, et s'il n'existe plus dans la communauté, c'est une preuve qu'il l'a dissipé ; la femme ne devant jamais être victime de la mauvaise gestion du mari, il faut donc, en cas d'insuffisance de la communauté pour pouvoir la remplir de ses reprises et lui rembourser les dettes payées aux créanciers, qu'elle ait le droit de recourir sur les propres du mari. Elle peut demander sur les biens du mari prédécédé même ses frais de deuil, ainsi qu'on l'a vu à la fin du §. 1er de la section 5e.

158. Les héritiers de la femme qui ont renoncé à la communauté ont les mêmes droits

qu'elle, et ils peuvent les exercer de la même manière, sauf en ce qui concerne le prélèvement des linges et hardes à l'usage de la femme en cas de renonciation, et la nourriture et le logement pendant les délais pour faire inventaire et délibérer, lesquels droits sont purement personnels à la femme survivante; ils sont fondés sur l'étroite union qui a existé entre les époux, et qui s'oppose à ce que la femme soit traitée comme une étrangère après la mort du mari; elle est d'ailleurs gardienne des effets de la communauté, or ces motifs ne peuvent plus s'appliquer à ses héritiers.

Disposition relative à la communauté légale, lorsque l'un des époux ou tous deux ont des enfans de précédens mariages.

159. Toutes les dispositions de la loi sur la communauté légale doivent être observées lorsque l'un des époux ou tous deux auront des enfans de précédens mariages. Cependant la loi n'a pas abandonné les enfans aux suites funestes que pourrait avoir pour eux le nouvel hymen contracté par leur père ou mère; elle veut que le nouvel époux ne puisse être avantagé ni directement, ni indirectement, au-delà d'une part d'enfant légitime le moins prenant, et de telle sorte que sa part n'excède jamais en aucun cas le quart des biens du disposant; art. 1098 et 1099, c. c.

Si on n'eût pas ajouté dans la loi ces mots, *de telle sorte que sa part n'excède jamais le quart des biens,* le conjoint qui n'aurait eu qu'un enfant aurait pu donner la moitié de tous ses biens à son nouvel époux.

160. Peu importe que le nouveau conjoint soit avantagé à titre de communauté, ou à tout autre titre, parce que le résultat en est le même pour les enfans du premier lit, dans un cas comme dans l'autre, ils seraient toujours victimes de la passion de l'auteur de leurs jours; c'est pour ces motifs que la loi décide dans cette espèce, que si la confusion du mobilier et des dettes opère au profit de l'un des époux un avantage excédant la part d'un enfant légitime le moins prenant, les enfans du premier lit de l'autre époux auront l'action en retranchement à la mort de leur auteur. Les époux qui se marient sans contrat, sont censés avoir adopté pour règles de leur union, quant aux biens, les décisions de la loi sur la communauté légale, elles constituent leurs conventions matrimoniales tacites, et ainsi celui qui est avantagé par suite de la communauté légale, est censé l'être par l'effet d'une convention de la part de l'autre; il reçoit le bienfait, non de la loi, mais de son conjoint, qui aurait pu l'en priver par des clauses expresses contraires, ainsi que le permettent les art. 1387, 1397 et 1527, c. c. Or il est de principe que celui qui n'enlève pas à quelqu'un ce que la loi l'autorise à lui enlever, est par là même censé donner à celui-ci, *qui non adimit, cùm adimere potest, donare censetur;* c'est pour cela que l'action en retranchement est donnée aux enfans du premier lit, si l'avantage indirect résultant de la confusion du mobilier et des dettes, excède la proportion fixée par l'article 1098, c. c.

161. L'action appartenant aux enfans du premier lit, ils en auront seuls le résultat, parce que l'objet de l'action est la propriété de celui qui

peut l'exercer et qui est censé posséder cet objet dès le moment qu'il est saisi de l'action, *qui
habet actionem rem ipsam habere videtur;* l. 15,
ff. *de regulis juris :* si les enfans du second lit
devaient profiter du résultat de l'action, s'ils
avaient droit de prendre part à la portion retranchée aux avantages conférés à leur père
ou mère, ils auraient le droit d'agir, parce que
l'action appartient à tous ceux qui ont intérêt à
ce qu'elle soit intentée, d'après la maxime que
l'intérêt est la mesure de l'action. D'ailleurs le
retranchement est la réparation du préjudice
causé par l'avantage excessif; or l'action en réparation n'appartient qu'à ceux qui ont souffert
le dommage; d'un autre côté, ce sont les enfans
du premier lit qui sont les victimes du second
mariage; l'affection de leur auteur pour son nouvel époux fait qu'il n'aime que les enfans du second mariage, et qu'il néglige ceux du premier.
C'est au reste ce que décide textuellement l'article 1527, troisième alinéa à la fin, c. c.; en déclarant que les avantages résultant de la confusion des revenus et travaux communs ne sont
pas censés faits au préjudice des enfans du premier lit, il déclare par là même que les autres
avantages sont faits à leur préjudice. La novelle
22, chap. 27, disait déjà : *Sed ex priori matrimonio filiis detur solis.* Voyez aussi l'authentique *ad eos solos,* cod. *de secundis nuptiis.*

162. De là on peut conclure, par identité de
raison, que tout ce qui a été donné directement
ou indirectement au second ou ultérieur conjoint
au-delà de la part fixée par l'art. 1098, c. c., appartient aux seuls enfans du premier lit, sans
que les enfans du second mariage puissent rien

DE LA COMMUNAUTÉ LÉGALE.

y prétendre, ni même le second époux, sous
prétexte de s'égaler aux enfans ; on aurait pu lui
donner dans le principe une part d'enfant, mais
si on l'a excédée, en peine de ce qu'il y a consenti, on le prive de toute part dans la portion
retranchée. C'est ce que porte aussi le chap. 27
ci-dessus, en ces termes : *Quod plus est in eo,
quod relictum aut datum est, omninò aut vi-
trico aut novercœ ac si neque scriptum, neque
relictum, aut datum vel donatum, competit
filiis, et inter eos solos dividitur ut oportet.* La
loi *hâc edictali,* §. 6, cod. *de secundis nuptiis,*
dit la même chose. On ne peut pas même soutenir que les enfans du premier lit reçoivent plus
de leur auteur que le deuxième conjoint, car ce
n'est pas du premier, mais de la loi qu'ils reçoivent le retranchement.

163. D'après les principes ci-dessus, si l'un des
époux apporte beaucoup de mobilier, sans dettes
mobilières, dans la communauté, et que l'autre
n'y apporte que des dettes, il y a lieu à l'action
en retranchement ; l'époux accablé de dettes ne
peut profiter de l'apport de l'autre que jusqu'à
concurrence de la part d'un enfant le moins prenant. Et cela doit être suivi toutes les fois que la
communauté est profitable à l'un des époux, et
nuisible à celui qui a des enfans d'un premier
mariage. Supposons que deux personnes se marient sans avoir de dettes mobilières, que l'époux,
ayant enfans d'un premier mariage, apporte pour
30,000 francs de meubles qui font toute sa fortune, que l'autre n'en apporte que pour 10,000
francs, et qu'il existe cinq enfans des deux mariages à l'époque de la mort du premier, il y aura
lieu à l'action en retranchement ; parce que l'é-

poux qui n'a apporté que 10,000 francs gagne,
par suite de la communauté, moitié de l'excédant de l'apport de l'autre, soit 10,000 fr.; parce
qu'il ne reste plus que 20,000 francs pour les
cinq enfans, soit 4000 francs pour chacun, et
qu'ainsi le second époux a 6000 francs de plus
que l'enfant légitime le moins prenant. Les 6000
francs retranchés appartiendront aux enfans du
premier lit.

164. Il faut au reste que l'époux qui gagne
par l'effet de la communauté, conserve une part
égale à celle de l'enfant légitime le moins prenant.
Ainsi supposons, en revenant à notre exemple,
que l'époux ayant des enfans d'un premier mariage possédât, outre son mobilier de 30,000
francs tombé dans la communauté, pour 70,000
francs de biens propres, dans ce cas il n'y aurait pas lieu à l'action en retranchement, parce
que les enfans, même réduits à leur réserve,
qui est la portion qu'ils doivent au moins recevoir, auraient plus de 10,000 fr.

165. La loi regardant comme un avantage
indirect pour le second époux l'excédant d'apport de l'autre ayant enfans, jusqu'à concurrence de la moitié de cet excédant, il s'ensuit
que ce dernier époux ne pourra plus disposer
que de ce qui reste pour compléter la quotité
disponible; ainsi, pour revenir à notre exemple,
la femme qui s'est remariée possédait pour 30,000
francs de meubles et pour 70,000 fr. d'immeubles,
en tout 100,000 francs; 10,000 francs se sont
confondus dans la communauté du second mariage, il lui reste 90,000 francs, elle est censée
en avoir donné 10,000 à son second époux; elle
pourrait, dans notre hypothèse, disposer de

25,000 francs, sa part de communauté comprise; elle ne pourra plus donner que 15,000 fr. si elle dispose en faveur de tout autre que de son époux; mais si elle veut exercer ses libéralités envers ce dernier, elle ne pourra plus lui donner que 6666 fr. 66 c., parce qu'alors tant lui que les cinq enfans auront 16,666 francs 66 centimes.

166. En admettant même que la confusion du mobilier et des dettes opérât, au moment du mariage, un avantage supérieur au taux déterminé par la loi, cependant l'action en retranchement ne sera pas fondée, si la communauté a prospéré, si elle est devenue florissante, de telle sorte que les enfans trouvent dans la part de leur mère de quoi s'égaler au second époux, et à plus forte raison si la part du moins prenant excède le profit que la confusion du mobilier et des dettes avait procuré au nouvel époux au moment de la célébration; ainsi, pour revenir à notre hypothèse, s'il y a 200,000 fr. à partager lors de la mort de la femme, les enfans qui auront chacun 20,000, soit le cinquième de 100,000, part de la femme dans la communauté, auront une part excédant le profit fait par le second mari, qui n'est que de 10,000 francs.

167. On entend ici, comme dans tous les cas où il y a lieu au retranchement des donations faites à un nouvel époux, sous le nom de part d'enfant légitime le moins prenant, celle à laquelle il a pu être réduit, mais non celle dont il a bien voulu se contenter, si elle est inférieure à sa réserve; autrement l'enfant lésé pourrait colluder avec ses frères au préjudice du nouveau conjoint; il paraîtrait se contenter de ce

qui lui a été laissé, tandis qu'il recevrait en se-
cret son supplément de légitime.

168. Au surplus, on ne doit jamais regarder
comme un avantage indirect fait au préjudice
des enfans du premier lit, les simples bénéfices
résultant des travaux et les économies faites sur
les revenus respectifs quoiqu'inégaux des deux
époux; ces bénéfices sont dûs plutôt à la bonne
administration de la communauté et à l'industrie des époux qu'à l'excédant des mises; c'est
même l'avantage des enfans du premier lit que
ces économies ne soient pas regardées comme
des avantages indirects, autrement il ne s'en
ferait point, et cependant si la communauté
prospère par les soins, l'industrie et les économies des époux, ils en auront un jour leur part.
L'apport est présumé contenir un avantage indirect, parce qu'on aperçoit cet avantage, mais
l'incertitude des bénéfices sur les fruits fait qu'on
ne peut pas les regarder comme des avantages
indirects, art. 1527, 3e alinéa, c. c.

Les enfans du premier lit peuvent exercer
l'action en retranchement, quoiqu'ils ayent renoncé à la succession de leur père ou mère; car
ce n'est pas à la qualité d'héritier, mais à celle
d'enfant, que la loi a attaché cette faculté, et
que d'un autre côté, les biens donnés ne font
pas partie de la succession du donateur ou de
la donatrice, étant sortis de son patrimoine par
la donation.

SECONDE PARTIE.

De la Communauté conventionnelle, et des Conventions qui peuvent modifier ou même exclure la communauté.

169. La communauté conventionnelle n'est autre chose qu'une modification de la communauté légale, telle que l'intérêt ou la volonté des époux peut la conseiller ou l'exiger, sans se mettre en opposition à la prohibition de la loi. Il peut donc y avoir autant de communautés conventionnelles qu'on peut imaginer de conventions différentes dans le système de la communauté.

Le législateur n'a eu ni la possibilité ni la volonté de prévoir et de régler toutes celles qui peuvent avoir lieu de la part des époux ; au contraire, il déclare que ceux-ci peuvent modifier la communauté par toute espèce de conventions, pourvu qu'elles ne soient pas contraires aux bonnes mœurs, et qu'elles ne dérogent ni aux droits résultant de la puissance maritale sur la femme et les enfans, ou qui appartiennent au mari comme chef, ni aux droits conférés au survivant des époux par le titre de la puissance paternelle et celui de la tutelle, ni aux lois prohibitives du code.

Ils ne peuvent non plus par leurs conventions de mariage déranger l'ordre légal des successions, soit par rapport à eux-mêmes dans la succession de leurs descendans, soit par rapport à ceux-ci entre eux. Ils ne peuvent encore convenir d'une manière générale, que leur union, quant aux biens, sera réglée par une des nombreuses coutumes qui se partageaient le sol de la

France, art. 1387, 1388, 1389, 1390, 1497 et 1527, c. c.

Toutes autres conventions sont licites et elles peuvent varier à l'infini suivant les caprices et les intérêts des individus, et ainsi il était impossible de les prévoir : les législateurs ont cru seulement nécessaire d'exposer comme des exemples utiles les principales modifications que l'usage a introduites dans la communauté, et en conséquence ils déclarent que les principales sont celles qui ont lieu en stipulant de l'une ou de l'autre des manières suivantes : 1° que la communauté n'embrassera que les acquêts; 2° que le mobilier présent et futur n'y entrera pas, ou qu'il n'y entrera que pour une partie; 3° qu'on y comprendra tout ou partie des immeubles présens ou futurs par la voie de l'ameublissement; 4° que les époux payeront séparément leurs dettes antérieures au mariage; 5° qu'en cas de renonciation, la femme pourra reprendre son apport franc et quitte; 6° que le survivant aura un préciput; 7° que les époux auront des parts inégales; 8° qu'il y aura entre eux communauté à titre universel.

170. La communauté légale n'avait pas lieu chez les Romains, mais la communauté conventionnelle y était admise, les époux pouvaient stipuler entre eux, même la communauté de tous biens, ainsi que nous l'apprennent ces mots de la loi 16, §. 3, ff. *de alimentis et cibariis legatis : Qui societatem omnium bonorum suorum cum uxore suâ per annos ampliùs quadraginta habuit.....*

SECTION PREMIÈRE.

De la Communauté réduite aux acquêts.

171. Les époux peuvent stipuler que la communauté n'existera entre eux que pour les acquêts; lorsqu'ils font une pareille convention, ils excluent de la communauté leur mobilier présent et celui qui leur échoit pendant le mariage à titre de succession ou de donation, ainsi que leurs dettes présentes et futures; la communauté n'est plus tenue des dettes des époux, parce qu'elle ne profite plus de leur mobilier, le motif qui fait charger la communauté des dettes personnelles et mobilières des époux n'existe plus quand elle est réduite aux acquêts.

172. A l'époque de la dissolution de la communauté réduite aux acquêts, chacun des époux prélève ses apports dûment justifiés, le partage se borne aux acquisitions à titre onéreux faites par les époux ensemble ou séparément durant le mariage, et provenant tant de l'industrie et des travaux communs, que des économies faites sur les fruits et revenus des biens des deux époux; ce n'est ici qu'une société de profits, que les Romains appellent *societas quæstuum,* chacun des associés prélève ses mises avant le partage de l'avoir social.

173. Lorsque le mobilier existant lors du mariage, ou échu depuis à titre de succession ou de donation, n'a pas été constaté par un inventaire ou autre acte en bonne forme, tel que l'état estimatif joint à une donation de meubles en conformité de l'art. 948, c. c., il est réputé acquêt de communauté. Dès qu'un des époux ne peut

justifier que le mobilier qu'il réclame lui appartenait lors du mariage, ou qu'il lui est échu depuis à titre lucratif, il y a présomption qu'il a été
acheté par la communauté; puisque l'époux ne
représente aucun acte qui établisse sa propriété
sur ce mobilier, il faut nécessairement qu'il ne
lui appartînt pas au moment de la célébration
et qu'il ne lui soit pas arrivé depuis à titre de
succession ou de donation; toute personne qui
réclame une chose comme étant sienne doit justifier de sa propriété, autrement il est repoussé,
la chose revendiquée reste au possesseur qui est
ici la communauté, lors même que celui qui possède l'objet réclamé ne prouve pas qu'il en est
le maître; il n'a pas besoin de rien prouver, parce
qu'il a pour lui la présomption de propriété, tant
que le contraire n'est pas établi : *commodum autem possessionis in eo est, quod etiamsi ejus res
non sit qui possidet, si modò actor non potuerit
suam esse probare, in suo loco manet possessio;*
inst. *de interdictis,* §. 4, vers. *commodum.* D'ailleurs à défaut d'inventaire, ou état en forme, le
mobilier propre des époux se trouve confondu
avec celui acquis à titre d'achat pendant la durée
de la communauté, duquel il ne peut plus être
distingué.

Il paraît néanmoins, d'après les art. 1414, 2e
alinéa, 1415, et 1504, 3e alinéa, c. c., que la femme
sera admise à prouver, tant par titres que par
témoins, soit même par commune renommée, la
consistance et valeur du mobilier qui lui est échu
à titre lucratif pendant le mariage, parce que le
mari est en faute de ne l'avoir pas fait constater
par un inventaire ou autre acte en forme, étant
chargé d'agir pour la femme, dit art. 1414 à la

fin, et 1428, c. c.; autrement il serait invité à
négliger les devoirs qui lui sont imposés par la
loi, puisqu'il profiterait de sa négligence qui lui
procurerait l'avantage de partager le mobilier
propre de sa femme avec celle-ci.

SECTION II.

De la Clause qui exclut de la communauté le mobilier en tout ou en partie.

174. En principe général, le mobilier présent
et futur des époux tombe dans la communauté;
mais ceux-ci peuvent, par leur contrat de mariage, en exclure leur mobilier présent et même
le mobilier futur, et alors les meubles deviennent
des propres de communauté, ce sont des espèces
d'immeubles fictifs conventionnels, auxquels on
n'a imprimé la qualité d'immeubles que pour les
empêcher de tomber dans la communauté, et
qui conservent leur nature pour tous les autres
cas; ainsi ils ne peuvent pas être grevés d'hypothèque, quoique les immeubles en soient susceptibles, ainsi ils ne peuvent pas être saisis immobi-
lièrement, etc., parce que les fictions n'opèrent leur
effet que dans les cas pour lesquels elles ont été
introduites. *Fictiones sunt stricti juris, operan-
tur tantùm in casu ficto, nec extenduntur de
casu ad casum.* La loi 27, §. 4 à la fin, dit aussi
qu'il ne faut pas étendre la convention à d'autres choses qu'à celles qui ont été prévues par
les parties : *animadvertendum est ne conventio
in aliá re facta, in aliá re noceat.*

On appelle cette convention *clause de réalisation.* Elle est de droit étroit, parce qu'elle est
contraire au droit commun des communautés;

c'est pourquoi, si on n'a réalisé que le mobilier présent, celui échu depuis le mariage à titre de succession ou de donation tombe dans la communauté; et réciproquement, si l'on n'a réalisé que le mobilier futur, celui que les époux avaient à l'instant du mariage est entré dans la communauté. Quelqu'étendue que soit la clause de réalisation, elle ne comprend que les capitaux, et non les fruits ou intérêts, parce que tous les fruits et revenus des propres des époux tombent de droit dans la communauté.

175. Lorsque les époux stipulent qu'ils ne mettent réciproquement leur mobilier dans la communauté que jusqu'à concurrence d'une certaine somme ou d'une valeur déterminée, ils sont par cela seul présumés se réserver propre le surplus. Cette clause serait inutile si on ne lui donnait pas cet effet, si les époux n'avaient pas voulu, en l'insérant dans l'acte, exclure de la communauté le surplus de leur mobilier, elle ne signifierait rien, elle n'a pas été mise pour dire que le mobilier spécifié tomberait dans la masse commune, puisqu'à défaut de stipulations contraires tout le mobilier y tombe de droit; or comme on doit entendre les clauses d'un contrat dans le sens qui leur donne quelqu'effet, plutôt que dans celui qui ne leur en donnerait aucun, art. 1157, c. c., il faut décider que les époux se réservent propre par cette déclaration le surplus de leur mobilier : *qui de uno dicit, de altero negat.*

176. Lorsque les époux conviennent d'apporter leur mobilier dans la communauté jusqu'à concurrence d'une certaine somme ou d'une valeur déterminée, cette clause rend l'époux dé-

biteur envers la communauté de la somme qu'il a promis d'apporter, et elle l'oblige de justifier de cet apport; il est présumé débiteur jusqu'à ce qu'il justifie de sa libération, il avait promis d'apporter telle somme ou valeur en mobilier, il faut donc qu'il la verse dans la masse pour acquitter son obligation, et c'est à celui qui devait, d'établir le payement, art. 1315, 2e alinéa, c. c.

Si lors de la dissolution de la communauté l'apport n'est pas tout payé, l'époux qui avait promis de l'effectuer doit en tenir compte à la communauté, et il est obligé à la garantie, si elle a été évincée des objets certains qui y ont été apportés, art. 1845, c. c.; *non videntur data quæ eo tempore quo dantur accipientis non fiunt. Quod evincitur in bonis non est;* l. 167 et 190, ff. *de regulis juris;* la raison de cette garantie est que ces objets enlevés ont été donnés en payement de la somme jusqu'à concurrence de laquelle on avait promis d'apporter du mobilier; or la dation en payement ne libère le débiteur qu'autant que la propriété de la chose donnée en payement a été transférée d'une manière irrévocable au créancier, art. 1238, c. c.

177. L'apport est suffisamment justifié, quant au mari, par la déclaration portée au contrat de mariage que son mobilier est de telle valeur. On pense que la femme et ses parens ont vérifié la consistance et valeur du mobilier du mari, et qu'ils n'auraient pas laissé insérer cette déclaration dans le contrat de mariage, si elle n'avait pas été conforme à la vérité; c'est d'ailleurs la seule manière d'établir son apport, en effet il ne peut pas se donner quittance à lui-même.

L'apport est suffisamment justifié, quant à la femme, par la quittance que le mari lui donne ou à ceux qui l'ont dotée; il n'aurait pas donné cette décharge s'il n'avait pas reçu, elle est la preuve littérale de l'accomplissement de l'obligation de la part de la femme.

Dans tous les cas on doit imputer sur l'apport promis par les époux leur mobilier corporel ou incorporel qu'ils justifieront avoir versé dans la communauté, suivant sa valeur au temps où elle l'a reçu; parce que c'est à l'époque du versement qu'ils ont acquitté tout ou partie de leur dette avec ce mobilier, et qu'ils l'ont fait avec la valeur qu'il avait au moment où le payement se consommait. Il est d'ailleurs juste que la diminution de valeur du mobilier, qui est le résultat de l'usage qu'en a fait la communauté, tombe sur celle-ci avec d'autant plus de raison qu'elle en était devenue propriétaire par le versement, et qu'il est de principe que la chose périt ou se détériore pour le maître.

178. Lorsqu'il y a convention que le mobilier ne tombera en communauté que jusqu'à concurrence d'une certaine somme ou valeur, chaque époux a le droit de reprendre et prélever, lors de la dissolution de la communauté, la valeur de ce dont le mobilier qu'il y a apporté lors du mariage, ou qui lui est échu depuis, excède sa mise en communauté; parce que cet excédant lui est resté propre, et qu'ainsi il a le droit de le prélever avant le partage, comme tous ses autres biens personnels.

179. Pour qu'on puisse reconnaître le mobilier échu à chaque époux pendant le mariage à titre de succession ou de donation, la loi veut

qu'il soit constaté par un inventaire : cela est absolument nécessaire pour qu'il ne soit pas confondu avec le mobilier de l'autre époux et celui de la communauté.

C'est le mari qui est chargé de faire procéder à l'inventaire, non-seulement pour le mobilier qui lui échoit, mais aussi pour celui qui arrive à son épouse, dont il gère les biens et pour laquelle il est obligé d'agir, art. 1428 et 1414 à la fin, c. c.; c'est pourquoi la loi déclare que le mari ne peut exercer la reprise du mobilier qui lui est échu pendant le mariage, s'il n'a pas été constaté par un inventaire ou par un titre propre à justifier de sa consistance et valeur, déduction faite des dettes, tel que serait l'état estimatif joint à la donation de ce mobilier; il doit s'imputer sa négligence; s'il souffre, c'est pour n'avoir pas rempli l'obligation qui lui est imposée par la loi; le dommage qu'il éprouve, c'est par sa faute qu'il se l'est procuré, et par là même il est présumé n'en ressentir aucun; l. 203, ff. *de regulis juris.*

La négligence du mari ne doit pas retomber sur la femme, lui seul doit en être victime; à défaut d'inventaire du mobilier qui est échu à sa femme, celle-ci ou ses héritiers sont admis à prouver, soit par titres, soit par témoins, soit même par commune renommée, la valeur de ce mobilier, déduction aussi faite des dettes, parce qu'il n'y a de biens que ce qui reste après avoir déduit la partie nécessaire pour acquitter les dettes qui sont à la charge de ces biens : *bona cujusque intelliguntur, quæ deducto ære alieno supersunt;* l. 39, §. 1, ff. *de verb. signific.;* l. 6, cod. *ad leg. Falcidiam;* l. 54, ff. eodem.

180. Lorsque les époux stipulent que leur mo-

bilier n'entrera en communauté que jusqu'à concurrence d'une certaine somme, ou de certains objets désignés, cette clause emporte celle de séparation de dettes dont on parlera à la section 4ᵉ, art. 1510, c. c.

181. Quoique les époux soient convenus que leur mobilier en tout ou en partie n'entrerait pas en communauté, il y entre cependant en ce sens que le mari peut en disposer, et alors l'effet de la clause se réduit à donner à la femme une créance en reprise de la valeur du mobilier aliéné, sur la communauté et subsidiairement sur les biens propres du mari ; et elle a indépendamment de toute inscription, pour la sureté de cette reprise, une hypothèque légale sur tous les immeubles du mari, à dater du jour de l'aliénation, art. 2135, c. c.

SECTION III.

De la Clause d'ameublissement.

182. La clause d'ameublissement est celle par laquelle les époux mobilisent tout ou partie de leurs immeubles, par laquelle ils en font des meubles fictifs conventionnels, pour qu'ils puissent tomber dans la communauté.

Les époux ou l'un d'eux peuvent convenir dans leur contrat de mariage de faire entrer en communauté tout ou partie de leurs immeubles présens ou futurs. Cette clause s'appelle *ameublissement*, parce qu'elle feint que les immeubles dont il s'agit sont des meubles, et qu'en cette qualité ils tombent dans la communauté qui ne doit se composer que des meubles appartenant aux époux : cette fiction ne produit ses effets que relativement au cas pour lequel elle a été établie, et les fonds ameublis conservent leur nature pour tous les autres cas; ils peuvent être valablement grevés d'hypothèque et être saisis réellement, etc.

L'ameublissement est quelquefois nécessaire, savoir : quand l'un des époux a beaucoup de meubles, et que l'autre n'a que des immeubles, il faut alors que ce dernier ameublisse quelques-uns de ces héritages pour former sa mise dans la société.

183. L'ameublissement peut être déterminé ou indéterminé : il est déterminé lorsque l'époux a déclaré ameublir un tel immeuble désigné en tout ou jusqu'à concurrence d'une certaine somme. On sait positivement quel est l'immeuble frappé par l'ameublissement, il n'y a alors que celui-ci sur lequel la communauté ait des droits, les autres restent propres à l'époux qui a ameubli.

L'ameublissement est indéterminé lorsque l'époux a simplement déclaré apporter en communauté, jusqu'à concurrence d'une certaine somme, tous ses immeubles, qui prennent alors la nature de conquêts au prorata de la somme déclarée; dans ce cas tous les immeubles sont affectés par suite de la clause d'ameublissement. L'époux, par cette clause, ne promet pas seulement d'apporter à la communauté une certaine somme, comme dans la convention d'apport; mais il s'engage à mettre ses immeubles dans la communauté jusqu'à la valeur de la somme promise; c'est pour cela que l'époux qui a ameubli ses héritages de cette manière, est, à la dissolution de la communauté, obligé d'en mettre dans la masse jusqu'à cette concurrence; c'est encore

pour la même raison que le mari peut les hypothéquer dans la même proportion, art. 1508,
c. c.

La partie du même article qui porte que la
communauté ne devient pas propriétaire des immeubles de la femme frappés de l'ameublissement
indéterminé, et qu'en conséquence le mari ne peut
les aliéner sans le consentement de celle-ci, ne con-
trarie point l'opinion émise ci-dessus. Si la communauté ne devient pas propriétaire, si le mari ne
peut pas aliéner, c'est que l'on ne connaît point
encore quels seront les immeubles que la femme
comprendra dans la masse; jusque-là le droit
de la communauté n'est fixé sur rien, il embrasse
d'une manière générale l'ensemble, sans être déterminé à aucun fonds en particulier, mais elle
a cependant un droit de propriété indéterminé
sur le tout jusqu'à concurrence de la somme
promise, et qui se fixera, à la dissolution, sur les
immeubles offerts par la femme; avant cette dé-
termination de la femme, le droit de la communauté est vague et incertain, il ne repose encore
sur rien de précis; le mari, chef de la communauté, ne peut aliéner aucune partie de ces immeubles, parce qu'il est possible que la femme
ne mette pas dans la communauté ceux qui auraient été vendus.

184. Quand l'ameublissement est déterminé,
l'immeuble ou les immeubles qui en sont frappés
sont biens de communauté, comme les meubles
mêmes; dans ce cas les fonds deviennent des
meubles fictifs conventionnels, et ils tombent en
cette qualité dans la communauté; l'héritage
affecté par la clause étant connu et désigné, il
ne peut y avoir aucun doute sur celui qui a été

frappé de l'ameublissement, et qui par suite est devenu meuble.

Lorsque l'immeuble ou les immeubles de la femme sont ameublis en totalité, le mari en peut disposer comme des autres effets de la communauté, et les aliéner en entier; il a les mêmes droits sur ces immeubles que sur les meubles et acquêts qu'il peut vendre et dissiper à son gré, art. 1421, c. c.; le fonds étant ameubli pour le tout, la femme n'y conserve pas plus de droits que sur ses meubles réels, parce que la fiction imite la vérité; par la même raison ils sont aux risques de la communauté, s'ils périssent la perte tombe sur elle seule.

185. Lorsque l'immeuble de la femme n'est ameubli que pour une certaine somme, alors elle a conservé des droits sur cet héritage, il lui appartient toujours en propre pour tout ce dont sa valeur excède la somme pour laquelle il a été ameubli; les droits du mari sur un semblable immeuble ne sont pas aussi étendus que sur celui qui est ameubli pour la totalité, il ne peut l'aliéner que du consentement de la femme, parce que celle-ci ne peut pas être dépouillée de sa part sur ce fonds sans son fait. Cependant le mari peut, sans le consentement de la femme, hypothéquer l'immeuble ameubli de cette manière, mais seulement jusqu'à concurrence de la somme pour laquelle il a été mobilisé; le mari, en sa qualité de chef de la communauté, a des droits sur cet héritage jusqu'à cette concurrence, il peut donc l'affecter et hypothéquer dans cette proportion.

Dans l'ameublissement déterminé, l'époux qui a ameubli certains immeubles doit garantie en

cas d'éviction, art. 1845, c. c., parce que la société est un contrat de commerce, les avantages
qu'une partie en reçoit sont l'équivalent de ceux
qu'elle confère elle-même aux autres associés,
elle n'est point un contrat de bienfaisance, *do-
nationis causá societas rectè non contrahitur;*
l. 5, §. 2, ff. *pro socio;* l'époux qui avait ameubli les fonds dont la communauté a été évincée
est tenu de l'action d'éviction, lors même que
l'autre époux n'a rien ameubli ni apporté aucun
meuble, parce que son industrie a tenu lieu de
mise. *Cùm sæpè pauperior operá suppleat quantùm ei per comparationem patrimonii deest;* l. 5;
§. 1, ff. *pro socio :* l'industrie tenant lieu de mise,
même dans les sociétés ordinaires, art. 1833 et
1853, 2ᵉ alinéa, c. c.

186. L'ameublissement indéterminé ne rend
point la communauté propriétaire des immeubles
qui en sont frappés, parce que son droit n'est
fixé sur aucun de ces fonds, mais qu'il plane va-
guement sur tous, tant que l'époux n'a pas désigné, après la dissolution de la communauté,
ceux qu'il voulait mettre dans la masse; ce n'est
pas cependant une créance mobilière d'une
somme qui appartient à la communauté, c'est
une créance immobilière, car l'époux qui l'a
consenti est obligé de comprendre dans la masse,
lors de la cessation de la communauté, quelques-
uns de ses immeubles jusqu'à concurrence de la
somme promise. Tant que ce choix n'a pas été
fait par l'époux, les héritages frappés par l'a-
meublissement indéterminé restent aux risques
de l'époux qui l'a fait, et si quelques-uns périssent, la perte tombe sur lui; aucun des fonds
n'étant mobilisé en particulier, mais tous jusqu'à

une certaine somme, on ne peut pas dire que celui qui a péri appartenait à la société.

Dans le cas de l'ameublissement indéterminé, le mari ne peut aliéner en tout ou en partie les immeubles qui en sont frappés, qu'avec le consentement de la femme, parce qu'on ne sait point lesquels appartiennent à la communauté; mais en sa qualité de chef de cette dernière, il peut hypothéquer, jusqu'à concurrence de la somme pour laquelle ils ont été ameublis, les héritages de la femme, parce qu'elle est censée lui avoir donné le pouvoir d'y conférer hypothèque pour cette valeur, autrement le mari n'aurait pas le crédit dont il a besoin pour les affaires communes, et l'ameublissement indéterminé ne procurerait aucun avantage à la communauté; d'ailleurs celle-ci a pendant le mariage des droits positifs sur ces immeubles jusqu'à la quotité de l'ameublissement, son chef peut donc les engager dans la même proportion.

187. L'époux qui a ameubli des fonds peut les retenir à l'époque du partage, en les précomptant sur sa part pour le prix qu'ils valent alors, et ses héritiers ont le même droit; c'est une espèce de retrait lignager qu'on leur accorde, parce que ces immeubles peuvent avoir pour eux un prix d'affection, comme provenant de leur ligne et famille; on veut que l'époux les précompte pour le prix qu'ils valent au moment du partage, parce que l'autre époux serait lésé, si le premier qui retient des conquêts de communauté, divisibles par leur qualité entre les deux conjoints, ne tenait pas compte de la valeur actuelle de ces héritages.

SECTION IV.

De la Clause de séparation de dettes.

188. Souvent les parties stipulent dans leur contrat de mariage que la communauté ne sera pas chargée des dettes que chaque conjoint a contractées avant le mariage : cette stipulation s'appelle *clause de séparation de dettes.*

Une telle clause s'applique non-seulement aux dettes, dont chaque conjoint peut être débiteur envers des tiers, mais encore à celles dont l'un des conjoints se trouve débiteur envers l'autre, parce qu'elle empêche toute confusion d'actions. Elle comprend les dettes contractées avant le mariage avec un terme, quoiqu'il ne soit échu que depuis le mariage, parce que le terme ne suspend point l'engagement, il en diffère seulement l'exécution, art. 1188, c. c., la dette existait déjà avant que le terme fût expiré. Il en est de même des dettes contractées avant le mariage sous une condition suspensive, quoiqu'elle ne se soit accomplie qu'après la célébration, parce que la condition une fois arrivée remonte au jour même où l'obligation conditionnelle a été formée, et par conséquent à une époque antérieure au mariage, art. 1179, c. c. Cette clause renferme les obligations contractées avant le mariage, quoiqu'elles n'ayent été constatées et liquidées qu'après; telle serait l'obligation provenant d'un délit commis avant le mariage par un des époux, mais qui n'a été poursuivi que depuis; cela a lieu même pour l'amende à laquelle il a été condamné, parce que le germe de la condamnation existait avant le mariage : il suffit que la cause de la dette soit antérieure à la célébration pour que la communauté n'en soit pas tenue.

189. Lorsqu'il existe dans le contrat de mariage une clause de séparation de dettes; si les obligations personnelles de l'un ou de l'autre des époux ont été acquittées par la communauté, il devra faire raison, à la dissolution de cette dernière, des dettes qui seront justifiées avoir été payées par elle, à la décharge de l'époux débiteur, il devra verser une somme semblable dans la masse, ou payer la moitié de cette somme à l'autre époux; il a tiré, dans ce cas, un profit personnel des biens de la communauté, il est juste qu'il en indemnise son conjoint.

Si les dettes personnelles des deux époux ont été acquittées, ils doivent respectivement remplir l'obligation ci-dessus à la fin de la communauté.

190. Cette obligation est la même, soit qu'il y ait eu inventaire ou non; il suffit qu'il soit justifié que les dettes de l'un des époux ont été soldées aux dépens de la communauté, parce qu'il doit dans tous les cas exécuter la clause qui est une loi pour lui, art. 1134, c. c., et le défaut d'inventaire est tout-à-fait indifférent entre époux, il n'a des effets que relativement aux créanciers de l'un ou de l'autre; pour ceux-ci, il faut que le mobilier apporté par les époux ait été constaté par un inventaire ou état authentique antérieur au mariage, autrement ils peuvent, sans avoir égard à aucune des distinctions qui seraient réclamées, poursuivre leur payement sur le mobilier non inventorié comme sur les autres biens de la communauté. Cet inventaire est exigé, parce qu'à défaut d'un tel acte le mobilier de l'époux

débiteur se trouve confondu avec celui de l'autre, ils ne forment qu'une seule masse, on ne peut plus les distinguer; l'inventaire ou état authentique du mobilier doit être antérieur au mariage pour faire valoir cette clause de séparation de dettes et empêcher les poursuites des créanciers, autrement la confusion a lieu au moment du mariage, les meubles ne se reconnaissent plus, on n'a aucun moyen certain de les distinguer les uns des autres, les créanciers de la femme peuvent dire au mari qu'il a pris les meilleurs meubles de celle-ci, et qu'il ne représente que les plus mauvais, ou plutôt que tous les meubles sont censés provenir de leur débitrice.

Si la femme veut, en vertu de cette clause, s'exempter de payer, après la dissolution de la communauté, la moitié des dettes mobilières du mari, elle doit faire procéder à l'inventaire du mobilier de celui-ci avant le mariage, parce qu'il faut qu'il soit constaté pour en empêcher la confusion avec le sien, et pour que les créanciers du mari puissent agir sur son mobilier.

L'inventaire du mobilier de l'un ou de l'autre des époux doit être fait en contradictoire de l'autre conjoint, parce qu'il faut procéder à tout inventaire avec un contradicteur légitime, qui est chargé de veiller à ce qu'il soit fait avec fidélité.

Les créanciers ont le même droit et pour les mêmes raisons sur le mobilier qui serait échu pendant la communauté, s'il n'a pas été pareillement constaté par un inventaire ou état authentique. On entend par état authentique un partage, un compte de tutelle, etc, dans lesquels ce mobilier serait mentionné et désigné; il en est de même de l'état estimatif joint à une donation de meubles faite à l'un des époux; cet état étant annexé à la minute de la donation, il en est une partie intégrante, et il participe à son authenticité, art. 948, c. c.

191. La séparation de dettes entre époux peut être expresse et résulter d'une clause formelle du contrat de mariage; elle est aussi quelquefois tacite, ce qui a lieu quand on l'induit de la clause d'apport d'une somme certaine ou d'un corps certain : ainsi, lorsque les époux apportent dans la communauté, ou une somme certaine, ou un corps certain, un tel apport emporte la convention tacite qu'il n'est point grevé des dettes antérieures au mariage; et il doit être fait raison par l'époux débiteur à l'autre, de toutes celles qui diminuent l'apport promis; parce que la communauté n'est tenue des dettes mobilières qu'autant que tout l'actif mobilier ou une quotité de cet actif tombe dans la communauté, et qu'ainsi elle n'est plus obligée de les acquitter quand les époux ne mettent en société que de certaines choses particulières; car les dettes ne sont la charge que d'une universalité ou d'une quotité de biens, et non d'une somme certaine ou de quelques corps certains et déterminés. *Æs alienum totum patrimonium imminuere constitit, non certi loci facultates;* l. 50, §. 1, ff. *de judiciis;* et les docteurs disent sur cette loi : *œs alienum universi patrimonii non certarum rerum onus est.* D'ailleurs, quand l'un des époux s'engage à apporter à la communauté une somme certaine ou des corps certains, il promet par là même que la communauté sera augmentée jusqu'à cette concurrence, il s'engage donc tacitement et par voie de conséquence à payer toutes les dettes antérieures

au mariage pour qu'elles ne diminuent pas l'apport promis, il s'est obligé d'en faire un qui soit réel et effectif, et non pas un apport qui serait absorbé et anéanti par le payement des dettes.

192. La clause de séparation de dettes n'empêche pas que la communauté ne soit chargée des intérêts et arrérages qui ont couru depuis le mariage ; cette clause ne portant que sur les dettes qui lui sont antérieures, elle n'est point applicable aux intérêts et arrérages échus après la célébration, parce que ce sont des dettes qui se sont formées pendant le mariage, et que d'ailleurs elles doivent être payées sur les fruits des propres dont jouit la communauté, art. 1401, n° 20, c. c.

193. Quelquefois les parens de l'un des futurs époux, et le plus souvent ceux de l'homme, déclarent et certifient à l'autre qu'il est franc et quitte de dettes. Il résulte de cette déclaration que si l'homme ne se trouve pas exempt de dettes, comme ils l'ont assuré, ils sont obligés d'indemniser la femme jusqu'à due concurrence du préjudice que lui auront causé les dettes contractées par le mari avant le mariage.

Cette indemnité ne s'applique pas aux dettes chirographaires dont la date n'est pas devenue certaine avant le mariage, parce que leur date ne fait point de foi contre les tiers, à cause de la facilité qu'on a de les antidater, art. 1328, c. c.

Si, après la dissolution de la communauté, les biens du mari se trouvent suffisans pour acquitter les conventions matrimoniales de la femme, cette clause ne peut plus nuire à ceux qui l'ont déclaré franc et quitte. Si au contraire les biens du mari ne sont pas suffisans pour payer ses créanciers, si ceux antérieurs au mariage ont été colloqués sur ses biens par préférence à la femme, ou concurremment avec elle, et si par là elle n'a pas touché sur les biens du mari tout ce qu'elle aurait reçu sans les dettes antérieures au mariage, les déclarans seront tenus de lui donner une somme égale à celle reçue par les créanciers antérieurs : par exemple, les biens sont vendus 20,000 fr., il est dû à la femme 40,000 fr.; elle aurait touché la moitié de sa créance, s'il n'y avait pas eu des dettes du mari antérieures au mariage, et préférables à la femme ou admises en concours avec elle; les créanciers antérieurs ont été colloqués pour 5000 fr.; la femme qui souffre préjudice de cette somme par l'effet de ces dettes, a recours pour 5000 fr. contre les déclarans.

194. En vertu de la clause qui porte que le mari est franc et quitte de toutes dettes antérieures au mariage, la femme ne peut pas contraindre les parens du mari à acquitter de semblables dettes, sous prétexte que les intérêts de ces dettes diminuent les produits de la communauté : par une semblable clause les parens du mari n'ont pas garanti à la femme une communauté plus ou moins opulente, mais ils ont seulement promis que ses conventions matrimoniales ne seraient pas diminuées par suite des dettes du mari contractées avant le mariage; et ainsi les garans peuvent, suivant que cela leur sera plus avantageux, ou payer ces dettes, ou acquitter les conventions matrimoniales de la femme, ce qui comprend les donations faites à celle-ci par le mari, dans le contrat de mariage; car ces libéralités font partie de ses conventions

matrimoniales. On accorde ce choix aux déclarans, parce que les pactes matrimoniaux ne sont
plus diminués par les dettes du mari antérieures
à la célébration, soit que les garans payent ces
dettes, soit qu'ils acquittent les conventions matrimoniales.

195. Il ne faut pas confondre la clause par
laquelle les parens de l'homme le déclarent franc
et quitte de dettes, avec la convention de séparation de dettes; celle-ci intervient entre les
époux, et dans la première au contraire le futur
mari ne paraît point, elle se forme entre les parens du mari et la femme; le mari qui n'a pas
parlé n'est tenu de rien à cet égard : d'ailleurs,
la clause de séparation de dettes concerne la
communauté de biens qui doit exister entre les
époux, elle a pour but d'exclure de cette communauté les dettes antérieures au mariage, et de
lui assurer une indemnité proportionnelle aux
sommes qu'elle fournirait pour payer ces dettes.
Au contraire la clause par laquelle les parens
du mari le déclarent franc et quitte de dettes,
ne se rapporte pas à la communauté de biens
qui doit avoir lieu entre les futurs conjoints:
elle peut s'insérer dans un contrat de mariage
qui exclut la communauté de biens, comme dans
celui qui l'admet; et dans ce dernier cas l'objet
de cette clause n'est pas d'exclure de la communauté les dettes du mari antérieures au mariage, mais on promet seulement qu'elles ne
seront point un obstacle au payement de la
femme sur les biens du mari.

196. Quand les parens du mari le déclarent
franc et quitte de dettes, cette clause signifie que
les parens garantissent à la femme l'effet de ses

conventions matrimoniales, parce que le mari doit les garantir; mais la femme ne doit pas garantir au mari ses remplois et ses indemnités : d'après ce, quand les parens de la future la déclarent franche et quitte de dettes, dans ce cas si celle-ci a fait donation à son mari, par le contrat de mariage, d'une certaine somme à prendre sur ses biens, en cas de survie de ce dernier, la clause signifie alors que les parens se sont engagés à faire bonne la donation, ou qu'ils ont au moins garanti qu'elle ne sera pas diminuée par les dettes de la femme antérieures au mariage. Mais si celle-ci n'a fait aucune donation au mari, alors il n'a aucune créance à exercer contre elle; tout l'intérêt qu'il a dans ce cas à la faire déclarer franche et quitte, consiste à empêcher que la communauté ne soit diminuée par le payement des dettes de la femme antérieures au mariage; et ainsi, par cette clause, les parens de cette dernière sont censés s'être obligés à les acquitter au bénéfice de la communauté; et si les capitaux en étaient déjà exclus par une clause de séparation de dettes, celle de franche et quitte s'appliquerait alors aux intérêts et arrérages qui ont couru pendant le mariage, parce qu'il faut donner un effet à toutes les clauses, art. 1157, c. c.

Lorsque les parens de la femme la déclarent franche et quitte, elle est étrangère à cette clause, et d'après ce, si le mari n'a pu en obtenir l'effet, il n'a aucun recours contre la femme.

La clause de franc et quitte ne peut être invoquée par les créanciers de l'époux déclaré tel, elle ne concerne que l'autre époux; mais si elle ne peut leur profiter, elle ne peut aussi leur pré-

judicier, et ainsi rien ne les empêche de poursuivre leur payement contre la communauté, et
si elle est actionnée pour les dettes de l'un des
époux déclaré par contrat franc et quitte de
toutes dettes antérieures au mariage, l'autre conjoint a droit à une indemnité qui se prend, soit
sur la part de communauté revenant à l'époux
débiteur, soit sur les biens personnels de celui-
ci; et, en cas d'insuffisance, cette indemnité peut
être poursuivie par voie de garantie contre le
père, la mère, l'ascendant ou le tuteur qui l'auraient déclaré franc et quitte, ce qui doit au reste
s'entendre avec l'explication ci-dessus donnée d'a-
près l'effet de cette clause, et il faut aussi supposer que les dettes de l'époux ont été exclues de
la communauté par la clause de séparation de
dettes, et qu'ainsi il y a tout à la fois clause de
séparation de dettes de la part des époux, et
clause de franc et quitte de la part des parens
de l'un des époux.

197. Cette garantie peut même être exercée
par le mari durant la communauté, si la dette
provient du chef de la femme; mais celle-ci ou
ses héritiers seront tenus de rembourser aux
garans ce qu'ils auront fourni par suite de cette
clause. Cette action en remboursement est accordée aux garans, parce que les parens de la
femme, en la déclarant franche et quitte, ne
contractent d'obligation qu'envers le mari, ils
n'en contractent aucune envers la femme, et
ainsi ils ont leur recours contre elle, parce qu'ils
payent vraiment pour elle. Ils sont néanmoins
privés de ce recours lorsque l'action réfléchirait
contre le mari, parce qu'il souffrirait alors, par
suite des dettes de la femme, un préjudice dont

les parens de celle-ci ont promis de le garantir;
or il est de principe que celui qui doit garantir,
ne peut intenter aucune action contraire à la
garantie dont il est tenu. *Quem de evictione tenet
actio, eumdem agentem repellit exceptio ;* l. 14,
cod. *de evictionibus ;* l. 14, cod. *de rei vindicatione.* Cela a lieu par exemple lorsqu'il n'y a
point de clause de séparation de dettes, et que
la femme a renoncé à la communauté, parce
que c'est alors le mari qui doit payer toutes les
dettes mobilières de la femme, art. 1494, c. c.
Si la femme a accepté la communauté, les déclarans ne pourront agir que pour la moitié de
ces dettes, parce que la femme aurait un recours
contre le mari pour l'autre moitié, et qu'ainsi
l'action réfléchirait contre lui jusqu'à cette concurrence, art. 1482, c. c.

Les garans du mari qui ont acquitté les conventions matrimoniales de la femme, auront aussi
un recours contre lui s'il acquiert des biens,
parce qu'ils ont payé sa dette en accomplissant
de semblables conventions.

SECTION V.

*De la Faculté accordée à la femme de reprendre
son apport franc et quitte.*

198. La faculté accordée à la femme de reprendre son apport franc et quitte est une clause
par laquelle la femme, en renonçant à la communauté, est autorisée à y reprendre tout ou partie de ce qui y est tombé de son chef.

Cette clause est contre le droit commun ; elle
est tout à fait contraire à la nature des sociétés,
puisque l'on donne à l'un des associés le droit

de prendre part à la société si elle est bonne, et de retirer sa mise franche des dettes sociales si elle est mauvaise ; ainsi il peut prendre part aux profits, sans être jamais exposé à aucune perte, sa mise est affranchie de toute contribution aux pertes, ce qui est défendu à peine de nullité dans toutes sociétés autres que celles des conjoints, art. 1855, 2e alinéa, c. c.

La grande faveur des mariages, la nécessité de préserver la femme des suites de la mauvaise gestion de son mari, et le besoin de lui conserver ainsi qu'aux enfans quelques ressources, quand toute la dot est mobilière, font tolérer cette clause dans les contrats de mariage, *interest reipublicæ dotes mulierum salvas esse ;* l. 2, ff. *de jure dotium ;* l. 1. ff. *soluto matrimonio ;* l. 18, ff. *de rebus auctorit. judic. possidend.*

199. Ainsi la femme peut stipuler qu'en cas de renonciation à la communauté, elle reprendra tout ou partie de ce qu'elle y aura apporté soit lors du mariage, soit depuis ; mais cette clause étant contre le droit commun, elle ne peut jamais être suppléée, ni augmentée au-delà de ses termes quand elle existe ; elle est de droit étroit, elle ne peut être étendue d'un cas à un autre, ni d'une personne à une autre, ni d'une chose à une autre ; *quod verò contra rationem juris introductum est, non est producendum ad consequentias ;* l. 14, ff. *de legibus,* et l. 141 princ., ff. *de regulis juris.* Ainsi, lorsque la femme a stipulé qu'elle reprendrait le mobilier qu'elle a apporté lors du mariage, cette clause ne s'applique pas à celui qui lui est échu depuis le mariage à titre de succession ou de donation : *inter suos limites continetur clausula contraria juri communi, nec exiendttur de re ad rem.*

S'il est simplement dit que la femme aura la faculté de renoncer et de reprendre, ses enfans, en cas qu'elle meure avant le mari, ne profiteront pas de la clause dans laquelle ils ne sont pas compris; ils pourront bien renoncer et s'exempter par là du payement des dettes de la communauté, mais en renonçant ils seront obligés d'y laisser tout ce que leur mère y avait apporté. *Non extenditur de personá ad personam.*

200. Il faut que les enfans soient expressément nommés, ils ne seront pas compris dans la stipulation, lors même que la clause serait conçue d'une manière impersonnelle, en ces termes : *arrivant la dissolution de la communauté il sera fait reprise, en renonçant, de tout ce qui a été apporté par la femme ;* mais si la clause portait que la femme ainsi que ses héritiers collatéraux reprendront l'apport en renonçant, les enfans de celle-ci pourront renoncer et reprendre, ils sont suffisamment renfermés dans la stipulation, car on ne peut pas penser que la femme ait voulu assurer à ses collatéraux un droit qu'elle aurait refusé à ses enfans; en y comprenant ses collatéraux, elle a voulu à plus forte raison y comprendre ses enfans, on doit entendre cette clause de la même manière que s'il y avait *ses héritiers même collatéraux.*

201. Si la faculté est accordée à la femme et à ses enfans, ces derniers pourront bien renoncer et reprendre, parce qu'ils sont compris dans la stipulation, mais cette faculté n'appartiendra ni aux ascendans de la femme ni à ses collatéraux, et pour que la clause puisse renfermer toutes ces personnes, il faut qu'il soit dit dans le contrat de mariage que cette faculté appartiendra

à la femme, à ses enfans, à ses ascendans et aux
siens de son côté et ligne.

202. Néanmoins il faut observer que quand la
femme a survécu à son mari, et qu'elle décède
ensuite avant d'avoir accepté ou répudié la communauté, le droit de renoncer et de reprendre
qui lui a été acquis par le prédécès du mari
passe dans tous les cas à ses héritiers soit en
ligne directe, soit en ligne collatérale, quoique
la clause ne fasse mention que de la femme, parce
que c'est un droit formé qu'ils trouvent dans sa
succession ; il en est de même en faveur des légataires universels qui sont comparés aux héritiers, art. 871, 873, 874, 875, 876, 1009, c. c.;
*hi qui in universum jus succedunt, hœredis loco
habentur;* l. 128, §. 1, ff. *de regulis juris.* La renonciation de la femme n'est pas une condition
d'où dépend l'ouverture du droit de reprendre
l'apport franc et quitte, il n'est pas suspendu jusqu'au moment de la renonciation, il est ouvert
à la dissolution de la communauté ; la renonciation est la charge imposée à ceux qui exercent
le droit de reprendre, *est lex faciendi;* or il est
de principe que la charge imposée à l'exercice
d'un droit n'en empêche pas l'acquisition, mais
qu'elle en suspend seulement l'exercice jusqu'après l'accomplissement de la charge ; il faut
distinguer entre le droit et l'exercice du droit :
le droit est acquis à la femme dès la mort du
mari, même avant la renonciation, mais l'exercice ne peut s'en faire qu'après la renonciation à
la communauté.

Ce droit appartient aussi aux créanciers de
la femme survivante, qui sont même plus avantagés que ses héritiers, parce que ces derniers

ne sont ses représentans qu'après sa mort, et ne peuvent en conséquence qu'à cette époque exercer le droit de reprendre en son nom; au contraire, les créanciers autorisés par la loi à exercer tous les droits et actions de leurs débiteurs qui ne sont pas exclusivement attachés à leurs personnes, art. 1166, c. c., ont le droit de renoncer et de reprendre au nom de leur débitrice, non-seulement après sa mort, mais encore de son vivant, après la dissolution de la communauté.

203. Quelquefois la femme stipule que la reprise tant de sa part que des siens n'aura lieu que sous la condition de laisser au mari une certaine somme pour les frais de noces; si le mari meurt le premier, ses héritiers retiendront la même somme, parce qu'ils ne doivent que ce que devait le mari, et que la femme ne peut exiger que ce qu'elle a stipulé.

204. Lorsque des immeubles de la femme sont tombés dans la communauté par la voie de l'ameublissement, la clause de reprendre l'apport franc et quitte ne prive pas le mari du droit de vendre les immeubles ameublis pour la totalité; parce qu'il faut concilier la clause de reprise avec l'ameublissement, et ainsi la femme ne pourra pas attaquer les acquéreurs, mais elle devra se contenter du prix reçu ou de l'estimation, si le mari a colludé pour vendre à vil prix.

205. Dans tous les cas, les apports ne peuvent être repris par la femme que déduction faite des dettes personnelles de celle-ci qui auraient été acquittées aux dépens de la communauté, parce qu'il n'est pas juste que cette dernière qui

ne profite de rien, s'il existe une semblable clause, soit chargée des dettes personnelles de la femme contractées avant le mariage et depuis, de quelque nature qu'elles soient, quand elles ont été consenties dans son intérêt; d'ailleurs le payement de ces dettes a diminué nécessairement cet apport jusqu'à due concurrence, *quia bona non intelliguntur, nisi deducto œre alieno;* l. 39, §. 1, ff. *de verb. signif.*

Tels sont les principes relativement aux dettes personnelles de l'époux qui exerce la reprise mobilière en vertu de la clause; quant aux dettes créées pendant l'existence de la société conjugale, pour le mari ou pour la communauté, la femme doit dans tous les cas en être déchargée par rapport au mari ou à ses héritiers, parce que la convention, qui est une loi pour eux, art. 1122 et 1134, c. c., lui donne le droit de reprendre son apport franc et quitte; mais relativement aux créanciers, il faut faire une distinction: si la femme s'est obligée personnellement envers eux, avec son mari, la clause de reprise n'opère rien contre eux et ne donne aucune atteinte à l'obligation personnelle de la femme qui est tenue de payer toutes les dettes auxquelles elle s'est soumise, soit pour le tout si elle s'est obligée solidairement, soit pour moitié lorsqu'il n'y a pas de clause de solidarité dans l'obligation contractée conjointement par les deux époux; sauf son recours contre le mari ou ses héritiers : si au contraire la femme ne s'est pas obligée personnellement envers les créanciers, au moyen de sa renonciation elle demeure quitte envers eux, quoiqu'elle reprenne dans la communauté ce qu'elle y a apporté : et on ne peut pas dire que les créanciers sont trompés en cela, et qu'ils n'ont contracté avec le mari que parce qu'ils lui voyaient une communauté considérable, car ils ont dû savoir qu'il était marié et s'informer des clauses de son contrat de mariage; sans cette disposition de la loi, la clause de reprendre son apport franc et quitte serait inutile à la femme, les dettes de la communauté absorberaient le plus souvent la valeur de l'apport mobilier, parce que la renonciation n'a lieu que lorsque la communauté est obérée.

La femme a pour ses reprises une hypothèque légale qui remonte au jour de l'aliénation des choses qui en sont l'objet, art. 2135 n° 2°, 2140, 2144, c. c.

SECTION VI.

Du Préciput conventionnel.

206. La clause de préciput conventionnel est celle par laquelle il est convenu que le survivant des époux pourra prélever sur la communauté, avant le partage, une certaine somme ou une certaine quantité d'effets mobiliers en nature, et même quelquefois que la femme survivante, en cas de renonciation, pourra réclamer les effets ou la somme qui sont l'objet du préciput.

Si le préciput consiste en une généralité d'effets mobiliers, tels, par exemple, que les meubles meublans, le survivant peut prélever tous les effets mobiliers de cette espèce, parce qu'ils sont tous compris dans la clause de préciput, à moins que l'on n'ait ajouté ces mots, *jusqu'à la somme de tant*, auquel cas il ne pourra prendre des effets désignés que jusqu'à concurrence de la somme stipulée.

207. En thèse générale, la clause de préciput ne donne droit à ce prélèvement au profit de la femme survivante, que lorsqu'elle accepte la communauté; ce prélèvement suppose en effet le partage de la communauté, parce que le mot *préciput* signifie *pris avant, captum præ;* il faut donc que la femme accepte la communauté pour qu'elle puisse exercer le préciput, et on doit dire en général qu'il ne se prélève que sur la masse sociale, puisqu'il doit se prendre avant le partage d'icelle, c'est un prélèvement avant la division de l'actif; cela suppose donc qu'il y a quelque chose à la masse, parce qu'on ne peut rien y prélever, s'il n'y a rien; ainsi la femme ne pourra pas l'exercer sur les biens personnels du mari, si la communauté ne suffit pas : ce n'est plus ici une perte qu'elle éprouve, ce n'est plus la diminution de ses propres, c'est un simple profit dont elle est privée.

Cependant on peut convenir que la femme aura droit au préciput conventionnel dans le cas même de sa renonciation à la communauté; c'est ici une clause qui doit être exécutée, elle est une loi pour les héritiers du mari, art. 1134, c. c., c'est une donation qu'il a voulu faire sur ses propres, en cas d'insuffisance de la communauté; c'est pourquoi la femme survivante peut, dans ce dernier cas, exercer son préciput sur les biens personnels du mari, lorsque les biens communs ne suffisent pas pour la remplir à cet égard : le mari, en consentant que la femme renonçante exerçât le préciput, a par là même consenti qu'elle le prît sur ses biens personnels, il a en effet prévu un cas où la communauté serait mauvaise et insuffisante; car la femme n'y renonce que lorsque la communauté est en mauvais état; en lui donnant la faculté d'exiger le préciput dans ce cas, le mari veut donc qu'elle l'exerce sur ses propres, puisqu'alors la communauté ne possède rien ou presque rien. Lorsque le préciput est accordé à la femme, même en cas de renonciation, cette clause rend le mari garant du payement de ce préciput, et sa succession doit l'acquitter en entier si la femme renonce, et les biens personnels du mari complètent le préciput en cas de déficit dans la communauté, lorsque la femme l'accepte au lieu d'y renoncer; par une semblable clause où l'on prévoit le cas du désordre des affaires de la communauté, le mari assure à la femme son préciput à tout événement, son hérédité doit donc le procurer en entier s'il n'y a rien dans la communauté, et en partie si les biens communs ne suffisent pas pour le remplir.

208. Le préciput conventionnel est une clause très ordinaire dans les contrats de mariage; étant d'ailleurs réciproque, il n'est pas considéré comme un avantage proprement dit; c'est pourquoi la loi décide qu'il n'est pas sujet aux formalités prescrites pour les donations, elle ne le considère que comme une simple convention de mariage; en conséquence on ne peut pas en demander la nullité, sous le prétexte que l'état estimatif des effets mobiliers compris dans le préciput n'a pas été joint au contrat de mariage.

209. Le préciput étant un gain de survie, étant accordé à l'époux survivant, il suit de là qu'il n'y a que la mort naturelle ou civile de l'un des époux qui donne ouverture à ce droit en faveur de l'autre; on dit *ou civile*, parce que la mort

civile produit les mêmes effets sur les biens de celui qui l'éprouve, et donne ouverture aux mêmes droits que sa mort naturelle, art. 25, dernier alinéa, c. c.

C'est à celui qui demande le préciput de prouver que l'autre époux est mort, soit naturellement, soit civilement, *ejus est qui petit probare factum quod est basis petitionis suæ;* sauf, en cas de déclaration d'absence de celui-ci, le droit d'obtenir l'envoi en possession provisoire ou définitif des choses qui le composent, en conformité des art. 123 et 129, c. c. Si les deux époux périssent dans un même événement, et si on ne peut établir par aucune preuve, ni présomption légitime, que l'un d'eux a survécu à l'autre, le préciput ne peut alors être demandé par les héritiers ni de l'un ni de l'autre des époux, parce qu'aucun ne prouve la survie de son auteur.

210. Le préciput est un gain de survie, il ne peut, d'après sa nature, être demandé que par l'époux survivant, il faut donc que l'un des époux soit mort pour qu'il y ait ouverture à ce droit; il ne suffit pas que la communauté soit dissoute, il faut qu'elle le soit par le décès de l'un des conjoints : ainsi, lorsque la dissolution de la communauté s'opère par la séparation de corps, il n'y a pas lieu à la délivrance actuelle du préciput, aucun des époux ne peut le demander, parce qu'aucun d'eux n'est encore survivant, on ne sait point encore quel est celui des deux qui prolongera sa carrière au-delà de la vie de l'autre; néanmoins celui des conjoints qui a obtenu la séparation de corps conserve ses droits au préciput en cas de survie, parce qu'on n'a rien à lui imputer, c'est la conduite de l'autre qui l'a forcé

de recourir à ce remède extrême; ce dernier, contre lequel elle a été prononcée, perd toute espérance de recueillir le préciput, parce que les causes qui motivent la demande en séparation le rendent indigne des bienfaits qui lui ont été conférés par son conjoint : c'est ici une dérogation à l'art. 959, c. c.

Si c'est la femme qui a obtenu la séparation de corps, la somme ou la chose qui constitue le préciput reste toujours provisoirement au mari, à la charge de donner caution, pour qu'elle ne soit pas exposée à le perdre par la dissipation du mari.

Lorsque la femme a été défenderesse, la communauté est partagée dans l'état où elle se trouve, sans exiger aucune caution de la femme, sauf l'action du mari, en cas de survie, contre la succession de celle-ci, pour répéter la moitié du préciput : la raison de la différence vient de ce que le législateur doit toujours pourvoir aux cas qui arrivent le plus souvent, or sur vingt séparations de corps, il y en a quinze qui sont poursuivies par la femme; en effet le mari ne demande guère la séparation que pour cause d'adultère de sa femme, et elle au contraire est dans le cas de la demander : 1° pour cette même cause lorsque le mari tient sa concubine dans la maison commune; 2° pour sévices ou injures graves; 3° pour condamnations à des peines afflictives ou infamantes; il arrive souvent qu'un mari se porte à des excès envers sa femme, mais cette dernière est trop faible pour que l'on puisse croire qu'elle ose outrager son mari, cette même faiblesse lui enlève aussi l'audace nécessaire pour commettre des crimes, et l'expérience journalière nous apprend que sur vingt condamnations pour crimes et délits, il n'y en a pas cinq de prononcées contre des femmes ; on peut enfin ajouter que la dissipation est moins à craindre de la part des femmes que de celle des hommes, les lois romaines disaient déjà *mulieres genus avarum.*

211. Lorsque la séparation de corps a été obtenue par la femme, elle répétera tout le préciput contre la succession du mari qui en avait conservé les objets en donnant caution ; si c'est au contraire le mari qui survit après avoir obtenu la séparation de corps, ou si la femme séparée de biens seulement, existe à la mort de son mari, le survivant ne demandera à la succession du prédécédé que la moitié du préciput ; parce qu'après la dissolution de la communauté par la séparation de corps obtenue contre la femme, ou après la séparation de biens prononcée en faveur de celle-ci, la communauté a été partagée dans l'état où elle était au moment de la dissolution, et par conséquent l'époux qui survit possède déjà dans son lot la moitié du préciput, les objets qui le composent ayant été divisés par égales parts entre les deux époux ; s'il s'agit d'une somme d'argent, la communauté qui en était débitrice et sur laquelle le préciput devait être prélevé, est représentée pour moitié par le survivant.

212. La stipulation d'un préciput en faveur du survivant des époux ne peut pas préjudicier aux droits des créanciers de la communauté, cette convention à laquelle ils sont étrangers ne peut leur être opposée, art. 1165, c. c., et en conséquence rien n'empêche qu'ils ne fassent vendre les biens compris dans le préciput, pour

le payement de leurs créances, sauf le recours de
l'époux survivant contre les héritiers de l'autre,
qui seront tenus d'exécuter la convention de
celui qu'ils représentent, artic. 870, c. c.; les
objets compris dans le préciput appartiennent
en effet à la communauté, et font par là même
partie du gage des créanciers de celle-ci.

SECTION VII.

*Des Clauses par lesquelles on assigne à chacun
des époux des parts inégales dans la communauté.*

213. Régulièrement, lorsque la communauté
est dissoute, elle doit se partager par portions
égales entre les conjoints ou leurs héritiers, sans
avoir égard à ce que chacun y a apporté; cependant les époux peuvent déroger au partage
égal établi par la loi, soit en ne donnant à l'é-
poux survivant ou à ses héritiers, dans la communauté, qu'une part inférieure à la moitié,
telle qu'un tiers, un quart, un sixième, etc.; soit
en ne lui donnant qu'une somme fixe pour tout
droit de communauté; soit même en stipulant
que la communauté entière, en certains cas,
par exemple, en cas de dissolution par la mort
d'un des époux sans enfans, appartiendra à l'é-
poux survivant, ou au mari survivant seulement,
ou à la femme survivante seulement, auxquels
deux derniers cas l'autre époux non compris
dans la clause ne pourrait pas s'en prévaloir.

214. Il faut remarquer que quand il intervient entre les époux quelque convention de ce
genre, chaque conjoint ou ses héritiers ainsi réduits ne supportent les dettes de la communauté

qu'à proportion de la part qu'ils prennent dans l'actif : d'après ce, s'ils ont un quart de l'actif, ils payeront un quart des dettes, en conformité du principe qui veut que les dettes se payent au prorata de l'émolument, art. 870, c. c. : la convention est absolument nulle, si elle oblige l'époux ainsi réduit, ou ses héritiers, à supporter une part plus forte du passif que celle qu'ils ont dans l'actif, ou si elle les dispense de supporter une part des dettes égale à celle qu'ils prennent dans l'actif. Le motif en est que d'après tous les principes sur cette matière, les charges doivent suivre les profits, et par conséquent être dans la même proportion que les avantages; autrement on aurait un moyen d'éluder les lois qui défendent de disposer de ses biens au-delà d'une certaine quotité, et les époux pourraient s'avantager indirectement au-delà de la portion fixée par elles; le mari en effet pourrait faire de grandes acquisitions, dont la femme, réduite au quart de la communauté, par exemple, serait obligée de payer les trois quarts du prix des acquisitions qui serait encore dû à la cessation de la communauté, ce qui procurerait un avantage énorme au mari, et supérieur à la quotité permise entre époux; il aurait dans le fait les trois quarts des acquêts en ne payant que le quart du prix d'acquisition : de même si la femme avait un quart franc de dettes, elle serait aussi avantagée par les acquisitions énormes que ferait son mari, desquelles elle aurait le quart sans payer aucune partie du prix qui resterait dû en entier, ou pour des sommes très fortes, à la dissolution de la communauté : une telle convention est nulle pour le tout, parce

que la femme ne s'est contentée d'un quart de
l'actif que par la raison qu'elle ne payait aucune
part du passif, les deux parties de la clause sont
corrélatives et dépendantes, et la nullité de l'une
entraîne celle de l'autre.

215. Lorsqu'il a été stipulé dans le contrat
de mariage qu'un des époux ou ses héritiers ne
pourront exiger qu'une certaine somme pour
tout droit de communauté, la clause est un forfait qui oblige l'autre époux ou ses héritiers à
payer la somme convenue, soit que la communauté soit bonne ou mauvaise, suffisante ou non,
pour acquitter cette somme. C'est ici une cession
que l'un des époux fait à l'autre de la part qu'il
aurait pu avoir dans les biens communs, ainsi
le prix de cette cession est dû à l'époux cédant
ou à ses héritiers, en quelqu'état que se trouve
la communauté lorsqu'elle vient à se dissoudre;
si elle se fût trouvée opulente, le cessionnaire
en aurait eu tout le bénéfice, il est par conséquent juste que si elle est mauvaise il en supporte la perte; c'est ici une espèce de traité qui
a fixé invariablement les droits du cédant dans
la communauté, ils n'étaient pas susceptibles
d'être augmentés, ils ne doivent pas non plus
subir aucune diminution, la somme promise se
paye donc sur les propres du cessionnaire si la
communauté ne suffit pas pour l'acquitter; c'est
de la part de celui-ci l'achat d'une simple espérance, d'un coup de filet, de l'incertitude d'un
événement qui pouvait être bon ou mauvais.
*Emitur tantùm spes, veluti jactus retium, emi-
tur incertitudo eventús.*

Il n'en serait pas de même, si à la clause qui
attribue à l'un des époux une certaine somme

pour tout droit dans la communauté, on avait ajouté cette restriction, *si tant s'y trouve;* dans ce cas la somme convenue ne serait due que jusqu'à concurrence de ce qui se trouverait dans la communauté, car il résulte de la clause que le cessionnaire n'a pas voulu payer une somme excédant la valeur des biens communs.

Pareillement si la clause était ainsi conçue : Il sera facultatif à l'époux survivant de retenir tous les biens de la communauté, en donnant aux héritiers de l'autre une somme de 10,000 fr.; ces termes *il sera facultatif,* signifient que le survivant a la liberté de retenir tous les biens de la communauté en donnant 10,000 fr. aux héritiers du décédé, ou de les admettre au partage de ces biens, suivant sa volonté.

216. Si la clause n'établit le forfait qu'à l'égard des héritiers de l'époux, celui-ci, dans le cas où il survit, a droit au partage égal par moitié; la raison en est qu'alors la stipulation n'exclut que les héritiers de l'époux, et non ce dernier, du droit de partager la communauté, les choses à son égard restent dans les termes du droit commun, la clause qui y est contraire ne devant pas opérer d'effet au-delà de ses termes : *quod contra rationem juris introductum est non est producendum ad consequentias;* l. 14, ff. *de legibus;* l. 141 princ., ff. *de regulis juris.*

217. Lorsque le mari ou ses héritiers retiennent tous les biens de la communauté, sous la condition de donner la somme convenue à la femme ou à ses héritiers, ils sont obligés d'en acquitter toutes les dettes; ainsi la femme ou ses héritiers ont droit d'exiger tout ce que la communauté peut devoir à la femme, soit par rap-

port à ses reprises, soit pour quelqu'autre cause que ce soit : elle est obligée de son côté de tenir compte de ce qu'elle doit à la communauté pour sommes qui en ont été tirées dans son intérêt personnel, parce que la communauté est la propriété du mari, et qu'elle est tout à fait étrangère à la femme; le mari a donc droit à tout ce qui compose la communauté, et par conséquent à tout ce qui est dû à celle-ci, même par la femme.

Dans un cas semblable, les créanciers de la communauté n'ont aucune action contre la femme ou ses héritiers, parce qu'en vertu de cette clause la femme n'a jamais eu de droit à la communauté, elle en a été formellement exclue, elle n'était que créancière de la communauté; or les créanciers d'une société n'ont point d'action les uns contre les autres.

Si le droit de retenir tous les biens de la la communauté, moyennant une somme convenue, a été accordé à la femme survivante contre les héritiers du mari, elle a le choix ou de leur payer cette somme en demeurant obligée à toutes les dettes, ou de renoncer à la communauté et d'en abandonner aux héritiers du mari tous les profits et toutes les charges. Cette option accordée à la femme est toujours fondée sur le principe qui ne veut pas que les propres de la femme soient exposés à être dissipés ou diminués par suite de la mauvaise gestion du mari qu'elle n'a le pouvoir d'empêcher en aucune manière, et sur cet autre principe qu'elle ne peut par aucune convention se priver du droit de renoncer à la communauté, art. 1453, c. c.

Les héritiers du mari qui deviennent maîtres de toute la communauté par la renonciation de la femme ne peuvent pas demander la somme promise, parce que celle-ci ne s'était obligée à la payer que pour leur tenir lieu de leur part dans la communauté, et qu'ainsi ils ne peuvent avoir tout à la fois le prix et la chose.

218. La loi permet encore aux époux de stipuler que la totalité de la communauté appartiendra au survivant, ou à l'un d'eux seulement, sauf aux héritiers de l'autre à faire la reprise des apports et capitaux tombés dans la communauté du chef de leur auteur. Cette stipulation n'est pas considérée comme un avantage sujet aux règles relatives aux donations, soit quant à la forme, soit même quant au fond; mais elle est regardée comme une simple convention de mariage et entre associés; ainsi on ne pourra l'attaquer sous le prétexte que l'on n'y a pas observé les formes prescrites pour les donations, ni en demander la réduction en soutenant que l'on a dépassé les bornes de la quotité disponible : la loi permettant aux héritiers de l'autre époux d'exercer la reprise, dans la communauté de tout ce qui y est tombé du chef de leur auteur, on ne peut pas regarder la stipulation comme un avantage pour celui qui en profite, parce que la prospérité de la communauté est moins due à l'apport des époux qu'à leur industrie et à leur économie, et que cette prospérité est exposée à mille casualités; on ne peut pas regarder comme avantage ce qui est en quelque sorte le fruit du hasard, art. 1527, 3e alinéa, c. c.

SECTION VIII.

De la Communauté à titre universel.

219. La loi, pour toujours mieux faciliter les mariages, permet aux époux de stipuler, s'ils le jugent convenable, par leur contrat de mariage, une communauté universelle de leurs biens meubles et immeubles présens et à venir, clause essentiellement prohibée dans les sociétés formées entre d'autres personnes qui ne peuvent jamais comprendre tout à la fois la propriété des biens présens et celle des biens à venir, art. 1837, 2ᵉ alinéa, c. c. Chez les Romains, une semblable société pouvait déjà être formée entre les époux, ainsi qu'on le voit au §. 3 de la loi 16, au digeste *de alimentis et cibariis legatis*, dont les termes sont cités au commencement de cette seconde partie. Dans ce cas le mariage est vraiment *consortium totius vitæ, omnium bonorum participatio;* il n'y a plus alors de propres, tous les biens sont des conquêts, c'est une espèce d'ameublissement universel de tous les immeubles des deux époux.

220. Ils peuvent aussi à leur gré former entre eux une communauté universelle de tous leurs biens présens seulement, ou de tous leurs biens à venir seulement; ils ont à cet égard la plus grande latitude, afin que rien ne puisse empêcher la formation de l'union conjugale qui ne serait consentie que sous de semblables conditions : dans le premier cas, les immeubles échus depuis le mariage sont propres aux conjoints; et dans le second, les héritages que les époux avaient lors du mariage leur restent propres.

Cette convention étant insolite et contre le droit commun des communautés, est par là même de droit étroit, en conséquence elle est de nature à être plutôt restreinte qu'étendue; l. 14, ff. *de legibus;* l. 141 princ., ff. *de regulis juris;* c'est pourquoi, lorsqu'il est dit dans le contrat de mariage qu'il y aura communauté universelle de tous biens entre les époux, sans autre explication, la clause ne s'entend que des biens immeubles présens, et non de ceux à venir; argument tiré de l'art. 1542, c. c.

Dispositions communes aux huit sections ci-dessus.

221. Les législateurs avertissent encore ici que les différentes stipulations mentionnées dans les huit sections précédentes ne sont que des exemples proposés aux futurs époux, mais que les stipulations dont la communauté conventionnelle est susceptible ne sont point limitées à leurs dispositions précises; qu'au contraire les époux peuvent faire toutes les conventions qui leur plaisent, sauf les modifications rapportées au chapitre 1er des dispositions générales et au commencement de cette seconde partie.

222. Néanmoins les avantages indirects en faveur d'un conjoint de la part de l'autre qui a des enfans d'un précédent mariage, étant encore plus à craindre dans le cas de la communauté conventionnelle que dans celui de la communauté légale, à cause de la grande latitude que la loi accorde aux époux pour le règlement de leur association, la loi décide en ce cas que toute convention qui tendrait dans ses effets à donner

à l'un des époux au-delà de la portion permise
à l'époux donateur ayant des enfans d'un précédent mariage, sera sans effet pour tout l'excédant de cette portion : elle scrute avec plus de
sévérité les stipulations du contrat de mariage
quand il y a des enfans d'un précédent mariage,
elle regarde alors tout avantage résultant de la
communauté soit légale, soit conventionnelle,
comme fait au préjudice des enfans du premier
lit; elle n'est pas si scrupuleuse en faveur des
enfans du mariage ; la raison en est que ceux-
ci trouvent dans la succession du donataire ce
qu'ils perdent dans celle du donateur, mais les
enfans d'un premier lit ne sont pas héritiers du
donataire.

Au reste, la disposition sur le retranchement
ne concerne que les avantages résultant des apports, parce qu'ils paraissent et sont sensibles,
mais elle est inapplicable aux simples bénéfices
provenant des travaux communs ou des économies
faites sur les revenus quoiqu'inégaux des deux
époux; ces bénéfices ne peuvent jamais être considérés comme des avantages indirects faits au
préjudice des enfans du premier lit, parce qu'ils
sont plutôt dus à l'industrie et à l'économie des
époux qu'aux apports de ceux-ci, ils sont le fruit
de la bonne gestion; et comme il était possible
que la communauté ne prospérât pas, l'incertitude où l'on était à cet égard fait qu'on ne peut
pas les regarder comme des avantages.

223. Au surplus, la communauté conventionnelle reste soumise aux règles de la communauté
légale pour tous les cas auxquels il n'y a pas été
dérogé, soit d'une manière formelle, soit par

voie de conséquence dans le contrat, parce que la dérogation ne détruit pas entièrement la chose, elle en enlève seulement quelques parties; ainsi la dérogation à une loi est l'abrogation d'un chapitre ou article de la loi qui subsiste pour le surplus, *derogatur legi cùm pars detrahitur;* l. 102, ff. *de verb. signific.* D'après ce, tous ceux qui dérogent, soit explicitement, soit implicitement, par leur contrat de mariage, à la communauté légale, la laissent subsister pour tous les cas non prévus par cet acte : ainsi la femme ou ses héritiers auront la faculté d'accepter la communauté conventionnelle ou d'y renoncer, quoiqu'il n'en soit rien dit dans le contrat, comme ils ont ce droit par rapport à la communauté légale, art. 1453, c. c.; on ne pourra même stipuler le contraire, dit article; ainsi ils ne seront jamais tenus des dettes au-delà de leur émolument, s'ils ont fait loyal inventaire, quoique le contrat ne contienne rien à cet égard, parce que l'art. 1483, c. c., statue de même pour la communauté légale : quant au partage, on suivra les règles posées à la sect. 5 de la communauté légale, etc.

SECTION IX.

Des Conventions exclusives de la communauté.

224. Afin de toujours mieux assurer la liberté des conventions matrimoniales, la loi, outre le régime de la communauté et le régime dotal, en a adopté un troisième qui est, pour ainsi dire, placé entre les deux premiers, et qui a ses règles particulières, *inter utrumque fluctuat,* on peut l'appeler le régime exclusif de la communauté; étant peu en usage, on n'en a pas fait un

chapitre particulier, comme des deux autres qui sont plus usités.

Il y a lieu à ce troisième régime lorsque les époux, sans se soumettre au régime dotal, déclarent qu'ils se marient sans communauté, ou qu'ils seront séparés de biens. Ces deux clauses qui paraissent presque semblables en tout, puisque dans l'une et dans l'autre les intérêts des époux restent séparés, ont cependant des effets très différens; elles forment, pour mieux dire, deux régimes opposés de l'association des époux quant aux biens. On verra dans un premier paragraphe quels sont les effets de la clause portant qu'il n'y aura point de communauté entre les époux, et dans un second paragraphe on examinera quels sont les effets de la séparation de biens contractuelle.

§. Ier.

De la Clause portant que les époux se marient sans communauté.

225. Par le moyen de cette clause les intérêts des époux sont séparés quant aux fonds et capitaux; relativement aux jouissances, elles appartiennent toutes au mari. Ainsi, lorsqu'il est dit dans le contrat de mariage que les époux se marient sans communauté, la femme n'a pas l'administration de ses biens, elle appartient au mari, c'est ce dernier seul qui a le droit d'en percevoir les fruits, et il en acquiert la propriété par la perception qu'il en fait, parce qu'ils lui sont censés apportés pour soutenir les charges du mariage. L'effet de cette clause est que la femme ou ses héritiers n'ont rien à prétendre

dans ce que le mari a pu acquérir, soit en meubles, soit en immeubles, pendant le mariage,
mais aussi ils ne sont point tenus des dettes qu'il
a pu contracter, et si sa femme s'est obligée conjointement avec lui, il doit l'en indemniser.

226. Cette clause ne privant pas le mari du
droit d'administrer les biens de la femme, tant
meubles qu'immeubles, on doit en conclure qu'il
a droit de percevoir tout le mobilier qu'elle apporte en dot, ou qui lui échoit durant le mariage, sauf la restitution qu'il en doit faire après
la dissolution du mariage ou après la séparation
de biens prononcée par justice. Ce dernier peut
donc, sous ce régime, intenter les actions mobilières de la femme, puisqu'il a droit de percevoir son mobilier; il peut aussi exercer les actions possessoires de celle-ci, parce qu'il doit lui
conserver la possession de ses fonds qu'il administre, afin de la lui rendre à la fin du mariage,
ce qui n'est possible qu'en se faisant maintenir
ou réintégrer dans cette possession.

227. Si dans le mobilier apporté en dot par
la femme ou qui lui échoit pendant le mariage, il
y a des choses dont on ne puisse faire usage sans
les consommer, il en doit être joint un état estimatif au contrat de mariage, ou il en doit être
fait inventaire à l'échéance, et le mari est obligé
d'en rendre le prix d'après l'estimation. Cette
décision est fondée sur ce que, d'après cette
clause, le mari n'a rien à prétendre dans la
propriété des biens soit mobiliers, soit immobiliers de la femme, il est tenu de les restituer tous
après la dissolution du mariage, ou après la séparation judiciaire; ayant le droit de jouir de
tous les biens de son épouse, il peut percevoir

le mobilier pour qu'il puisse en jouir, mais étant contraint de le restituer, il faut, relativement aux choses qui se consomment par l'usage que l'on en fait, qu'elles soient estimées, afin qu'il restitue le prix de l'estimation, ne pouvant rendre les choses fongibles qui n'existent plus.

Il paraît, d'après l'art. 948, qu'il suffit que l'état estimatif joint au contrat de mariage soit signé par les deux époux s'ils sont majeurs, et conjointement avec eux, par ceux dont le consentement est nécessaire pour leur mariage, s'ils sont mineurs ; art. 1095, 1309 et 1398, c. c.

Il paraît aussi, d'après l'art. 1532, que c'est l'estimation du temps de l'inventaire, et non celle du temps de la cessation de l'usufruit, que doit payer l'usufruitier des choses fongibles.

228. Le mari, d'après cette clause insérée dans le contrat de mariage, ayant le droit de jouir de tous les biens de la femme, a tous les avantages d'un usufruitier ; il est donc juste qu'il soit tenu de toutes les charges de l'usufruit, c'est-à-dire des dépenses d'entretien, et de toutes les charges annuelles qui sont considérées comme charges des fruits, parce que le bon administrateur les paye avec les fruits, telles qu'impositions, intérêts, arrérages, etc.

229. La clause portant que les époux se marient sans communauté ne fait point obstacle à ce qu'il soit convenu que la femme touchera annuellement, sur ses seules quittances, certaine portion de ses revenus pour son entretien et ses besoins personnels ; on ne veut pas qu'elle soit exposée aux caprices du mari, qui, maître de tous les revenus de la femme, pourrait lui refuser le nécessaire pour s'enrichir davantage en

employant les fruits des biens de sa femme en
acquisitions utiles à lui seul ; il ne peut pas se
plaindre de cette réserve qui sert à l'acquitter
de l'obligation que la loi lui impose, d'entretenir sa femme, et de fournir à ses besoins personnels d'une manière convenable à la condition et
à la fortune des époux, art. 214, c. c. D'ailleurs
la femme pourrait se réserver la jouissance de
toutes ses propriétés par une clause de séparation de biens ; elle a donc le pouvoir, à plus
forte raison, de se réserver la jouissance d'un
ou de plusieurs héritages seulement, d'après cette
maxime : qui peut le plus peut le moins, *non debet cui plus licet, quod minus est non licere ;* l. 21,
ff. *de regulis juris.*

230. Cette clause ne rend pas inaliénables les
immeubles constitués en dot ; l'inaliénabilité des
fonds constitués est une prérogative du régime
dotal, ce n'est que sous ce dernier régime que
l'aliénation des immeubles dotaux est prohibée.
Au reste, quoique les époux soient mariés sans
communauté, l'autorité maritale existe toujours,
la femme est sous la dépendance du mari, c'est
pourquoi elle ne peut aliéner ses immeubles qu'a-
vec l'autorisation de celui-ci, ou à son refus qu'a-
vec celle de la justice. Elle a aussi besoin de cette
même autorisation pour vendre ou donner le mobilier, parce que le mari a droit de l'administrer
et d'en jouir, art 1530, c. c.

§. II.

De la Clause de séparation de biens.

231. Cette clause est beaucoup plus avantageuse à la femme que la précédente ; elle prive

le mari du droit de jouir des biens de celle-ci : ainsi, lorsque les époux ont stipulé par leur contrat de mariage qu'ils seraient séparés de biens, la femme conserve l'entière administration de ses meubles et immeubles, et la jouissance libre de ses revenus ; elle peut administrer ses biens sans avoir besoin d'aucune autorisation, elle a à cet égard la même latitude qu'avant le mariage.

232. En cas de séparation contractuelle, chacun des époux contribue aux charges du mariage ; le mari qui ne jouit plus des biens de la femme ne peut être contraint de les supporter en entier, lorsque celle-ci a le moyen de fournir une partie de la somme nécessaire à cet effet ; la contribution a lieu suivant les conventions contenues en leur contrat de mariage. S'il n'a été rien statué à cet égard par le contrat, la femme ne pourra pas, sous ce prétexte, se refuser à contribuer aux charges du mariage ; si elle élevait cette injuste prétention, le mari serait fondé à agir en justice pour la faire condamner à cette contribution jusqu'à concurrence du tiers de ses revenus. Rien n'est plus juste que cette disposition de la loi, les charges du mariage, telles que l'entretien du ménage et l'éducation des enfans communs, étant des obligations que les époux contractent ensemble par le fait seul du mariage, art. 203, c. c.

233. La loi ne veut pas que les époux puissent, par le contrat de mariage, relâcher le lien de l'autorité maritale ; que la femme puisse se soustraire à la dépendance de son mari relativement à ses immeubles, par quelque clause et stipulation que ce soit : ainsi, dans le cas de la séparation contractuelle, elle aura bien la libre disposition

de son mobilier, elle pourra l'aliéner sans le consentement du mari, et sans avoir besoin d'aucune
autorisation, arg. de l'art. 1449, 2ᵉ alinéa, c. c.;
mais la femme séparée de biens par contrat,
comme celle séparée par justice, reste sous la
dépendance du mari relativement à ses immeubles, elle ne peut en aucun cas, ni à la faveur
d'aucune stipulation, aliéner ses immeubles sans
le consentement spécial du mari, ou à son refus
sans être autorisée par justice. Il faut un consentement spécial, c'est-à-dire qu'il en faut un particulier pour chaque aliénation; on ne veut pas que
la femme acquière son indépendance par une autorisation générale qui la dispenserait de recourir à son mari toutes les fois qu'elle aurait besoin d'aliéner; il est juste que celui-ci puisse examiner à chaque aliénation si elle est nécessaire
ou au moins avantageuse à la femme.

Plusieurs auteurs prétendaient, sous l'ancienne
législation, que cette autorisation générale pouvait s'accorder par le contrat de mariage, mais
notre code ne veut pas qu'elle puisse avoir lieu
même par cet acte; il déclare en termes positifs
que toute autorisation générale d'aliéner ses immeubles accordée à la femme, soit par contrat
de mariage, soit depuis, est nulle sous le rapport
de la disposition, et qu'elle n'est valable que
relativement à l'administration des biens de la
femme, art. 223 et 1538, 2ᵉ alinéa, c. c.

234. Il faut remarquer que la séparation contractuelle diffère de celle qui est prononcée par
la justice durant le mariage, en ce que les parties peuvent se désister du jugement de séparation lorsqu'elles le jugent à propos, et se remettre en communauté comme auparavant, parce

qu'elles ne font par là que rétablir la loi du contrat de mariage; au lieu que la séparation contractuelle est irrévocable, comme le sont toutes
les conventions portées par cet acte, qui ne
peuvent recevoir de modification de la part des
parties, après la célébration du mariage, art. 1395,
c. c.

235. Lorsque la femme séparée de biens en a
laissé la jouissance à son mari, celui-ci n'est tenu,
soit sur la demande que la femme pourrait lui
faire, soit à la dissolution du mariage, qu'à la représentation des fruits existans, et il n'est point
comptable des fruits consommés jusqu'alors. La
femme séparée de biens peut s'opposer à la jouissance du mari, mais si elle le laisse jouir, la loi
présume qu'elle a voulu l'aider, étant obligée de
le secourir dans son indigence, art. 212, c. c.;
et s'il y a en cela quelqu'avantage, il est fondé
sur une cause juste et nécessaire : aussi la loi
dernière, au cod. *de pactis conventis tam super
dote,* disait déjà que le mari percevant les fruits
des biens paraphernaux de sa femme qui lui en
a laissé la libre jouissance, est censé les employer
aux besoins du ménage, et qu'ainsi il n'est point
obligé d'en rendre compte, *et usuras quidem eorum circa se et uxorem expendere.*

CHAPITRE III.

Du Régime dotal.

236. Sous ce régime les biens et les intérêts
des époux sont rigoureusement séparés, la femme
a l'administration particulière de ses paraphernaux, elle en perçoit les fruits qui sont ses reve-

nus particuliers; les produits de la dot payent la nourriture et l'entretien qu'elle reçoit.

Ainsi plus de formation ni de dissolution de communauté, plus d'acceptation et de renonciation, plus d'indemnité, plus de récompense, plus d'inventaire, plus de liquidation, plus de compte et de partage, plus de cette nuée de notaires toujours placés à côté des époux pour constater le mobilier échu pendant le mariage à titre de succession ou de donation, afin de fixer la quotité contributoire du mobilier aux dettes, lorsque les successions ou donations renferment à la fois des meubles et des immeubles. On doit convenir que, sous ce rapport, le régime dotal offre l'avantage de formes plus simples, d'une exécution plus facile, et des résultats plus sûrs; mais il faut aussi avouer que le système de la communauté est plus approprié à la nature du mariage, qui doit rendre tout commun entre des personnes unies par des liens aussi étroits.

237. La dot sous ce régime, comme sous celui de la communauté, est le bien que la femme apporte au mari pour supporter les charges du mariage, *dotis fructum ad maritum pertinere debere æquitas suggerit : cùm enim ipse onera matrimonii subeat, æquum est eum etiam fructus percipere;* l. 7 princip., ff. *de jure dotium;* l. 65, §. dernier, ff. *pro socio;* l. 20, cod. *de jure dotium.*

Dans l'un et dans l'autre système le mari a droit de jouir des biens apportés en dot, parce que cette jouissance est la compensation des charges du mariage qu'il supporte seul dans les deux régimes.

238. Après avoir fait connaître le but de la

dot, le législateur nous apprend que tout ce que la femme se constitue dans le contrat de mariage, ou qui lui est donné par cet acte est dotal, s'il n'y a stipulation contraire; ainsi il faut nécessairement que les biens immeubles que la femme se constitue, ou qui lui sont donnés par le contrat, soient déclarés non dotaux, autrement la loi les présume dotaux et destinés à soutenir les charges du mariage.

Au reste le régime dotal n'est pas ainsi appelé parce qu'il y a une dot constituée, car celui de la communauté admet aussi la constitution de dot, mais il a reçu son nom de la manière particulière dont la dot s'y régit, et de la nécessité où sont les futurs de déclarer expressément qu'ils se marient sous ce régime, faute de quoi leur association, quant aux biens, est soumise aux règles de la communauté légale, qui est le droit commun, quand il n'est pas exclu ou modifié par les conventions des parties, art. 1392 et 1393, c. c.

Ce chapitre est divisé en quatre sections : la première traite de la constitution de dot; la seconde, des droits du mari sur les biens dotaux, et de l'inaliénabilité du fonds dotal; la troisième, de la restitution de la dot; et la quatrième traite des biens extra-dotaux, soit paraphernaux.

SECTION PREMIÈRE.

De la Constitution de dot.

239. La constitution de dot peut frapper tous les biens présens et à venir de la femme, c'est ce qu'on appelle la constitution générale des biens présens et futurs : *nullâ lege prohibitum*

est universa bona in dotem marito mulierem dare; l. 4, cod. *de jure dotium;* l. 72 princ., ff. eodem; elle peut être moins étendue et n'embrasser que les biens présens de la femme, ou une quotité, telle qu'une moitié, un quart de ses biens présens et à venir; elle peut même ne porter que sur un objet individuel, par exemple, sur une maison ou un champ désignés, c'est ce qu'on appelle la constitution spéciale, dans ce cas il n'y a de dotal que ce qui a été constitué en dot, et le surplus des biens de la constituante est extra-dotal ou paraphernal, elle en conserve la libre administration : *dotis autem causâ accipere debemus ea quœ in dotem dantur;* l. 9, §. 2, ff. *de jure dotium.*

La constitution, en termes généraux, de tous les biens de la femme, ne comprend pas les biens à venir, ces derniers biens ne sont renfermés dans la constitution générale que lorsque cela est formellement exprimé : cette décision est fondée sur ce que personne n'est censé se constituer ce qui ne lui appartient pas encore; le mari étant maître des fruits de la dot, la constitution des biens à venir ne peut résulter que d'une convention formelle, autrement la femme serait dépouillée des fruits de ses biens futurs, peut-être sans avoir entendu les comprendre dans la constitution de tous ses biens, l'extension de cette clause aux biens à venir porterait préjudice à la femme; on ne peut donc appliquer une constitution générale de tous biens aux biens à venir, parce qu'on ne peut pas regarder comme biens ce qui peut-être ne sera jamais à nous, et qu'on ne doit pas penser que la femme ait eu en vue les biens futurs : *quia semper prœsens tempus in-*

telligeretur, si aliud comprehensum non esset;
l. 7, ff. *de auro et argento legato.*

240. Le sort des époux étant fixé d'une manière irrévocable le jour de la célébration, étant
censés, à défaut de contrat, avoir adopté pour
règles de leur union les dispositions de la loi sur
la communauté légale, art. 1393, c. c., on doit
en conclure que la dot ne peut être ni constituée ni même augmentée pendant le mariage :
constituer la dot pendant le mariage, ce serait
violer la disposition de l'art. 1394, c. c., qui veut
que les conventions matrimoniales soient rédigées avant la célébration; et celle de l'art. 1395,
c. c., qui décide qu'elles ne peuvent recevoir
aucune modification après la célébration, serait
enfreinte, si on pouvait augmenter la dot pendant
le mariage.

Chez les Romains les dots et donations à cause
de noces pouvaient être constituées et même
augmentées pendant le mariage. *Donationes propter nuptias non augeantur tantùm, sed etiam
constante matrimonio initium accipiant..... et
dotibus in hoc exæquentur ut quemadmodùm
dotes constante matrimonio non solùm augentur
sed etiam fiunt ita et istæ donationes.......* §. 5,
inst. *de donationibus;* l. 19 et dernière, au cod.
de donation. ante nuptias. Notre code est plus
conforme au principe qui veut que la loi du
mariage soit perpétuelle et invariable, *lex matrimonii perpetua est,* et que le sort des époux
soit fixé pour toujours à l'instant de la célébration, afin que le même mariage ne soit pas soumis à de certaines règles pour un temps, et à
d'autres pour le reste de sa durée.

241. Lorsque la dot est constituée conjoin-

tement par les père et mère de la future épouse,
sans distinguer la part de chacun, elle est censée
constituée par portions égales; c'est une suite du
principe portant que deux personnes qui s'obligent conjointement sont censées avoir contracté
l'obligation pour moitié; cette décision est d'ailleurs conforme à la novelle 22 de l'empereur
Léon, et à la maxime *ubi partes obligationis non
sunt expressæ, sunt æquales;* on doit le décider
ainsi avec d'autant plus de raison qu'il s'agit de
l'acquittement d'un devoir naturel commun au
père et à la mère.

Lorsque la dot est constituée par le père seul
pour tous droits paternels et maternels, la mère,
quoique présente au contrat, ne sera pas engagée par cette constitution où elle n'a point parlé,
et la dot doit être payée en entier par le père:
cela est fondé sur ce que l'autorité du mari sur
la femme et la dépendance de celle-ci l'empêche-
raient de s'opposer à la constitution que le mari
ferait de ses biens et de ceux de sa femme,
quoique ce fût contre la volonté de celle-ci; il
faut donc quelque chose de plus que son silence,
avec d'autant plus de raison qu'aucun des époux
n'est forcé de doter ses enfans, s'il ne le juge à
propos, que c'est une chose de pure faculté à
l'égard de l'un et de l'autre, art. 204, c. c.

242. Lorsque la dot est constituée par le survivant des père et mère pour biens paternels et
maternels, sans aucune spécification de la part
qui doit tomber sur les premiers et de celle qui
doit être prise sur les autres, la constitution
frappe d'abord les droits de la future épouse
dans les biens du conjoint prédécédé, et le surplus de la dot se prend sur les biens du consti-

tuant. Le survivant n'est censé s'obliger lui-
même que subsidiairement, c'est-à-dire pour ce
dont la constitution excède les biens qui appartiennent déjà à la future épouse; voulant en effet
que la constitution porte sur les biens du décédé
et sur les siens, sans spécification de part, on
doit présumer qu'il a entendu que la dot frappât
tous les biens du prédécédé, et qu'elle n'affectât
les siens que pour le surplus, parce que personne n'est présumé donner, en effet donner
c'est perdre, l. 7 princ., ff. *de donationibus;* et
ainsi il faut que la clause ne puisse s'entendre
autrement pour qu'il soit censé avoir voulu doter de ses propres biens. D'ailleurs, relativement
aux biens du prédécédé, il est tenu de les restituer, il est débiteur à cet égard; or il est de
principe que personne n'exerce des libéralités
envers quelqu'un avant de s'être libéré envers
lui, *nemo liberalis nisi liberatus.* Justinien, dans
la loi 7, au cod. *de dotis promissione,* décide au
contraire que, dans un cas semblable, la dot doit
se prendre en entier sur les biens du père qui
l'a constituée, excepté lorsque celui-ci est pau-
vre, mais cela tenait à des principes qui n'existent plus : chez les Romains le père était obligé
de doter sa fille, ainsi que nous l'apprend le
même empereur en la loi 7 ci-dessus, *paternium
est officium dotem..... pro suâ dare progenie;* la
fille avait une action pour contraindre son père
à la doter; l. 19, ff. *de ritu nuptiarum;* novelle
115, chap. 3, §. 11; ainsi, quand il constituait
une dot pour biens paternels et maternels, on
présumait qu'il avait voulu accomplir l'obligation
qui lui était imposée par la loi, et on ne tenait
aucun compte du mot *maternels;* mais ces ac-

tions données à la fille par les lois romaines, pour tempérer la rigueur de la puissance paternelle qui était extrême chez les Romains, n'ont plus lieu chez nous, où cette puissance est plus dans l'intérêt des enfans que dans celui du père ou de la mère.

243. Lorsque la dot est constituée tout à la fois par le père et la mère, qui ont tous deux parlé dans l'acte, quoique la fille ait des biens à elle propres dont ils jouissent, elle sera prise sur les biens des constituans, s'il n'y a stipulation contraire ; ils sont censés avoir voulu par cette constitution acquitter leur obligation naturelle de procurer un établissement à leur fille, et remplir à son égard le devoir commun que la nature leur impose, et en conséquence la dot se prend sur les biens des constituans, qui sont présumés le vouloir ainsi tant qu'ils n'ont pas manifesté le contraire par une stipulation du contrat de mariage.

244. Sous le régime dotal, comme sous celui de la communauté, ceux qui ont constitué une dot sont tenus de la garantie des objets constitués, et les intérêts de la dot courent de plein droit dans les deux systèmes contre ceux qui l'ont promise, lors même qu'il y a terme pour le payement, s'il n'y a stipulation contraire. Tout cela est la conséquence de la destination de la dot qui est donnée au mari pour supporter les charges du mariage, ce qu'il ne pourrait plus faire après l'éviction des fonds dotaux, s'il n'en était pas indemnisé par les constituans, et il ne pourrait non plus faire face à ces charges dès le jour de la célébration où elles commencent, s'il n'était pas payé des intérêts de la dot dès la même

époque; l. 1, cod. *de jure dotium;* l. unique, cod. *de rei uxoriæ actione.* L'action en garantie n'appartient pas à la femme, n° 87, 3e alinéa du traité.

Lorsqu'il est stipulé que la dot ne sera payée qu'à telle époque sans intérêts, cette stipulation empêche bien le cours des intérêts jusqu'à l'échéance du terme fixé; mais si la dot n'est pas payée à cette époque, les intérêts commencent à courir sans sommation après l'expiration du terme, parce qu'ils sont dus d'après la seule destination de la dot, *debentur ipso jure ex naturâ rei.*

245. Au surplus, toute constitution de dot renferme la condition tacite que le mariage sera accompli, et les conventions pour la dot, comme toutes les autres du contrat de mariage, telles que donations à cause de noces, sont anéanties, s'il n'est pas célébré, ou si pour quelque cause il est annullé; la dot étant donnée au mari pour l'aider à soutenir les charges du mariage, il n'y a plus de droit, lorsque ces charges ne commencent pas pour lui, ou si elles cessent d'exister. *Cùm omnis dotis promissio futuri matrimonii tacitam conditionem accipiat;* l. 68, et l. 10, §. 4, ff. *de jure dotium. Dotis appellatio non refertur ad ea matrimonia quæ consistere non possunt; neque enim dos sine matrimonio esse potest;* l. 3, ff. eodem; art. 1088, c. c.

SECTION II.

Des Droits du mari sur les biens dotaux, et de l'Inaliénabilité du fonds dotal.

On parlera, dans un premier paragraphe, des droits et des obligations du mari par rapport aux biens dotaux; dans un second, de l'inalié-

nabilité du fonds dotal, et des exceptions que
la loi y apporte; et enfin, dans un troisième, du
droit qu'a la femme mariée sous le régime dotal, de demander la séparation de biens quand
la dot est mise en péril.

§. Ier.

*Droits et Obligations du mari par rapport aux
biens dotaux.*

246. Le mari est maître de la dot pendant le
mariage, princ. instit. *quibus alienare licet vel
non;* mais c'est un maître qui ne peut pas aliéner le fonds dotal, il a seulement l'administration la plus étendue possible, pendant le mariage, de tous les biens dotaux de quelque nature qu'ils soient; il ne peut aliéner, mais il peut
revendiquer les fonds dotaux, ce qui démontre
qu'il en est en quelque sorte maître, puisque la
revendication n'appartient qu'au propriétaire;
§. 1, inst. *de actionibus;* §. 4, inst. *de interdictis;*
le code consacre ces principes en déclarant qu'il
a seul le droit de poursuivre les débiteurs et *détenteurs* des biens dotaux, d'en percevoir les
fruits et intérêts qui lui sont accordés pour soutenir les charges du mariage, qu'il peut même
recevoir le remboursement des capitaux de
sommes exigibles et les principaux de rente,
d'autant mieux qu'il est forcé, le débiteur pouvant se libérer quand il juge à propos, art. 1911,
c. c. Tout ce détail établit que le mari jouit,
à l'égard des biens dotaux, de la plus grande latitude, qu'il est plus qu'administrateur, ce dernier ne pouvant revendiquer en son nom; le
mari est en quelque manière à la place du maître,

loco domini, puisqu'il agit sans le concours de sa femme. *Si res in dotem dentur, puto in bonis mariti fieri;* l. 7, ff. *de jure dotium.* Il devait autrefois faire foi et hommage pour les fiefs de sa femme, et il pouvait l'exiger des vassaux de celleci; il nommait aux bénéfices dont elle avait le patronage, il était comparé au grevé de substitution fidéicommissaire, il était censé avoir un domaine révocable.

Quoique le mari ait droit de jouir de tous les fruits et revenus de la dot, cependant rien n'empêche que l'on ne convienne par le contrat de mariage que la femme touchera annuellement, sur ses seules quittances, une partie de ses revenus pour son entretien et ses besoins personnels : cela ne porte aucun préjudice au mari, puisqu'il aurait été obligé, lors même qu'il n'y aurait pas eu cette clause, d'employer une partie des fruits de la dot pour remplir cet objet, l'entretien de la femme étant une des charges du mariage, art. 214, c. c. ; cette clause préservera seulement la femme des injustes refus du mari : d'ailleurs la femme aurait pu se réserver tous ses biens en paraphernal et en conserver par ce moyen la jouissance, art. 1576, c. c., elle a donc eu à plus forte raison le droit de se réserver les fruits de quelques-uns de ses fonds seulement. *Qui potest plus, potest et minus;* l. 21, ff. *de regulis juris.*

247. On ne peut jamais exiger du mari une caution pour la réception de la dot, lorsqu'il ne s'y est pas soumis par le contrat de mariage. Il faut à cet égard un assujettissement formel de sa part dans le contrat, autrement il n'est point obligé d'en fournir; cette méfiance conviendrait

peu à la dignité du mariage, et si le mari n'était pas solvable, on devait stipuler qu'il donnerait caution pour pouvoir exiger la dot, mais on n'est pas fondé à en demander s'il n'en a pas pris l'engagement dans les pactes matrimoniaux ; les demandes à cet égard porteraient le trouble et la discorde entre les époux ; la femme ne doit pas hésiter de confier sa fortune à celui à qui elle a confié sa propre personne ; l. 8, c. *de pactis conventis,* versic. *quamvis enim.* C'est pour cela que la loi romaine ne voulait pas même qu'on pût stipuler dans le contrat de mariage que le mari fournirait caution pour la réception de la dot, toto titulo cod. *ne fidejussores vel mandatores dotium dentur;* la loi romaine allait trop loin, elle anéantissait mal à propos une stipulation qui n'a rien de contraire à la morale, et qui est quelquefois nécessaire pour la conservation de la dot dont les fruits sont destinés à entretenir la femme, les enfans, et le mari lui-même. Notre code est conforme au principe portant que les conventions sont des lois pour les parties contractantes, art. 1134, c. c.

248. Notre code pose ensuite des règles bien sages et bien claires sur l'effet de l'estimation faite dans le contrat de mariage des objets donnés en dot ; il distingue entre les effets mobiliers et les immeubles.

Quant aux premiers, il décide que si la dot ou partie de la dot consiste en effets mobiliers mis à prix par le contrat, sans déclaration que l'estimation n'emporte pas vente, le mari devient propriétaire des objets mobiliers estimés ; qu'ils lui sont censés vendus pour l'estimation ; qu'il n'est en conséquence débiteur que du prix donné au mobilier. Au contraire, si la dot consiste en immeubles, la loi déclare que l'estimation donnée aux immeubles constitués en dot, n'en transporte pas la propriété au mari, s'il n'est pas dit formellement que l'estimation a été faite pour opérer cet effet.

En règle générale, sous la loi romaine, la chose donnée en dot était censée vendue au mari par l'estimation faite dans le contrat de mariage, sans distinguer entre les choses mobilières et immobilières, et elle était aux risques et périls de ce dernier qui ne devait plus que le prix de l'estimation : *quoties res æstimatæ in dotem dantur, maritus dominium consecutus, summæ velut pretii debitor efficitur. Quia æstimatio venditio est;* l. 5, cod. *de jure dotium;* l. 10, §. 5 et 4, cod. eodem.

Chez nous on distingue avec raison entre les meubles et les immeubles : les biens meubles étant sujets à se détériorer facilement, et même à se détruire tout à fait par l'usage, il est de l'intérêt de la femme que la propriété en soit transférée au mari; c'est pourquoi on décide que l'estimation qui en est faite dans le contrat de mariage en transporte la propriété au mari, si le contraire n'est pas exprimé. Mais les immeubles sont moins exposés à périr, ils sont de leur nature plus stables et plus permanens que les meubles, ils sont par là même plus précieux : on ne doit donc pas facilement présumer que la femme ait voulu en transférer la propriété au mari ; c'est pourquoi on déclare que l'estimation faite dans le contrat ne produit cet effet que lorsque cela a été formellement déclaré, vu sur-tout qu'il est possible que l'estimation n'ait été faite que pour constater la valeur des fonds au temps de la constitution dotale , afin de pouvoir répéter contre le mari les dommages et intérêts résultant des dégradations causées par sa faute.

249. L'estimation même faite avec la déclaration de transport de propriété au mari diffère de la vente en ce qu'elle est rescindée pour cause d'une lésion quelconque de l'une ou de l'autre des parties, à raison de l'extrême bonne foi qui doit régner dans de semblables contrats. *Si in dote dandá circumventus sit alteruter , etiam majori viginti quinque annis succurrendum est cum bono et æquo non conveniat aut lucrari aliquem cum damno alterius , aut damnum sentire per alterius lucrum ;* l. 6 , §. 2 , ff. *de jure dotium.*

Au reste , l'estimation du bien dotal ne produira ses effets que dans le cas de la célébration, autrement le mari restituera la dot telle qu'il l'a reçue, si le mariage n'a pas lieu, parce que toutes les conventions matrimoniales contiennent, comme on l'a déjà dit à la fin de la première section , la condition tacite que le mariage s'accomplira : *namque hanc habet conditionem si matrimonium fuerit secutum , secutis igitur nuptiis , æstimatio rerum perficitur, et fit vera venditio ;* l. 10, §. 4, cod. *de jure dotium ;* l. 3, l. 17, l. 68, ff. eodem; arg. de l'art. 1088, c. c.

250. Pour qu'un immeuble soit dotal, il ne suffit pas qu'il provienne des deniers de la dot, que le mari aurait employés en acquisition d'immeubles ; il reste toujours débiteur du prix, et la femme n'a aucun droit sur l'immeuble acquis avec l'argent de la dot , parce que la propriété n'est transmise qu'à la personne qui a voulu l'ac-

quérir, et non à celle dont les deniers ont été
employés pour faire l'acquisition. *Ex pecuniâ
dotali fundus à marito tuo comparatus non tibi
quæritur..... at dotis actio tibi tantùm competit;*
l. 12, cod. *de jure dotium ;* l. 1 et l. 8, cod. *si
quis alteri vel sibi ;* l. 6, cod. *de rei vindicatione ;*
l. dernière, *de servo pignori dato manumisso.*
eodem.

Il y a néanmoins exception, lorsque la condition de l'emploi des deniers dotaux en acquisitions d'immeubles a été stipulée par le contrat
de mariage; parce qu'alors le mari est censé avoir
acquis le fonds en exécution de la clause, et pour
la femme qui ne peut refuser un héritage dont
l'achat a été fait d'après sa volonté formelle ; le
mari a été à cet effet constitué procureur de la femme, or le mandant est censé agir lui-même par le
ministère de son mandataire ; *qui per alios facit
per se facere videtur;* l. 1, §. 12., ff. *de vi et vi
armatâ.* C'est donc la femme qui est censée avoir
acheté elle-même.

251. On doit aussi dire que l'immeuble donné
en payement de la dot constituée en argent n'est
point dotal, le mari n'a pas le droit de forcer
sa femme de le recevoir en place des deniers
constitués, parce qu'il pouvait refuser de prendre en payement un immeuble ; il n'a pas pu
dépendre de lui de préjudicier à la femme, il est
bien le maître des fruits de la dot, mais il n'est
pas en son pouvoir de dénaturer les objets qui
la composent. De son côté, la femme ne peut
rien prétendre sur l'immeuble donné en payement, parce que c'est ici une espèce de vente
qui a été faite de ce fonds au mari, pour laquelle
il a donné les deniers dotaux qui lui étaient dus

par le vendeur, ils tiennent lieu du prix de la chose vendue ; ainsi c'est le mari qui a acquis la propriété de l'héritage, personne autre ne peut rien y prétendre : *datio in solutum vicem venditionis obtinet ;* l. 4 à la fin, cod. *de evictionibus.*

252. Le mari ayant droit de jouir de tous les fruits de la dot, il est un véritable usufruitier des biens dotaux ; il est donc tenu de toutes les obligations de l'usufruitier, il doit jouir en bon père de famille, il doit faire toutes les réparations d'entretien, et même les grosses quand elles sont devenues nécessaires faute d'avoir fait les premières, art. 605, c. c. ; il doit payer tout ce qui est charge des fruits, les contributions, les arrérages des rentes foncières affectées sur les fonds dotaux, art. 608, c. c., et même tous autres arrérages ou intérêts, suivant les distinctions rapportées au traité de l'usufruit. N'ayant droit qu'à ce qui est mis au nombre des fruits, il devra rendre à la fin du mariage le prix des coupes de bois de haute futaie qui ont été faites sur les bois dotaux pendant le mariage, lorsqu'ils n'étaient pas en coupes réglées au moment de la célébration. Le trésor n'étant point considéré comme fruit, s'il en trouve un sur les fonds dotaux, il n'en conservera que la moitié en sa qualité d'inventeur, le surplus sera restitué à la femme à la fin du mariage ; art. 591, 592, 598, second alinéa à la fin, et 716, c. c. ; l. 12, §. 7, ff. *soluto matrimonio.*

253. Ayant toutes les actions de la femme concernant la dot, il devra agir pour elle, et il sera responsable de toutes prescriptions acquises contre la femme, soit qu'elles ayent commencé

avant ou après le mariage, lorsqu'il s'agit de ses
biens meubles, car la loi ne déclare imprescriptibles que les fonds dotaux, elle ne statue rien
de semblable relativement aux meubles dotaux;
la prescription a donc lieu à leur égard lors même
qu'elle n'a commencé que depuis le mariage, art.
1561, c. c.

Quant aux fonds dotaux, cela s'entend des
prescriptions commencées avant le mariage, mais
accomplies pendant sa durée, dit art. 1561, et
l. 16, ff. *de fundo dotali;* il répond des pertes
que ces prescriptions causent à la femme, parce
qu'il devait interrompre la prescription qui cou-
rait en faveur des possesseurs des biens dotaux;
cependant, s'il n'y avait aucune négligence qui
fût imputable au mari, par exemple s'il ne res-
tait que très peu de jours pour accomplir la prescription au moment où le mariage a été célébré,
on ne peut l'en rendre responsable, parce qu'il
n'a pas eu le temps de s'apercevoir de la possession des tiers, il n'avait pas encore pu vérifier
les titres de propriété de la femme, et reconnaître par ce moyen les fonds de celle-ci qui
étaient possédés par des étrangers. *Planè si pau-
cissimi dies ad perficiendam longi temporis præscriptionem superfuerint, nihil erit quod imputa-
bitur marito;* dict. l. 16, ff. *de fundo dotali.*

254. Le mari ayant l'administration la plus entière des fonds dotaux, il doit surveiller ces immeubles et empêcher toute espèce de détériorations,
et il est responsable de toutes celles qui y sur-
viennent par son défaut de surveillance; il est
juste qu'il les supporte, parce que chacun est
responsable du dommage qu'il cause à autrui,

non-seulement par son fait, mais aussi par sa négligence ou imprudence, art. 1383, c. c.

§. II.

De l'Inaliénabilité du fonds dotal, et des Exceptions que la loi y apporte.

255. Après avoir exposé les droits et obligations du mari par rapport aux biens dotaux, on va parler de l'inaliénabilité des fonds constitués en dot.

Ce qui distingue essentiellement le régime dotal de celui de la communauté, c'est l'inaliénabilité qui est une qualité des fonds dotaux sous le premier de ces régimes, c'est une ressource qu'on a voulu réserver à la femme en cas de dissipation du mari, c'est une planche qui reste aux enfans après le naufrage de leur père ; cette défense d'aliéner est la base fondamentale du régime dotal, elle a lieu même pour les femmes qui font un commerce public et séparé de celui de leur mari, art. 7, second alinéa, cod. comm.

L'inaliénabilité des fonds dotaux est donc la qualité que le choix du régime dotal de la part des époux, pour régir leur association quant aux biens, imprime aux fonds constitués en dot par la femme ou pour elle, qui fait qu'ils ne peuvent en général ni être aliénés, ni être prescrits, ni être grevés d'hypothèques pendant le mariage.

256. Conformément à ces principes sur l'inaliénabilité du fonds dotal, la loi décide que l'immeuble constitué ne peut être aliéné ni grevé d'hypothèque, parce qu'elle contient un germe d'aliénation, le créancier pouvant faire vendre,

à défaut de payement, l'immeuble hypothéqué; elle déclare que l'aliénation et l'hypothèque sont nulles, soit qu'elles ayent été consenties par le mari, ou par la femme, ou même par tous deux conjointement. Si le concours de la femme suffisait pour légitimer l'aliénation et l'hypothèque du fonds dotal, le but de la loi serait manqué, le mari obtiendrait facilement le consentement de son épouse qui est sous sa dépendance, et celle-ci, pour conserver sa tranquillité, consentirait tous les jours à des actes ruineux pour elle, on a voulu l'armer contre sa propre faiblesse. *Interdicta sit alienatio vel obligatio, ut neutrum eorum neque consentientibus mulieribus procedat, ne muliebris sexûs fragilitas in perniciem substantiæ earum convertatur ;* princ. inst. *quibus alien. licet vel non ;* l. uniq., §. 15, cod. *de rei uxoriæ actione.*

257. Tel est le principe général, mais il a ses exceptions : et d'abord la femme peut, avec l'autorisation du mari, ou sur son refus, avec la permission de la justice, donner ses biens dotaux pour l'établissement des enfans qu'elle aurait d'un mariage antérieur; c'est ici la destination de la dot, c'est principalement pour leur ménager une ressource que le fonds dotal est déclaré inaliénable ; une pareille libéralité n'est pas précisément une aliénation mais un avancement d'hoirie, elle est moins un transport de propriété qu'une confirmation de celle qui existait déjà sur la tête des enfans, que la loi regarde comme maîtres des biens de leur père et mère du vivant de ces derniers, *qui etiam vivo patre quodammodò domini existimantur;* l. 11, ff. *de liberis et posthumis ;* ces libéralités ne font que remplir le

vœu de la nature qui destine les biens des ascendans à leurs descendans ; *cùm ratio naturalis
quasi lex quædam tacita , liberis bona paren-
tum addiceret , velut ad debitam successionem
eos vocando ;* l. 7 princ., ff. *de bonis damnato-
rum.*

Il faut le consentement du mari, c'est une
suite du principe qui défend à la femme d'aliéner ses biens sans être autorisée , et aussi parce
qu'il a droit de jouir des biens dotaux ; mais on
a dû prévoir qu'il refuserait souvent son consentement à cette aliénation, pour l'établissement
des enfans d'un autre lit; c'est pourquoi on permet à la femme de recourir à la justice, on ne
veut pas que le mariage des enfans soit empêché
par le refus injuste du mari ; mais dans ce dernier cas, une autorisation qui n'est point le fait
du mari ne peut lui préjudicier en aucune manière , elle ne peut le priver des fruits du bien
dotal qui lui appartiennent pour soutenir les
charges du mariage; la femme autorisée par justice à donner ses biens dotaux pour l'établissement de ses enfans d'un autre lit , en doit donc
réserver la jouissance au mari.

La femme peut aussi donner ses biens dotaux
pour l'établissement des enfans issus du mariage,
pourvu qu'elle soit autorisée par le mari. Ici
la loi ne permet plus de recourir à la justice,
en cas de refus du mari; parce qu'un refus injuste n'est plus présumable ni même en quelque sorte possible ; les enfans étant communs, le
mari est aussi porté que la femme à leur procurer un établissement avantageux : il ne s'oppo-
sera donc pas à la donation, sans de justes motifs.

L'immeuble dotal est aussi susceptible d'être aliéné valablement, lorsque l'aliénation en a été permise par le contrat de mariage. Ce n'est que pour l'avantage de la femme et pour lui conserver ses fonds dotaux, que la loi les déclare inaliénables; mais il peut être quelquefois très utile pour elle de pouvoir les aliéner, soit parce qu'ils sont d'un faible produit beaucoup au-dessous de l'intérêt du prix qu'on pourrait en retirer, soit parce qu'ils se trouvent trop éloignés du domicile marital, et qu'ainsi ils seraient nécessairement négligés; dans ces cas, et autres semblables, il est du plus grand intérêt pour la femme d'aliéner les fonds dotaux, afin d'en acquérir qui soient plus à portée, ou d'un plus grand rapport, ou même simplement afin de procurer aux époux la jouissance du prix reçu, la loi s'en remet ici à la sagesse des parens; c'est moins alors le fonds que le prix à recevoir de la vente, qui est constitué en dot.

258. Tels sont les trois cas où l'immeuble dotal peut être aliéné sans formalités de justice, et dans lesquels on n'exige que le consentement du mari et de la femme; il en existe d'autres où il peut être aliéné, mais dans ceux-ci l'intervention de la justice est absolument nécessaire, et plusieurs solennités y sont requises.

Ainsi le fonds dotal peut être encore aliéné avec la permission de la justice, qui examinera si les époux se trouvent vraiment dans un des cas spécifiés par la loi, et sous la condition que la vente sera faite aux enchères, après qu'elle aura été annoncée par l'apposition d'affiches pendant trois dimanches consécutifs dans les lieux accoutumés du canton, afin d'attirer un grand nombre d'en-

chérisseurs, et faire par ce moyen élever les
biens à leur plus haute valeur,

1° Pour tirer de prison le mari ou la femme :
quelle que soit la faveur de la dot, elle ne doit pas
prévaloir sur celle que mérite la liberté des époux,
on ne peut rétorquer contre eux un avantage
qui a été introduit en leur faveur; l. 25, ff. *de
legibus;* ainsi le fonds dotal peut être aliéné afin
de procurer la liberté à la femme et au mari dé-
tenus en prison pour des condamnations pécuniaires. *Vel ut mulier vinculis vindicet de ne-
cessariis suis aliquem;* l. 21, ff. *soluto matrim.;*
loi avant-dernière, au cod. *ad senatusconsult.
Velleianum.*

2° Pour fournir des alimens à la famille dans
les cas prévus par les art. 203, 205 et 206, c. c. :
quoique les fruits de la dot soient principalement destinés à procurer des alimens à la famille, néanmoins s'il n'y en a pas une assez grande
quantité pour remplir cet objet, les alimens sont
si favorables qu'il doit être permis d'employer
quelques parties des fonds dotaux pour les fournir aux époux, aux enfans, à leurs ascendans
qui sont dans le besoin, et à leur beau-père et
belle-mère qui se trouvent dans la même position. *Manente matrimonio, non perditurœ uxori
dos reddi potest ut sese suosque alat...... ut......
parenti prœstet alimonia;* l. 73, ff. *de jure dotium. Ut liberis ex alio viro egentibus, aut fra-
tribus aut parentibus consuleret;* l. 20, ff. *soluto
matrim.,* et l. 21, eodem.

3° L'aliénation peut avoir lieu lorsqu'elle est
nécessaire pour payer les dettes de la femme ou
de ceux qui ont constitué la dot, lorsqu'elles ont
une date certaine antérieure au contrat de ma-

riage. La vente est permise dans ce cas pour éviter les frais énormes d'une expropriation forcée que les créanciers de la femme seraient fondés à provoquer, parce qu'elle n'a pu altérer les droits de ses créanciers en constituant ses fonds en dot; or il est plus avantageux pour la femme de vendre ses fonds dotaux que de les laisser saisir et adjuger après toutes les formalités de la saisie immobilière ; on doit en dire de même des dettes de ceux qui ont constitué la dot, qui n'ont pu exercer des libéralités aux dépens de leurs créanciers, ceux-ci ont droit d'attaquer, après avoir discuté les autres biens des constituans, les dots fournies en fraude de leurs droits, art. 1167, c. c.; la femme a acquis les fonds dotaux à titre gratuit, elle est donataire, elle combat pour gagner, tandis que les créanciers combattent pour ne pas perdre; ils sont donc plus favorables que celle-ci, ils peuvent donc agir subsidiairement contre les fonds constitués qui sont censés avoir été donnés à la femme en fraude de leurs droits; l. 41, §. 1, ff. *de regulis juris ;* le mari a dû être instruit de ces dettes, parce qu'on est censé connaître la situation de ceux avec lesquels on contracte, *nemo est aut esse debet ignarus conditionis ejus cum quo contrahit;* l. 19, ff. *de regulis juris.* La loi 20, ff. *soluto matrimonio,* disait déjà, *ut æs alienum solvat;* la loi dernière, ff. *de jure dotium,* dit aussi, *creditoribus urgentibus patris utilius videtur potiùs fundum qui dotalis est distrahere;* sauf cependant l'action en garantie du mari contre les constituans, art. 1547, c. c.

Mais la loi ne permet la vente du fonds dotal que pour le payement des dettes, soit de la

femme, soit des constituans, qui ont une date
certaine antérieure au contrat de mariage; autrement il serait facile d'antidater les billets et
de priver le mari du droit de jouir des fonds
dotaux, par l'effet des dettes que la femme contracterait après le mariage ; les créanciers qui
ont alors ou sont censés avoir un droit postérieur au mari, ne peuvent priver celui-ci de sa
jouissance, et s'il s'agit des dettes des constituans, les créanciers n'ont pas dû regarder comme
leur gage des biens qui n'appartenaient plus à
leur débiteur lorsqu'il s'est obligé envers eux;
tant que la date n'est pas certaine, les dettes sont
présumées contractées après le mariage, pour
éviter les fraudes préjudiciables au mari.

4° L'immeuble dotal peut être aliéné toujours
avec les mêmes solennités, pour faire de grosses
réparations indispensables à sa conservation : il
faut en effet conserver le tout aux dépens d'une
partie, c'est le membre qu'il faut sacrifier pour
sauver le corps : ici l'aliénation d'une partie est
de toute nécessité, elle tend au maintien de
l'immeuble dotal, qui est le but de l'inaliénabilité.

5° Enfin le fonds dotal peut être aliéné toujours en suivant les mêmes formalités, lorsque
l'immeuble se trouve indivis avec des tiers et
qu'il a été déclaré et reconnu impartageable :
les tiers ne peuvent pas être forcés de rester en
indivision avec la femme, art. 815, c. c.; l. 26,
§. 4, ff. *de condict. indeb.;* l. dernière, au cod.
comm. dividundo; l. 24 in fine, ff. eodem; l. 43,
ff. *familiæ erciscundæ;* elle n'a pu les priver du
droit de provoquer le partage en constituant ses
fonds en dot; et si la licitation est nécessaire pour

faire cesser l'indivision, il faudra bien y recourir, ici l'aliénation est encore absolument nécessaire. *Mariti qui fundum communem cum alio in dotem inœstimatum acceperunt, ad communi dividundo judicium provocare non possunt, licet ipsi possint provocari;* loi dernière, au cod. *de fundo dotali.*

259. Dans les cinq cas ci-dessus, l'excédant du prix de la vente au-dessus des besoins reconnus restera dotal, et il en sera fait emploi comme tel au profit de la femme. La loi permet bien, dans des circonstances aussi urgentes, de vendre l'immeuble dotal, mais elle ne veut pas que sous ce prétexte on dissipe la partie du prix qui excède les besoins; toujours attentive à la conservation des biens dotaux, elle exige que l'on en fasse emploi au profit de la femme, et que le fonds acheté en remploi soit dotal comme celui qui a été vendu, dont il prendra les qualités et auquel il sera de droit subrogé. La loi ne dit pas précisément que l'emploi doive être fait en fonds; mais c'est le plus sûr pour la femme, puisque le fonds dotal est inaliénable.

260. Dans les cas qu'on vient de parcourir, la vente est indispensable, c'est la loi de la nécessité, la plus impérieuse de toutes, qui commande l'aliénation; mais il y a des choses si essentiellement utiles qu'elles peuvent être mises sur la même ligne que les choses nécessaires; il peut arriver en effet que l'immeuble dotal soit situé à une grande distance des époux, de sorte qu'ils ne peuvent en surveiller l'administration : il serait alors du plus grand avantage pour eux de l'échanger contre un autre fonds plus à leur proximité, et dont la culture serait plus facile et

par là même plus productive; dans ce cas et autres semblables là prohibition de l'échange qui
est une espèce d'aliénation, tournerait contre la
femme, et l'inaliénabilité de la dot établie en sa
faveur lui serait préjudiciable; c'est pourquoi la
loi permet l'échange du fonds dotal contre un
autre héritage; mais pour éviter tout abus à cet
égard, elle prend des précautions très sages, elle
veut d'abord que la femme consente à l'échange,
pour qu'elle ne soit pas privée de son immeuble
sans une volonté bien formelle de sa part, c'est
une conséquence du principe qui ne permet pas
qu'on soit dépouillé de ses propriétés sans son
fait; *quod nostrum est sine facto nostro ad alium
transferri non potest;* l. 11, ff. *de regulis juris.* Il
faut 2° que l'immeuble dotal soit échangé contre
un immeuble de même valeur pour les quatre
cinquièmes au moins, on ne veut pas que cet
échange soit un prétexte pour anéantir et faire
disparaître le fonds dotal, il faut autant que possible que l'immeuble reçu en échange contre le
fonds dotal soit de la même valeur que ce dernier; on n'exige pas précisément qu'il soit de
même prix, parce que cela se rencontre bien ra-
rement, et si cette égalité parfaite était nécessaire, la disposition de la loi qui autorise l'é-
change, et qui peut être quelquefois très utile,
n'aurait jamais pu recevoir son exécution. Il faut
3° que l'utilité de l'échange soit justifiée, que
l'on établisse qu'il est profitable à la femme; on
ne permet l'échange qu'à cause de l'avantage qu'il
lui procure, on doit donc prouver cet avantage.
L'autorisation de la justice est exigée, parce que
c'est aux tribunaux à examiner si l'échange est
vraiment avantageux à la femme, il faut qu'ils

interviennent entre des époux qui pourraient colluder, dans l'intention de se soustraire à la défense de l'aliénation du fonds dotal. Afin que la justice ait tous les élémens nécessaires pour prendre une décision juste, afin qu'elle puisse vérifier s'il y a ou non utilité dans l'échange proposé, et si toutes les conditions prescrites par la loi sont remplies, elle devra faire estimer les immeubles par des experts nommés d'office.

Quand l'échange sera consommé, l'immeuble reçu pour le fonds dotal lui sera subrogé, il en prendra les qualités, il sera dotal comme lui, et l'excédant de prix, s'il y en a, sera aussi dotal, et il en sera fait emploi comme tel au profit de la femme. Par le moyen de ces précautions, l'échange ne peut jamais être nuisible, et il sera souvent avantageux sans que la masse des fonds dotaux soit diminuée.

261. A part les cas d'exception ci-dessus expliqués, l'immeuble dotal est inaliénable, et toute aliénation est prohibée, qu'elle soit faite par un des époux seul, ou par tous les deux conjointement; dans un cas semblable la femme ou ses héritiers pourront faire révoquer l'aliénation après la dissolution du mariage : ils sont sans droit pour agir auparavant, puisque le mari, pendant le mariage, est maître de toutes les actions de la femme concernant le fonds dotal; mais par suite de ce même principe, on ne pourra opposer, ni à la femme, ni à ses héritiers, aucune prescription qui aurait couru pendant le mariage, parce qu'ils ne peuvent pas agir pour l'interrompre : *at contra agere non valentem, non currit præscriptio; l. 1, de annali exceptione italici contractûs;* art. 2255, c. c.

La femme reprenant la gestion des fonds dotaux, après la séparation de biens, pourra, dès
que le jugement de séparation de biens sera
exécuté, conformément à l'art. 1444, c. c., agir
contre les tiers acquéreurs des héritages constitués; parce que le droit du mari est éteint par
la séparation régulière, et qu'elle reprend toutes
les actions qui concernent les biens dotaux. On
pourra aussi lui opposer la prescription qui aura
couru dès le moment qu'elle aura été séparée,
parce qu'elle n'a plus été dans l'impuissance
d'interrompre la possession des tiers dès cette
époque, art. 1449 et 1560, c. c.

262. Le mari, qui est le maître de toutes les
actions relatives au fonds dotal, pendant le mariage, pourra faire révoquer l'aliénation qui en
a été faite, sans être obligé d'attendre la dissolution du mariage, parce qu'il est obligé de conserver le fonds dotal pour pouvoir le restituer à
la femme à l'époque où le lien conjugal se dissout; il a donc le droit de le revendiquer des
tiers possesseurs, il est ici à la place du maître,
il peut en exercer toutes les actions, il agit au
nom de la femme; elle-même est censée poursuivre par le ministère de son époux qui est son
procureur légal.

Mais comme il revient ici contre son propre
fait, la loi veut qu'il demeure sujet aux dommages et intérêts de l'acheteur qui n'a pas su
que le fonds était dotal; il n'est pas juste que ce
dernier soit victime de sa bonne foi et de la
fraude du mari, et la loi présume qu'il a ignoré
que l'héritage était dotal, si on n'a pas déclaré
dans l'acte de vente que le fonds vendu avait
cette qualité : lorsque le mari et la femme ont

vendu conjointement, ou lorsque c'est la femme seule qui a vendu, cette revendication est contraire au principe portant qu'on ne peut pas intenter une action dont on est naturellement garant, et qu'il n'est pas permis de revenir contre son propre fait; mais c'est la faveur de la dot qui l'a fait admettre; si c'est au contraire le mari seul qui a vendu le fonds dotal, la disposition de la loi ne porte aucune atteinte au principe ci-dessus, parce que ce n'est point le mari vendeur, mais la femme étrangère au contrat de vente qui est censée agir par le ministère de son époux.

Si la qualité de l'immeuble vendu a été déclarée dans le contrat de vente, le tiers acquéreur ne peut pas demander des dommages et intérêts, il doit s'imputer d'avoir acheté sciemment la chose d'autrui, l'acte de vente lui avait appris qu'elle n'appartenait pas à son vendeur, qu'il n'en avait que l'administration et la jouissance, avec prohibition bien formelle d'aliéner; or celui qui achète sciemment la chose d'autrui ne peut répéter que le prix, sans aucuns dommages et intérêts, art. 1599, c. c.; l. 28, cod. *de evictionib.* Il a droit d'exiger le prix qu'il a délivré au mari, parce qu'il serait sans cause chez ce dernier après l'annullation de la vente; pour qu'un acquéreur ne puisse pas répéter le prix, il faut non-seulement qu'il ait connu le danger de l'éviction au moment de la vente, mais encore que le vendeur ait fait insérer dans l'acte une clause de non-garantie, art. 1629, c. c.

263. Au reste, la défense d'aliéner le fonds dotal comprend celle de l'assujettir à des servitudes ou d'affranchir les fonds voisins qui en doivent à l'héritage constitué, et d'en empirer

autrement la condition, parce qu'un fonds est présumé aliéné jusqu'à concurrence de la diminution de valeur causée par la constitution des servitudes qu'on y impose, ou par l'aliénation de celles qui lui appartenaient. *Julianus libro 16 digestorum scripsit, neque servitutes fundo debitas posse maritum amittere, neque alias imponere;* l. 5, ff. *de fundo dotali;* l. dernière, au cod. *de rebus alienis non alienandis.*

264. D'après la maxime portant que les choses inaliénables sont imprescriptibles, *quæ non possunt alienari, nec possunt præscribi,* on doit conclure que les fonds dotaux non déclarés aliénables par le contrat de mariage, sont imprescriptibles pendant le mariage, parce que la prescription est une espèce d'aliénation. Celui qui laisse prescrire est censé aliéner tacitement le fonds qui est possédé par un tiers, il est présumé en abandonner et transmettre la propriété au possesseur, elle contient une convention tacite ; *alienationis verbum etiam usucapionem continet, vix enim est ut non videatur alienare qui patitur usucapi;* l. 28 in princ., ff. *de verb. signific.;* on peut encore ajouter que la défense d'aliéner a été introduite pour empêcher la perte du fonds dotal, et conserver par là une ressource à la femme et aux enfans, et que le but de la loi serait manqué si on pouvait prescrire le fonds dotal ; la prescription produirait le même effet que l'aliénation, l'une et l'autre priveraient la femme de ses immeubles dotaux. *Nam licet lex Julia quæ vetat fundum dotalem alienari pertineat etiam ad ejusmodi acquisitionem per præscriptionem;* l. 16, ff. *de fundo dotali.*

265. Néanmoins la prescription du fonds cons-

titué en dot, commencée avant le mariage, n'est point suspendue pendant sa durée, elle court comme auparavant, et rien n'empêche qu'elle ne s'accomplisse sous le mariage. Dans ce second cas, le droit de celui qui veut prescrire a commencé avant le mariage, le principe de sa possession remonte à une époque où le fonds n'était pas hors du commerce, où il pouvait s'aliéner et par conséquent se prescrire; la prescription n'est point suspendue pendant le mariage, parce que rien n'empêche le mari d'intenter la revendication, il peut l'interrompre, la femme elle-même en a le droit, parce que l'interruption est un acte conservatoire permis à ceux qui n'ont que la présomption de propriété, art. 779, c. c., et permis à plus forte raison à la femme vraiment propriétaire du fonds dotal. D'ailleurs, les art. 940, 2139 et 2194, c. c, démontrent qu'elle a droit de faire des actes conservatoires; on doit dire avec d'autant plus de raison que la femme peut interrompre la prescription, qu'il s'agit d'une action qui ne réfléchirait pas contre le mari. On peut ajouter aux motifs ci-dessus, qui ont déterminé à faire continuer la prescription pendant le mariage, que lorsqu'elle est accomplie, c'est le commencement de la possession qu'on examine pour savoir si elle a pu ou non procurer le droit de prescrire, *ad primordium possessionis totus refertur eventus;* c'est ici un des cas de l'application de la règle de droit, *quæ semel rectè incœpta sunt, semper durant, licet ceciderint in casum à quo incipere non potuissent.* La femme a son recours, tel que de droit, contre son mari, comme on l'a dit au §. 1er, no 254, *non tamen interpellat eam possessionem quæ per lon-*

*gum tempus fit, si antequàm constitueretur fun-
dus dotalis, jam cœperat;* l. 16, ff. *de fundo dotali,* et art. 1562, c. c.

Après la séparation de biens prononcée par
la justice, la prescription peut même commencer
légitimement durant le mariage, parce que la
femme qui a repris la gestion de ses biens peut
agir et interrompre, elle s'aperçoit de la possession des tiers, rien ne peut donc l'excuser.

Lors même que la prescription aurait commencé sous le mariage, avant la séparation de
biens, elle deviendra utile depuis cette époque,
mais c'est dès-lors seulement qu'elle doit être
comptée, parce que la loi ne déclare les biens
dotaux prescriptibles que dès cet instant, art.
1561, 2e alinéa, c. c.; si elle ajoute ensuite, *quelle
que soit l'époque à laquelle la prescription a
commencé,* c'est pour qu'on ne puisse pas soutenir que la possession commencée dans un temps
où la prescription était prohibée, continue d'être
inutile après la séparation de biens, en se fon-
dant sur la règle catonienne, l. 29, ff. *de regul.
juris,* que la loi n'admet pas dans cette espèce.

§. III.

Séparation de biens.

266. Sous le régime dotal, la dot de la femme,
lorsqu'elle est composée en tout ou en partie
d'effets mobiliers, peut être mise en péril par
les débauches et la dissipation du mari; il en est
de même, quoiqu'elle consiste totalement en
immeubles, si le mari dissipateur commet des
dégradations considérables, s'il laisse tomber les
bâtimens en ruine, et s'il laisse les fonds en fri-

che; c'est pourquoi la loi déclare que la femme mariée sous le régime dotal pourra poursuivre la séparation de biens dans les mêmes cas et les mêmes formes que la femme commune, et que cette séparation aura les mêmes effets : comme tout cela a été expliqué à la section 3, §. 2, de la 1re partie du chap. 2, on se contente d'y renvoyer, en faisant seulement remarquer ici que les biens dotaux ne perdent pas leur qualité d'inaliénables par la séparation judiciaire, la loi veut toujours qu'ils soient une ressource à la femme et à la famille, et qu'en conséquence ils ne puissent pas être aliénés, après la séparation, même avec le consentement du mari ou l'autorisation de la justice; la séparation n'opère d'autre effet que d'en remettre l'administration et la jouissance entre les mains de la femme, à l'effet d'employer les fruits pour ses besoins, ceux du mari et des enfans. *Ita tamen ut eadem mulier nullam habeat licentiam eas res alienandi vivente marito, et matrimonio inter eos constituto, sed fructibus earum ad sustentationem tam suî quàm mariti filiorumque si quos habet, abutatur;* l. 29, vers. *ita tamen,* cod. *de jure dotium.*

SECTION III.

De la Restitution de la dot.

267. A la dissolution du mariage, ou en cas de séparation de biens prononcée par jugement, les droits du mari sur la dot cessent entièrement, et il doit la restituer à la femme ou à ses héritiers; il n'avait droit d'en jouir que pour soutenir les charges du mariage desquelles il n'est plus tenu dans le premier cas, et dont il n'est chargé dans le second qu'au prorata de ses biens.

268. On est obligé de restituer la dot plus ou moins promptement, suivant les objets dans lesquels elle consiste : s'ils sont de nature à pouvoir être rendus immédiatement après la dissolution sans accabler le mari, la restitution doit s'en faire de suite; au contraire on lui accorde un délai, si la chose à restituer est de telle nature qu'il soit possible qu'elle ne se trouve pas chez lui au moment de la dissolution, parce que la dignité du mariage qui a existé exige encore quelques égards.

D'après ce, il est décidé par la loi que si la dot consiste en immeubles, ou en meubles non estimés par le contrat de mariage, ou bien estimés avec déclaration que l'estimation n'en ôte pas la propriété à la femme, le mari ou ses héritiers peuvent être contraints de la restituer sans délai, après la dissolution du mariage; parce que ces objets sont en leur pouvoir, ils les possèdent, ils ont donc la faculté d'en faire de suite la délivrance, il n'y a donc aucun motif qui puisse en faire suspendre la restitution; l. unique, §. 7, cod. *de rei uxoriæ actione.*

269. Si la dot consiste en une somme d'argent ou en meubles mis à prix par le contrat sans aucune déclaration, ou bien encore en immeubles estimés, avec déclaration que cette estimation emporte vente en faveur du mari, dans de semblables circonstances ce dernier est débiteur d'une somme d'argent qu'il n'a peut-être pas dans sa maison, au moment de la dissolution, on doit donc lui accorder un délai raisonnable pour se la procurer : c'est pour ces motifs qu'il est statué que dans ces différens cas la restitu-

tion ne peut être exigée qu'un an après la dissolution, même §. 7.

270. Lorsque la dot consiste en meubles dont
la propriété est restée à la femme, si ces objets
mobiliers ont dépéri par l'usage et sans aucune
faute du mari, il ne sera tenu de restituer que
ceux qui existeront et dans l'état où ils se trou-
veront; c'est une conséquence du principe qui
veut que la chose périsse ou se détériore pour
le maître, tant qu'il n'y a pas faute de la part
de celui qui a droit d'en jouir, principe consacré
par rapport à l'usufruitier, non-seulement par
l'art. 1566, c. c, qui nous occupe, mais encore
par les art. 589, 615 et 616, c. c., du titre de
l'usufruit. *Quoties igitur non æstimatæ res in dotem dantur, et meliores et deteriores mulieri
fiunt;* l. 10, ff. *de jure dotium,* et l. 11, eodem.

271. Lors même que la propriété des meubles
dotaux aurait été transférée au mari par l'estimation faite dans le contrat sans aucune déclaration, la femme pourra dans tous les cas retirer les linges et hardes à son usage actuel, sauf
à précompter leur valeur, lorsqu'ils auront été
primitivement constitués avec estimation. On ne
veut pas que la femme puisse dans aucun cas
être privée des linges et hardes qui sont à son
usage personnel, cette privation serait trop pé-
nible pour elle, ce serait la dépouiller de choses
qu'elle a dû regarder comme une propriété attachée d'une manière inséparable à sa personne,
et qui est pour ainsi dire l'accessoire de son être;
mais elle doit en précompter la valeur actuelle,
si ces effets ont été constitués avec estimation,
parce que l'équité ne permet pas qu'elle ait tout
à la fois la chose et le prix.

272. Par suite du même principe que la chose périt ou diminue pour le maître, tant qu'il n'y a aucune faute à imputer au possesseur, la loi décide que si la dot comprend des obligations ou constitutions de rente qui ont péri ou souffert des retranchemens qu'on ne puisse imputer à la négligence du mari, il n'en sera point tenu, et il en sera quitte en restituant les contrats; c'est tout ce qui reste de la dot. Par exemple, si la dot consistait en rentes sur l'état qui ont été réduites au tiers consolidé, il lui suffira de restituer le nouveau titre qui lui a été délivré; et si les rentes dotales ou autres créances dues par des particuliers ont été remboursées au mari en assignats dépréciés, il ne rendra que leur valeur au moment du payement, d'après l'échelle de dépréciation de son département, car la valeur nominale du papier-monnaie ne représentait que cela en numéraire à l'instant où le mari l'a reçu; or il ne doit rendre que ce qu'il a effectivement reçu, quand il n'a fait qu'obéir à la nécessité en acceptant un papier annihilé, art. 15, loi 16 nivôse an 6; l. 49 princ., ff. *soluto matrimonio*.

Il en serait différemment s'il y avait de la faute de la part du mari, par exemple s'il avait été en demeure d'exiger le payement, et que le débiteur fût ensuite devenu insolvable, s'il avait innové l'obligation, si pouvant recevoir le capital il avait préféré de laisser la créance à intérêts, parce qu'il doit administrer les biens dotaux en bon père de famille, et qu'un bon administrateur ne se serait pas conduit de cette manière : *si maritus nomen secutus usuras exegerit, periculum ejus futurum respondetur;* l. 71, ff. *de jure dotium. Si dotem novandi animo stipuletur, cœ-*

pit viri esse periculum; l ● *eodem; l.* 49 princ., ff. *soluto matrimonio.*

273. Lorsque la femme ou quelqu'un pour elle a constitué en dot un usufruit, le mari ou ses héritiers ne sont obligés, à la dissolution du mariage, que de restituer le droit même d'usufruit et non les fruits échus durant le mariage : le mari a le droit de jouir des produits de la dot, ils lui appartiennent pour soutenir les charges du mariage; ainsi, lorsque l'on constitue en dot un usufruit, les fruits de la dot sont alors ceux que l'on perçoit en vertu du droit d'usufruit, ils appartiennent donc au mari, il n'est donc obligé que de restituer le droit même; s'il était contraint de rendre les fruits perçus, il n'aurait réellement rien eu pour soutenir les charges du mariage. *Si ususfructus in dotem datus sit......* *Celsus ait libro 1º digestorum..... jus ipsum in dote esse, non etiam fructus qui percipiuntur;* l. 7, §. 2, et l. 57, ff. *de jure dotium;* l. 4, ff. *de pactis dotalibus.*

274. Toujours pour mieux assurer la dot de la femme et empêcher qu'elle ne périsse par la négligence et le défaut de poursuites du mari contre ceux qui en sont débiteurs, et pour stimuler l'activité de ce dernier, la loi décide que si le mariage a duré dix ans depuis l'échéance des termes pris par les constituans pour le payement de la dot, la femme ou ses héritiers pourront la répéter contre le mari après la dissolution du mariage, sans être tenus d'établir qu'il l'a reçue, parce que la loi tire une présomption de la réception de la dot, de la durée du mariage pendant dix ans depuis l'expiration des termes pris pour le payement, ou

elle présume qu'elle ● péri par la faute ou négligence du mari; mais cette présomption n'est
qu'une présomption *juris tantùm*, elle n'exclut
pas la preuve du contraire; ainsi, le mari ne
sera point forcé à restituer la dot, s'il justifie de
diligences inutilement faites pour s'en procurer
le payement, s'il prouve, par exemple, qu'il a
voulu pratiquer des saisies, qu'il n'a trouvé ni
meubles ni immeubles à saisir, et qu'il a été réduit à faire dresser les procès-verbaux de carence produits pour sa justification.

Si la dot avait été constituée par la femme
elle-même, les héritiers de celle-ci ne pourront
pas la répéter, sous prétexte que le mari aurait
dû la poursuivre, ils n'ont pas plus de droit
qu'elle; or la femme serait bien ridicule, et elle
ne serait pas écoutée par la justice, si elle se
plaignait de ce que son mari ne l'a pas poursuivie avec la dernière rigueur. *Neque enim pro-
pitiis auribus audietur mulier dicens cur maritus non urserit illam ad solutionem.*

275. Au reste, cette présomption n'a lieu qu'en
faveur de la femme ou de ses héritiers contre le
mari ou les héritiers de ce dernier, qui sont soumis aux mêmes actions que celui qu'ils représentent, mais elle n'est pas admissible de la part
des constituans qui peuvent au contraire être
poursuivis en payement pendant trente ans depuis l'expiration des termes, art. 2262 et 2257,
4e alinéa, c. c.

276. Le mari doit non-seulement restituer les
fonds et capitaux de la dot, mais encore les fruits
et intérêts dès le jour de la dissolution; parce
que les produits de la dot n'appartiennent plus
au mari dès cette époque : n'ayant plus de charges

de mariage à supporter, il n'a plus aucun droit
de les percevoir, ni aucun titre pour les retenir.

Il faut néanmoins distinguer entre la dissolution opérée par la mort de la femme et celle qui
arrive par le décès du mari : dans le premier
cas, les fruits et intérêts de la dot à restituer
courent de plein droit au profit des héritiers de
la femme, et le mari est obligé de leur en tenir
compte dès le jour de la mort de celle-ci. Lorsque le mariage, au contraire, est dissous par le
décès du mari, la femme a le choix d'exiger
les intérêts de sa dot, ou de se faire fournir
des alimens, pendant l'an de deuil, aux dépens
de la succession du mari; on lui laisse cette al-
ternative afin que, si les intérêts de la dot ne suffisent pas pour la nourrir pendant l'année de
deuil, elle ne tombe pas tout à coup de la plus
brillante fortune dans l'indigence.

Au reste, quel que soit le choix de la femme,
et dans le cas même où elle préférerait se faire
payer les intérêts de la dot, son habitation durant l'année de deuil et les habits de ce deuil
doivent lui être fournis sur la succession du mari
et sans imputation sur les intérêts à elle dus. La
dignité du mariage qui a existé s'oppose à ce
qu'elle soit renvoyée de la maison du mari immédiatement après la dissolution du mariage;
ne pouvant d'ailleurs répéter sa dot qui consiste
en argent, qu'après l'an de deuil, elle doit avoir
le droit d'habiter gratuitement pendant ce temps
une des maisons du mari; et quant au deuil, il
n'est pas juste qu'elle le porte à ses dépens, elle
doit pleurer son mari, la loi l'oblige de porter
des signes visibles de sa douleur, mais c'est assez

pour elle de se conformer à ce qu'exige la décence et la mémoire de son mari, sans être obligée de le faire à ses frais, *non cogitur lugere maritum de suo;* d'un autre côté, les habits de deuil font partie des frais funéraires du mari, et sont par conséquent des charges de sa succession, ainsi qu'on l'a établi à la fin du premier paragraphe de la sect. 5 de la 1re partie du chap. 2.

277. Le mari étant usufruitier à titre onéreux des biens dotaux, puisque les fruits ne lui sont accordés que sous la condition de supporter les charges du mariage, on lui a donné avec raison des droits plus étendus qu'aux usufruitiers ordinaires : ces derniers n'ont aucun droit sur les fruits pendans par branches ou par racines au moment de la cessation de la jouissance, art. 585, second alinéa, c. c.; mais relativement aux fruits existans sur les fonds dotaux au moment de la dissolution du mariage, ils se partagent entre le mari ou la femme et les héritiers du prédécédé, à proportion du temps qu'il a duré pendant la dernière année, parce que le mari a supporté les charges du mariage durant le même espace de temps, et qu'il est par conséquent juste qu'il reçoive une part proportionnelle des fruits; d'après ce, si le mariage a duré trois mois, dans la dernière année il aura le quart des fruits.

L'année commence à partir du jour où le mariage a été célébré, parce que c'est depuis cette époque qu'il est tenu de supporter les charges du mariage; ainsi, lorsqu'il a été célébré le 1er mars, et qu'il a été dissous dans la dernière année le 1er juillet, il a droit au tiers des fruits qui auront été perçus dans l'année de la dissolution, parce qu'il a supporté les charges du mariage pendant le tiers de cette année. *Si ante nuptias fundus traditus, ex die nuptiarum ad eumdem diem sequentis anni computandus annus est;* l. 6, ff. *soluto matrimonio.*

Le mari ou ses héritiers prélèvent sur les fruits la dépense qu'il a fallu faire pour la culture et la récolte, et la dépense particulière faite pour une espèce de fruits ne se prend pas seulement sur cette espèce, mais sur toutes les autres si la première a manqué, parce qu'on ne considère toutes les espèces de fruits d'une année que comme formant une seule jouissance, une seule récolte et un produit unique : *quod in sementem erogatum, si non responderint messes ex vendemiâ deducetur, quia totius anni unus fructus est;* l. 8, §. 1, ff. *soluto matrimonio.*

278. Le mari peut retenir sur la dot les grosses réparations indispensables autres que celles d'entretien qu'il a faites aux immeubles dotaux, et les dépenses qui les ont améliorés, parce que l'équité ne permet pas que la femme en profite sans restituer toutes les sommes qui ont été employées quant aux dépenses nécessaires, et seulement jusqu'à concurrence de l'amélioration quant aux impenses utiles, autrement elle s'enrichirait aux dépens du mari ou des héritiers de celui-ci : *non tantùm necessarias sed etiam utiles impensas à muliere præstandas existimo;* l. dernière, princ., ff. *de fundo dotali;* l. 1, §. 2, ff. *de impensis in res dotales factis;* l. 56, §. 3, ff. *de jure dotium;* l. unique, §. 5, cod. *de rei uxoriæ actione.*

279. Justinien avait accordé, par la loi *assiduis,* cod. *qui potiores in pig.,* un privilége exorbitant à la femme pour la répétition de sa dot;

il lui donnait le droit d'être préférée aux créanciers hypothécaires du mari, antérieurs au contrat de mariage ; ce privilége était injuste ; il renversait l'autorité des conventions, il privait les créanciers du mari de droits légitimement acquis avant le mariage ; notre code ne l'a pas conservé, il déclare au contraire que la femme ou ses héritiers n'ont point de privilége pour la répétition de la dot sur les créanciers antérieurs à elle en hypothèque ; il lui accorde seulement une hypothèque légale qui remonte au jour de la célébration et qui se conserve sans inscription, art. 2135, n° 2°, c. c.

280. Il peut arriver que la femme ne puisse pas répéter la dot contre la succession du mari qui se trouve insolvable, elle veut prendre part dans l'hoirie délaissée par son père ; sera-t-elle obligée de rapporter la dot même, ou l'action inutile qu'elle a contre la succession du mari ? Le code décide cette question avec la plus grande clarté ; il fait une distinction : si le mari était déjà insolvable, et n'avait ni art ni profession lorsque le père a constitué une dot à sa fille, celle-ci ne sera tenue de rapporter à la succession du constituant que l'action qu'elle a contre la succession de son mari pour s'en faire rembourser ; parce qu'il y a eu ici imprudence de la part du père, il ne devait pas confier la dot à un homme insolvable ; on n'a rien à imputer à la fille qui n'a eu aucun moyen d'en empêcher la perte, qui n'a pu agir contre un mari privé de toutes ressources ; il serait donc injuste de lui faire rapporter une dot qui a péri sans sa faute, elle doit donc être admise à rapporter l'action seulement, il est juste que le dommage résultant

de la faute et de l'imprudence du père soit supportée par tous ceux qui le représentent, qui succèdent, en leur qualité d'héritiers, à son obligation de réparer le préjudice qu'elles ont occasioné ; authentique *quod locum*, cod, *de collationibus ;* novelle 97, chapitre dernier in princ. C'est le cas de l'action *de dote malè collocatâ.*

Mais la perte de la dot tombe uniquement sur la femme, 1° lorsque le mari n'est devenu insolvable que depuis le mariage, parce qu'alors il y a faute de la part de la femme, elle aurait pu empêcher la perte de la dot en demandant la séparation de biens lorsqu'elle était en péril, c'est-à-dire lorsque le mari tendait à sa ruine ; *cùm maritus vergebat ad inopiam, viro inchoante malè substantiâ uti ;* novelle 97, chapitre dernier ; elle doit supporter une perte qui est le fruit de sa négligence.

On pense néanmoins que cela ne s'applique qu'à la femme qui était majeure au moment où les dissipations du mari ont commencé, et non à celle qui était encore mineure à l'instant où la ruine de celui-ci a été consommée ; la faiblesse de sa raison l'a empêchée de sentir la nécessité qu'il y avait de demander la séparation de biens, elle doit donc être relevée du préjudice que lui a causé son inaction qui est moins l'effet de la négligence que de l'inexpérience attachée à la minorité ; aussi l'authentique *quod locum* ci-dessus, et le chapitre dernier de la novelle 97, ne faisaient supporter à la femme la perte de la dot que lorsqu'elle était majeure au moment où le désordre commençait dans les affaires du mari, *cùm sui juris sit et legitimæ ætatis.*

2° La femme doit encore supporter la perte

de la dot lorsque son mari avait un métier ou une profession qui lui tenait lieu de biens au moment du mariage ; parce qu'alors on n'a rien à imputer au père, on ne peut pas dire qu'il a mal placé la dot, ce n'est plus ici le cas *de dote malè collocatâ ;* si la dot a péri, c'est par suite d'un malheur qui doit être supporté par ceux qui l'éprouvent ; ce n'est plus l'imprudence du père qui a occasioné cette perte, au contraire il avait rempli le devoir de l'affection paternelle, et pris pour sa fille le parti conseillé par la prudence ordinaire, d'après laquelle un père peut croire qu'il place bien sa fille en la donnant à un homme de son métier ou qui a une profession lucrative, *quibus ars aut professio census,* et qu'il emploie bien son argent en le lui donnant pour servir de fonds dans ce métier ou cette profession, et l'aider à travailler, puisque la société dans laquelle l'un des associés fournit l'argent et l'autre son industrie, n'est pas regardée comme désavantageuse pour celui qui effectue la mise en argent, art. 1833, c. c. ; ici la perte arrivant par une espèce de cas fortuit, par l'effet d'un malheur imprévu lors du mariage, elle tombe même sur la femme mineure au temps de la ruine du mari, art. 1306, c. c.

SECTION IV.

Des Biens paraphernaux.

281. Les biens de la femme mariée sous le régime dotal sont de deux espèces : 1° les biens dotaux qui sont ceux qu'elle s'est constitués en dot, ou qui lui ont été donnés par le contrat de mariage, lorsqu'il n'y a point de stipulation con-

traire, art. 1541, c. c.; 2° les biens paraphernaux
qui sont tous les autres biens de la femme non
compris parmi ceux désignés ci-dessus. Le mot
paraphernal vient de deux mots grecs, *para
phernos*, qui signifient hors de la dot.

La femme peut avoir de ces deux espèces de
biens, ou n'en avoir que d'une seule : si elle se
constitue tous ses biens présens et futurs elle n'a
que des biens dotaux, elle n'a point de paraphernaux ; si elle ne se constitue que ses biens
présens, les biens futurs seront paraphernaux ;
si la dot ne frappe qu'une partie des biens présens, le surplus des biens présens ainsi que les
biens à venir seront paraphernaux ; et enfin si
elle ne se constitue rien, tout son avoir sera
extra-dotal, elle n'aura dans ce cas que des biens
paraphernaux.

282. Lorsque la femme s'est mariée sous le
régime dotal et qu'elle n'a fait aucune constitution, tous ses biens sont paraphernaux, comme
on vient de le dire; dans ce cas, s'il n'y a pas
de convention dans le contrat pour lui faire supporter une partie des charges du mariage, la
femme doit y contribuer jusqu'à concurrence
du tiers de ses revenus : il n'est pas juste que le
mari, qui ne jouit d'aucune partie des biens de
la femme, soit obligé de soutenir toutes les charges
du mariage. A défaut de dot, il ne possède aucun bien dont les fruits soient destinés à cet
usage, tous les produits des biens de la femme
lui appartiennent; elle doit donc supporter une
partie des charges du mariage, qui peut être déterminée par une convention, mais à défaut de
stipulation, la loi fixe elle-même cette part au
tiers des revenus de la femme; cette décision est

contraire à la loi 8, au code *de pactis conventis*, dont voici les termes : *Nullam uxore prohibente habeat communionem;* mais elle est conforme à l'équité, qui est bien préférable à la rigueur des lois romaines.

283. La femme conserve l'administration et la jouissance de ses biens paraphernaux, elle peut par conséquent les louer, les affermer à son gré, et disposer de la même manière de ses revenus; elle peut même aliéner le mobilier; cela rentre dans le pouvoir d'administrer, puisqu'il y aurait une infinité de choses mobilières qui périraient si elles n'étaient pas vendues à temps, et que d'ailleurs la femme mariée en paraphernal est comparée à la femme séparée de biens, qui peut disposer du mobilier, art. 1449, 2ᵉ alinéa; 1539 et 1578, c. c.; mais elle ne peut aliéner les biens immeubles paraphernaux, ni paraître en jugement à raison de tous les biens meubles ou immeubles extra-dotaux, sans l'autorisation du mari, ou, à son refus, sans la permission de la justice. Cette dernière disposition est contraire aux lois 8 et 11 au code *de pactis conventis,* qui laissaient la plus grande latitude à la femme relativement aux biens paraphernaux, et qui lui accordaient le droit d'en disposer de la manière la plus absolue et d'exercer toutes actions à cet égard sans le ministère du mari : *sancimus itaque........ actiones quidem omni modo apud uxorem manere,* dite loi 11; mais la décision de notre article est une conséquence du principe qui met là femme sous la dépendance du mari, et qui veut qu'elle ne puisse aliéner ses immeubles ni ester en jugement sans l'autorisation du mari, ou, à son refus, sans celle de la justice; art. 213, 215,

217, 218, 219, 1449 dern. alin., 1538 et 1576, c. c.
Cette règle est aussi inflexible qu'universelle; dans
aucun mariage, quel que soit le régime ou la convention, la femme ne pourra réclamer, pour la
disposition de ses biens, cette indépendance que
son intérêt réprouve, que la nature dément, et
que la loi refuse.

284. C'est la femme qui a droit d'administrer
et de jouir des biens paraphernaux, mais elle
peut confier cette administration au mari; elle
ne fait même, en agissant ainsi, que de se conformer à ce qu'exige d'elle la décence, d'après
ces expressions de la loi 8, cod. *de pactis con-*
ventis : *Quamvis enim bonum erat mulierem,*
quæ se ipsam marito committit, res etiam ejus-
dem pati arbitrio gubernari; si elle lui donne
une procuration pour les régir, avec charge de
lui rendre compte des fruits, le mari sera tenu
envers la femme comme tout autre mandataire
le serait; ce n'est ici qu'un véritable fondé de
pouvoir, qui devra accomplir fidellement son
mandat, qui sera responsable des pertes causées
par son dol et par sa négligence, et comptable
de tout ce qu'il aura perçu par suite de sa com-
mission, sauf le droit qu'il aura de répéter les
dépenses faites pour l'exécution du mandat : *Si*
custodia marito committitur....... vel mandati
agi poterit; l. 9, §. 5 à la fin, ff. *de jure dotium;*
l. 11 à la fin, cod. *de pactis conventis;* art. 1991,
1992, 1995 et 1999, c. c.

La femme peut aussi confier la gestion de ses
biens paraphernaux à un autre qu'à son mari;
ayant le droit d'administrer par elle-même, elle
le peut par le ministère d'autres personnes, parce
que c'est elle qui sera censée agir par leur inter-

médiaire, *qui per alios facit, per se facere videtur;* l. 1, §. 12, ff. *de vi et vi armatá.*

Cela est d'ailleurs décidé textuellement par la fin de l'art. 1577, c. c., portant que le mari *sera tenu, vis-à-vis d'elle, comme tout autre mandataire,* ce qui suppose nécessairement qu'elle peut nommer d'autres mandataires que le mari ; c'est aussi ce que disait déjà la loi 11, au cod. *de pactis conventis. Habeat mulier ipsa facultatem, sive per maritum, sive per alias personas easdem actiones movere, et pecunias percipere.*

D'après les expressions du même art. 1577, c. c., lorsque c'est le mari qui est chargé d'administrer les paraphernaux, il paraît qu'il n'est pas tenu de rendre compte des fruits, si la procuration ne le dit pas expressément, et qu'autrement il est censé autorisé à les employer aux besoins communs.

285. Si le mari jouit des biens paraphernaux de son épouse sans mandat, et néanmoins sans opposition de sa part, il n'est tenu, à la dissolution du mariage, ou à la première demande de la femme, qu'à la représentation des fruits existans, et il n'est point comptable de ceux qui ont été consommés jusqu'alors. La femme, en ne s'opposant pas à la jouissance du mari qu'elle peut empêcher, quand elle juge à propos, est censée consentir qu'il emploie les fruits pour soutenir les charges du mariage, d'autant mieux qu'elle est obligée de lui donner secours et assistance, art. 212, c. c. ; et de son côté, le mari est présumé avoir employé les fruits et revenus des paraphernaux pour ses besoins et ceux de son épouse, c'est pourquoi il n'est tenu qu'à la représentation des fruits existans, *usurasque eo-*

rum circa se et uxorem expendere; l. 11, cod. *de pactis conventis.*

Lorsqu'au contraire le mari a joui des biens paraphernaux malgré l'opposition constatée de sa femme, il doit lui rendre compte de tous les fruits perçus, sans exception et sans aucune distinction entre ceux qui sont existans et ceux qui ont été consommés. On ne peut plus présumer que la femme a consenti que les fruits fussent employés aux besoins du ménage, puisqu'elle s'est formellement opposée à leur perception de la part du mari, ce n'est que malgré elle qu'il les a recueillis, il doit donc lui en rendre compte, il n'avait aucun titre même présumé pour les percevoir, il ne peut donc les retenir : mais il ne suffirait point à la femme, ou à ses héritiers, de prouver des représentations vagues, un mécontentement, il faut qu'il soit constant qu'il y ait eu une opposition formelle, il faudra même que cette opposition soit établie par écrit, parce que la femme a eu le moyen de s'en procurer une preuve écrite; en effet elle a pu faire faire une sommation au mari de cesser l'administration, elle devait donc se conformer à la disposition de l'art. 1341, c. c.

286. Lorsque le mari jouit des paraphernaux, il a tous les droits d'un usufruitier, il doit donc en remplir toutes les obligations; il est tenu de jouir en bon père de famille, de ne rien laisser dépérir ni par sa faute ni par sa négligence, et de payer tout ce qui est charge des fruits.

287. La femme mariée sous le régime dotal ne profite ni des revenus de la dot qui appartiennent au mari, ni des acquisitions qu'il peut faire pendant le mariage; mais elle peut se ré-

server une partie de ses biens en paraphernal, et augmenter ses propriétés avec les épargnes qu'elle fera sur les fruits de ses biens paraphernaux.

Dispositions particulières.

288. Le régime dotal et celui de la communauté paraissent en quelque sorte opposés et incompatibles, cependant la loi permet de les cumuler; elle déclare que les époux, en se soumettant au régime dotal, peuvent néanmoins stipuler une société d'acquêts, c'est-à-dire convenir que tout le mobilier et tous les immeubles acquis à titre onéreux, pendant le mariage, seront communs entre eux. Dans le cas d'une semblable stipulation, chacun des époux prélève avant le partage son apport bien constaté, et le surplus se partage, chacun aussi paye ses dettes personnelles, et cette société est soumise à toutes les autres règles qu'on a exposées en parlant de la communauté réduite aux acquêts.

289. Lorsque le mariage est contracté sous le régime de la communauté, il se forme une véritable société entre les époux, il naît du contrat exprès ou tacite l'action personnelle *pro socio*, en vertu de laquelle on demande à la fin du mariage la liquidation et le partage de la communauté : si, au contraire, les époux se sont mariés sous le régime dotal, il dérive alors du contrat une action personnelle appelée *ex stipulatu de dote*, par laquelle le mari agit pendant le mariage contre les constituans, pour qu'ils lui délivrent les biens dotaux dont il a droit de jouir durant le mariage, et qui est donnée après la dissolution à la femme ou à ses héritiers, contre

le mari ou ses héritiers, pour répéter la dot et faire payer les dommages causés aux biens dotaux par le dol ou la faute même légère du mari, en tenant compte des dépenses utiles et des dépenses nécessaires, autres que celles d'entretien, faites par rapport aux fonds dotaux. Cette action de la femme est assurée par une hypothèque légale qui remonte au jour de la célébration et qui se conserve sans inscription, art. 2135, n° 2°, c. c.

FIN.

TABLE

DES CHAPITRES, SECTIONS, PARAGRAPHES, etc.,

CONTENUS

DANS LE TITRE DES ENGAGEMENS

QUI SE FORMENT SANS CONVENTION.

FIN DE LA TABLE DES ENGAGEMENS, etc.

TABLE

DES CHAPITRES, SECTIONS, PARAGRAPHES, etc.,

CONTENUS

DANS LE TRAITÉ DU CONTRAT DE MARIAGE.

FIN DE LA TABLE DU TITRE DU CONTRAT DE MARIAGE.

TABLE

ANALYTIQUE ET ALPHABÉTIQUE

DES MATIÈRES

*Du Traité des Engagemens qui se forment
sans convention.*

(Les renvois se font aux numéros du Traité.)

A.

Actions : des quasi-contrats naissent des actions personnelles, n. 24, 39 et 62.

Quelques-unes de ces actions sont mixtes, n. 27.

Des délits il naît une action privée qui appartient à la partie lésée, et une action publique qui est intentée, au nom de la société, par la partie publique. (Voy. délit), n. 44.

Les actions provenant des engagemens produits par des cas fortuits, dérivent de l'équité, n. 62.

Adition d'hérédité. (Voy. hérédité.)

Animaux. On doit les contenir de telle manière qu'ils ne nuisent ni aux hommes ni à leurs biens, n. 54.

Le maître répond du dommage causé par eux, soit qu'ils soient sous sa garde, ou égarés, ou échappés, ibid.

Si un autre s'en sert, c'est lui qui répond, ibid.

Si l'animal a été excité, c'est l'instigateur qui est responsable du dommage, n. 55.

Quid si deux animaux, appartenant à des maîtres différens, s'attaquent, et que l'un d'eux périsse, ibid.

B.

Bonne foi. (Voy. réception de la chose non due.)

Bourse perdue. (Voy. cas fortuits.)

Bâtiment : cas où le maître d'un bâtiment répond du dommage causé par sa chute aux propriétaires voisins, n. 56.

Le maître de la maison a quelquefois un recours contre l'architecte, ibid.

C.

D.

de mauvaise foi les dépenses nécessaires et utiles faites pour cette chose, n. 38.

T.

TABLE

ANALYTIQUE ET ALPHABÉTIQUE.

DES MATIÈRES

Du Traité du Contrat de Mariage.

(Les renvois sont aux numéros du Traité.)

A.

D.

Et pour ses remplois, du jour de l'aliénation de ses propres, n. 81.

Créanciers hypothécaires de la communauté. (Voyez dettes.)

I.

Inaliénabilité. Caractère distinctif des fonds constitués sous le régime dotal, n. 255.

Elle empêche non-seulement l'aliénation, mais aussi l'hypothèque, n. 256.

Exceptions à cette règle, où l'intervention de la justice n'est pas nécessaire, n. 257.

Autres exceptions où l'intervention de la justice est requise, et où la vente des fonds dotaux se fait aux enchères après affiches et publications, n. 258, 259 et 260.

Indemnités. Celui des époux qui a payé plus que sa part des dettes, a son recours contre l'autre. (Voy. dettes.)

Indemnités dues par les époux à la communauté doivent être rapportées avant le partage, n. 132.

Indemnités dues par la communauté aux époux se prélèvent avant le même acte, n. 133.

La femme renonçante reprend les indemnités qui lui sont dues par la communauté, n. 154.

Inventaire pour le cas de séparation de dettes. (Voy. séparation de dettes.)

La femme veuve, pour pouvoir renoncer, doit faire inventaire dans les trois mois du décès, n. 117.

En contradictoire dès héritiers du mari, ibid.

Elle doit l'affirmer véritable lors de la clôture, ibid.

Ces délais peuvent être prolongés, n. 119.

Les héritiers de la femme qui meurt avant l'expiration du délai, ont un autre délai, n. 113.

Le défaut d'inventaire de la part du survivant, fait admettre à la preuve, par commune renommée, de la consistance et valeur des effets communs, et prive le père ou la mère de l'usufruit légal, n. 90.

L.

Légitime contradicteur à l'inventaire. (Voy. inventaire.)

Legs : la communauté n'est pas tenue des legs faits par le mari; ils sont à la charge de sa succession, n. 64.

Le légataire ne peut réclamer l'acquêt légué qu'autant qu'il est tombé dans le lot des héritiers du mari, autre-

Tr. sur les Engag.

T.

FIN DE LA TABLE DES MATIÈRES.

ERRATA.

Page 54, ligne 30, de ce qui est tombé, *lisez de ce qui y est* tombé.

Page 118, ligne 17, loi 52, *lisez* 152.

Page 234, ligne 19, égal, *lisez* légal.

Page 273, ligne 34, loi 1, *ajoutez* cod.